일본 조직문화에서
## 경영을
## 생각하다

# 日本文化

## 일본 조직문화에서
## 경영을 생각하다

이병하

組織

민음인

차례

여는 글 ······7

## 1부 사람을 만나다

1장 '사람'은 인사관리의 시작이자 끝 ······15
2장 현실에 안주하면 미래는 없다 ······21
3장 창조력의 원천은 가까이 있다 ······29
4장 거대 조직에서 천재를 활용하려면? ······37
5장 변화의 시대에 변하지 않는 것을 읽다 ······44
6장 이성과 감성, 노력과 운의 조화 ······52
7장 유전인가, 환경인가 ······62
8장 둔보와 열정의 미학 ······72
9장 일본 젊은이들의 가능성 ······81
10장 어떻게 살 것인가 ······91

## 2부 조직과 시스템을 생각하다

1장 일본 조직에 대한 소고 ······101
2장 종신고용과 생애헌신 ······110
3장 푸른 하늘이 보이는 인사 ······118
4장 제도와 문화, 그리고 생산성 ······127
5장 일본 야구에서 보는 팀 승리의 법칙 ······136
6장 야쿠자의 조직원리와 리더십 ······144
7장 오케스트라 지휘자의 리더십과 조직 혁신 ······151
8장 일본의 근대화와 획일화 지수 ······160
9장 돌연변이의 매니지먼트에 달려 있는 미래 ······169
10장 조직, 정치, 정치가 ······175
11장 시장주의와 사회안전망 ······183

## 3부 일본의 경쟁력을 묻다

**1장** 기업 경쟁력과 조직능력 ……195
**2장** 1985년, 그리고 잃어버린 10년의 진실 ……204
**3장** 일본적 경영을 생각하다 ……212
**4장** 시스템과 전략적 사고가 조직을 살린다 ……221
**5장** 침묵의 나선과 일극 집중 현상 ……231
**6장** 장인정신과 온고지신 ……240
**7장** 개선에 능한 일본, 개혁을 좋아하는 한국 ……247
**8장** 일본화와 탈 일본화 ……255
**9장** 베토벤과 일본 ……264
**10장** 격차와 빈곤을 넘어서 ……271

닫는 글 ……283
참고문헌 ……289

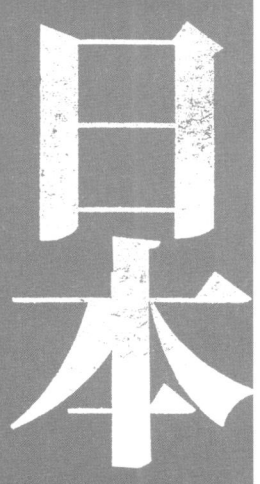

여는 글

**꿈의 사이클을 만나다**

'꿈은 이루어진다.'

참으로 가슴 뛰는 말이다. 그러나 이 말은 어느 일본 회사와 만나기 전까지 오랫동안 필자에게 남의 이야기이자 현실감이 없는 말이었다. 그러고 보니 필자가 일본과 처음 인연을 맺은 시기가 1991년 말쯤이니 어언 20여 년이 흘렀다. 삼성전자 반도체 부문에서 인사 업무를 담당하고 있다가 당시 화두였던 신인사제도의 연구를 위해 삼성경제연구소로 파견 근무를 나가게 된 것이다. 당시만 해도 유용한 일본어 자료가 많았기 때문에 이런저런 자료를 찾는 과정에서 일본어를 공부할 수 있었고 여러 일본 회사들을 방문해 이야기를 들을 수 있는 기회도 있었는데, 그 가운데 인생의 좌표를 새롭게 설정하는 계기를 만들어 준 회사가 있었다. 지금은 다른 회사로 합병되어 버렸지만(당시 사명은 '네미쿠라무다'였다.), 사

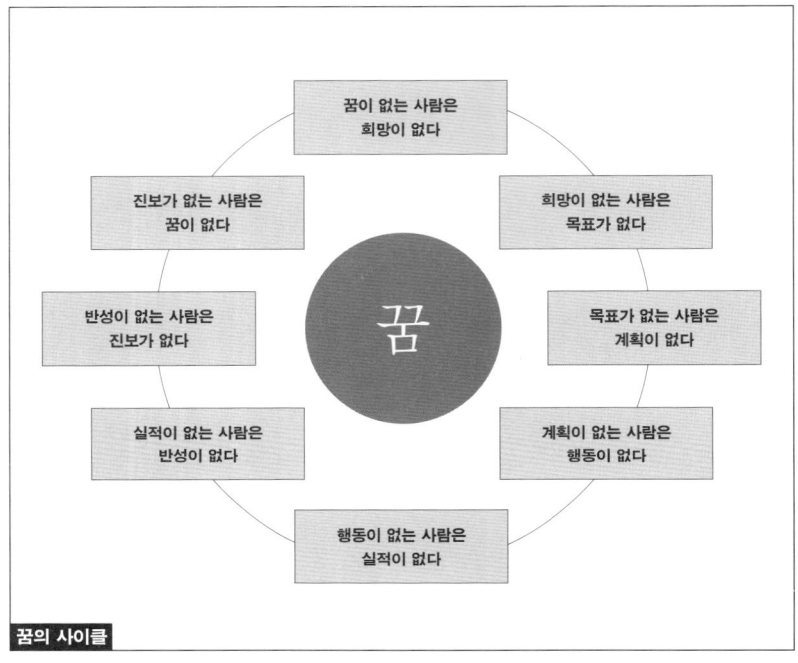

**꿈의 사이클**

시(社是)가 '색즉시공 공즉시색'이었던 별난 회사로, 필자 일행을 맞이해 준 회장의 프레젠테이션 자료에 있던 '꿈의 싸이클'이라는 그림을 보는 순간, 속된 말로 필이 꽂히고 말았던 것이다.

고교 진학 시험에서 인생의 첫 패배를 맛보고, 대학 입시에서도 이런 저런 사정으로 원하는 학교에 가지 못한 필자는 알게 모르게 패견(敗犬, 싸움에서 진 개(마케이누)라는 뜻의 일본 말로 사회적 패배 계층을 의미하는 속어로 쓰인다.)과 같은 패배 의식에 늘 젖어 있었는데, 운이 좋아 삼성그룹에 입사를 하고 나서도 같이 일하는 뛰어난 동료와 선배들을 보면서 그러한 의식을 극복하지 못하고 있었다. 그 후 필자는 회사의 해외학술연수파견 제도를 활용하여 공부를 더 해야겠다는 꿈을 꾸었고, 1997년에 도쿄대학대학원에 도전할 기회를 얻게 되었다. 그렇게 일본에서 공부한 일이 계기가 되어 훗날 일본에서 주재근무를 할 수 있게 되었으니, 그때 그 일본 회사와의 만남은 그야말로 필자의 인생을 바꾸어 놓은 결정적인 순간이라 할 수 있다.

**다양성과 깊이를 생각하다**

 필자가 일본에 가서 공부를 하기로 마음먹은 데에는 다른 이유도 있었다. 일본은 동양권에서 서양 문물에 최초로 눈을 떠 일찌감치 근대화를 이룬 나라이다. 큰 전쟁에서 패하고도 경제대국으로 우뚝 선 비결이 궁금하기도 했고, 미국 등 서구의 기업들과는 다른 일본 기업의 인사, 조직문화를 공부해 우리만의 인사조직 시스템을 생각해 보고 싶기도 했다. 더 구체적으로는 미국, 유럽 등 선진국의 제도를 벤치마킹하는 데 탁월한 일본이 왜 배운 것을 그대로 적용하지 않고, 일본 특유의 경영시스템을 구축했는지 궁금했기 때문이다. 일본이 미국식과 유럽식을 벤치마킹하고 고민하면서 자신들만의 인사, 조직관리 시스템을 구축했다면, 그 과정에서 우리에게 적용할 부분도 많으리라는 생각이 들었다. 그러나 결론부터 말하자면 필자는 공부가 부족해 실패를 하고 말았다. 아니, 처음부터 우문을 가지고 있었는지도 모른다. 물론 필자의 짧은 소견으로나마 일본의 경영시스템은 이런 것이라고 몇 가지 패턴을 들어 이야기할 수 있다. 그러나 또한 몇몇 특징만으로는 설명하기 어려운 다양한 현상들이 존재하고 있다는 점을 부정할 수는 없었다. 겉으로 보기에는 전부 비슷비슷해 보이는 일본 사회의 다양성에 눈을 뜨게 되었다고나 할까.

깊이도 문제였다. 어느 부유한 독일인 상인이 살았다고 알려진 고베의 한 집은 지붕 위에 닭 모양의 풍향계(風見鷄, 가자미토리)가 붙어 있는 집으로 유명하다. 그렇지만 그 장식을 보는 사람들 가운데 장식의 의미를 제대로 아는 이가 얼마나 될까. 독일에 있는 프로테스탄트 교회의 지붕 위에는 새의 형상을 한 금속판이 설치되어 있다. 이것은 용기와 긍지, 태양, 부활 등을 상징하기도 하지만, 교회에서는 보는 사람에게 인간의 나약함을 자각시키는 의미를 지니고 있다고 해석한다. 이같은 해석은 예수가 제자 베드로에게 새벽닭이 울기 전에 베드로가 자신을 세 번 부인할 것이라고 예언했다는 성서의 일화에서 유래한다. (마태복음 26:34, 69~75) 즉 지붕 위에서 이리저리 바람에 흔들리는 새벽닭(수탉)을 형상화한 장식물은 스스로의 나약함을 알고 눈을 뜨라는, 신이 인간에게 보내는 메시지라는 것이다. 한편 슈베르트의 「겨울 나그네」 가곡집에는 '풍향계'라는 제목의 짧은 노래가 실려 있는데, 풍향계가 지니는 전통적인 상징을 완전히 다르게 풀어 놓고 있다. 풍향계를 베드로나 인간의 나약함이 아니라 갈대와 같은 여인의 마음에 비유하면서, 지붕 위에 달려 있는 풍향계를 본다면 그 집에 살고 있는 여인에게 성실한 여인상을 기대하지 않는다는 것이다. 당시에는 교회나 부자들의 대저택에나 그럴듯한 모양의 풍향계가 장식되어 있었으므로 이런 해석은 주인공의 내면에 있는 상류 계급, 부유층에 대한 반감을 명확히 나타내 주는 동시에 나아가서는 종교나 체제에 대한 의식을 드러낸다고 볼 수 있다.

이와 같은 이야기를 소재로 삼아 우메즈 도키히코(梅津時比古)는 음악이라는 것도 결코 만국 공통의 언어라 할 수 없다고 단언한다. 곡이 만들어진 배경과 뜻을 이해해야만 비로소 그 곡을 제대로 들었다고 할 수 있지 않느냐는 말이다.

일본의 경영 방식에 대한 이야기도 마찬가지가 아닐까 싶다. '깊이에의 강요'가 될지 모르지만 '지지자불여호지자 호지자불여락지자(知之者不如好知者 好知者不如樂之者, 아는 사람은 좋아하는 사람만 못하고, 좋아하는 사람은 즐기는 사람만 못하다.)'라는 공자의 말을 거꾸로 생각해 보면, 알지 못하면 좋아하는 것에 한계가 있고, 또 제대로 즐기지도 못한다는 의미가 된다. 필자 역시 슈베르트의 음악을 대단히 좋아하고, 특히 「겨울 나그네」는 가수에 따라 느낌이 크게 달라서 그때그때 기분에 따라 게르하르트 휘시, 디트리히 피셔 디스카우, 피터 피어스 등 여러 성악가의 음성으로 즐기곤 하는데, 단지 좋은 곡이라고만 생각하며 지나쳤던 그 짧은 곡에 그렇게 깊은 배경이 있다는 것을 알고 들었을 때의 느낌은 확실히 달랐다. 그러므로 일본 경영 방식을 총괄적으로 논하는 것도 의미 있는 작업이지만, 부분 부분을 깊게 들여다보는 자세도 필요하다 하겠다.

### 이 책이 나오기까지

이 책은 2003년 4월 이후 필자가 삼성전자 일본 주재원으로 도쿄에서 생활하면서 보고 들은 것을 가지고 엮었다. 처음부터 책을 만들겠다는 생각으로 시작한 것은 아니다. 일본에서 생활을 하다 보니 한국의 지인들에게 잊힐지도 모른다는 마음에 한 달에 한 번 정도 사색의 편린을 정리하여 지인들에게 인사차 보냈던 이메일 기록이다. 따라서 특별히 새로운 일본론을 말하고 있는 것은 아니다. 일본에 대한 이야기라기보다는 일본에서 보고 들은 것 속에서 필자가 몸담고 있는 기업의 경영에 도움이 될 만한 시사점을 필자의 시각으로 정리했다고 보는 편이 맞을 것이다. 또한 경영이라고는 해도 필자의 전공 분야가 인적자원관리와 경쟁전략이므로 당연히 그에 한정되는 이야기에 불과하다. 필자가 배운 인사관리의 대상은 '사람, 조직, 조직력' 세 가지다. 이 세 가지를 어떻게 관리하느냐에 따라 기업의 경쟁력이 좌우되기도 하는 만큼 그것은 그리 간단한 문제가 아니다. 이 책에서는 편의상 이 세 가지를 기준으로 필자가 일본에서 보고 듣고 생각한 것들을 구분해 놓았는데, 이를 꼭 따로따로 생각할 필요는 없다. 어쨌거나 다양성과 깊이라는 관점에서, 다른 분야에 몸담고 있는 사람들이라 하더라도 필자가 보고 들은 일본의 이야기를 빌려 본인의 업무를 반추해 볼 수 있는 기회로 삼기를 기대한다. 돌이켜보니 그동안 참으로 많은 분들께 신세를 졌다. 일일이 거명하지 못하는 죄송스러움과 더불어 이 자리를 빌려 심심한 감사의 마음을 전한다.

1부

사람을 만나다

# '사람'은 인사관리의 시작이자 끝

개인에 주목하고 다양성을 인정하라

**집단에 묻힌 개인**

기업의 인사관리는 경영 요소로서의 인적자원관리를 말한다. 물론 기업이 존재하지 않았던 시기에도 인사관리는 존재했다. 조선시대에 과거제도를 통해 인재를 등용하고, 녹봉(祿俸)과 식읍(食邑)을 지급하며, 중앙과 지방의 관리들을 이리저리 배치전환했던 것도 인사관리라고 볼 수 있기 때문이다. 그러나 오늘날과 같이 기업 내에 인사부가 만들어지고 인사관리가 경영의 독립적인 기능으로 자리를 잡기 시작한 것은 그리 오래된 일이 아니다. 특히 대공장 체제의 가동, 대기업이라고 할 만한 조직의 등장은 1910년대의 미국에서 시작되었으므로, 근대적인 의미로써 기업 내 인사관리가 탄생한 시기는 불과 100년 전이라 가늠할 수 있다. 문제는 20세기 대량생산 체제라는 산업의 패러다임 속에서 인사관리의 대상인 사람이 개인으로 취급되지 않고, 집단적인 자원으로 규정되었다는 점이다. 물론 조직이란 많은 사람들이 모인 집단이기 때문에 관리의 편의를 위해 다양한 능력을 지닌 사람들을 적당한 기준으로 분류해야 하고, 필요에 의해 각 집단에 따라 차별화된 관리를 시도해야 할 때도 있다. 즉, 표준화된 제품을 대량으로 생산해 내야 하는 20세기형 경영관리 체제에서는 가능한 한 동질의 인적자원을 현장에 투입하는 것이 효율적이므로, 집단을 나누는 분류 기준이 유효하기도 할뿐더러 거기에 개인이 끼어들 여지는 많지 않아 보인다.

그러나 어찌 보면 이러한 사고방식은 수단과 목적이 전도된 것이라 할 수 있다. 기업에서 사람을 고용하여 일을 시키는 목적은 그 사람이 가진 능력을 최대한 끌어내 부가가치나 이익 등 그 어떤 형태로든 기업의 이윤을 최대화하려는 것이다. 따라서 기업 내 조직이나 인사시스템이 이러한 목적을 효과적으로 달성하기 위해 설계되고 운영되어야 함은 자명하다. 즉, 많은 사람들을 관리하기 위한 편의성도 중요하지만 그것이 조직의 근본적인 존재 이유를 해쳐서는 안 된다. 갈수록 복잡, 다양해지고 세계적인 경쟁이 점점 더 심해지고 있는 불확실한 경영 환경에서, 21세기에는 각 개인이 가진 창조적인 역량을 제대로 파악하고 이들을 적절하게 활용해야 한다. 어쩌면 향후 100년간 지속될지도 모를 기업경영의 화두인 창조경영을 위해서라도 창조적인 개인을 주목할 필요가 있다는 이야기다.

1927년에서 1932년 사이, 웨스턴일렉트릭의 호손공장에서 이루어진 인간관계론적인 접근 방식(하버드 경영학과 교수들이 조명에 따른 생산성 변화를 목적으로 실시한 실험으로, 조명과 무관하게 생산성이 높아지자 실제 물리적 조건보다 소속감, 사기, 인정 등 심리적 요인이 생산성 향상에 더 크게 작용한다는 결과를 알아냈다.)은 개인에 대한 경영의 관심으로 생각해 볼 수 있으나, 그것은 어디까지나 종업원이라는 집단을 바라보는 시각을 부각시킨 것으로 보아야 한다. 그러므로 컨베이어벨트 시스템에 의한 대량생산 체제를 기본으로 하는 20세기의 산업 패러다임에서 개인의 존재는 거의 무시되었다고 보아도 좋다. 20세기 후반에서야 기업은 '결정적 순간Moment of truth(투우사가 소의 급소를 찌르는 순간을 의미하는 투우 용어로, 서비스 마케팅에서 고객이 기업의 제품과 접촉하는 접점의 순간을 가리키는 말로 쓰인다.)' 등 고객과의 접점에 있는 직원 개인의 판단이 중요하다는 사실을 비로소 인식하기 시작했고, 21세기에 들어서 창조경제, 창조경영이 강조되기 시작하면서 드디어 개인이 가진 잠재력에 진정으로 눈을 떴다고 볼 수 있다.

### 개인의 탄생

그러나 인류 역사를 통틀어 보면 '개인'이라는 개념의 성립은 그리 오래된 일이 아니다. 개인주의가 강하다고 하는 서구에서조차도 '개인'이라는 사고방식이 탄생하여 실제로 정착하기까지 이 과정이 결코 쉽지 않았고, 지금도 간혹 그 개념이 희박해지곤 한다. 단적인 예를 들어, A라는 집단에 속한 사람이 B라는 집단의 사람을 살해했다면, B집단의 누군가(특히 살해당한 자의 친척이나 지인)가 A라는 집단의 살인자 개인에게 복수를 하는 것이 당연하다. 그러나 개인이라는 개념이 없었던 시절에는 꼭 그렇지만은 않았다. 살인을 한 집단에 속한 사람이라면 누구라도 상관없이 한 명을 죽이면 복수가 완성되며 최종적으로는 양측의 사망자 수가 같아져야 상황이 비로소 끝나게 된다. 9·11사태 이후에 테러리스트 개인이 아닌 이슬람교도 집단 전체에 적대적인 태도를 표한 상당수 미국인들의 행동은, 오늘날 개인주의가 가장 강하고 선진화되었다는 미국에서 조차 경우에 따라서는 개인에 대한 관념이 희박해지는 것을 보여 준 좋은 사례라 하겠다.

  서구의 '근대화'를 연구하고, '개인의 성립'이 근대화의 핵심이라 설파하는 아베 긴야(阿部勤也, 전 히토츠바시대학 총장)에 따르면 서구에서 개인이라는 개념이 등장한 시기는 12세기 무렵이라고 한다. 물론 어떤 개념도 등장하자마자 바로 일반화되지는 않는다. 인류 역사상 최초로 개인이라는 존재가 주목을 받게 된 시기는 불과 500년 전인 16세기 초라고 한다. 성경의 해석을 교회에 의존하지 않고, 그 권리를 개인에게 부여한 마르틴 루터의 1517년 종교개혁이 시발점이라는 말이다. 중세시대의 개인에 대한 재미있는 일화가 있다. 14세기 독일 북부지방에서 살았다고 전해지는 전설적인 기인인 틸 오이렌슈피겔의 이야기이다. 어느 날 그가 여관에 가서 주인에게 오이렌슈피겔이라는 사람을 아느냐고 물어 보았더니 형편없는 건달이라는 대답을 들었다. 직접 만나보지도 않고 어째서 그렇게 말하느냐고 하니, 다른 사람들이 모두 그렇게 말하더란다. 다음 날 그는 여관 주인을 붙잡아 난로 위에 앉혀서 화상을 입게 한 후, 이렇게 당했으니 앞으로는 그렇게 말해도 된다고 하고 길을 떠났다. 이 이야기가 만들어진 15, 16세기의 독일은 풍문에 의한 재판이 이루어지던 시기로, 같은 이야기를 하는 사람이 일곱 명 있으면 그 죄를 물을 수 있었다고 한다. 당사자 개인이 아니라 그 개인에 대한 다른 사람의 의견에 더 귀를 기울이는 방식이었다.

### 개인으로서의 일본 사람

일본에서는 메이지 17년(1884년)에 'Individual'이라는 단어가 '개인(個人)'으로 번역되면서부터 서구의 '개인'이라는 개념이 알려졌다고 한다. 따라서 그 이전에는 개인이라는 말 자체도 존재하지 않았고 의식도 없었으므로 개인이 자기를 주장하는 상황은 좀처럼 일어나지 않았으리라 짐작해 볼 수 있다.

한국인은 일본인에 대해 대단히 편협한 인식을 가지고 있다. 36년간이나 지배를 당한 피해의식에서 나오는 반작용이라고 여길 수도 있지만, '왜놈', '쪽바리' 등 일본인을 비하하는 말들이 상징하듯이 개인으로서의 일본인을 인정하지 않으려는 경향이 짙다. 또한 집단으로서의 일본인은 강하지만, 개인으로서의 일본인은 보잘것없다는 이야기를 하기도 한다. 그러나 현실에서는 일본 혹은 일본인에 대해 그렇게 이야기할 아무런 근거가 없다. 수백 년 전에는 어땠을지 몰라도 적어도 에도시대 이후의 일본과 비교해 보았을 때 국토의 면적이나 인구, 그리고 경제 규모 측면에서 우리나라는 일본에게 상대가 되지 않기 때문이다. 또한 노벨상 수상자 숫자로도 가늠할 수 있듯이, 집단으로서의 일본뿐만 아니라 개개인으로 보아도 우수한 일본인이 많다는 사실을 우리는 냉정하게 인정할 필요가 있다.

필자가 일본에서 생활하면서 개인적으로 만나게 된 일본 사람들은 너무나 다양했다. 유학 시절 학교 근처에서 기거할 곳을 구하던 중 필자의 이름이 이전에 세를 주었던 중국인의 이름과 유사하다는 이유로 계약을 하지 않겠다는 집주인이 있었는가 하면, 일본에 거주하는 외국인들을 초청해 마을 사람들과 교류할 수 있는 장을 일부러 마련해 준 사람도 있었다. 특히 아무런 수입이 없이 고학을 해야 했던 그 시절, 필자에게 장학금을 주었던 로타리 클럽에서 필자에게 이런저런 도움을 준 하나자와(花澤) 씨와 그 가족들은 필자가 살아 있는 한 절대 잊지 못할 일본인들이다. 다 같은 일본인이라 해도 이처럼 다양한 개인이 존재하는 것처럼, 21세기 창조적인 인사관리는 집단에 속한 개인의 다양성을 주목하는 것에서부터 시작되어야 할 것이다. 물론 개인에 주목하고 다양성을 인정하기만 한다고 당장 창조적인 인사관리가 실현되고 훌륭한 아웃풋이 나오는 충분조건이 구비되었다고 보기는 어렵지만, 최소한 그런 것들이 필요조건이라는 사실은 분명하다. 집단이 아닌 개인에 대한 관심은 인사관리의 시작이자 끝이다.

여기서는 필자가 일본에서 살아가면서 개인적으로 보고 듣고 알게 된 창조적인 일본인 여덟 명의 이야기를 통해 21세기 창조경영을 위한 힌트를 구해 보려고 한다. 그리고 일본의 미래를 짊어질 일본의 젊은이들에 대해 오타쿠, 휴대전화를 지닌 원숭이, 자기가축화라는 세 가지 키워드를 가지고 생각해 보고자 한다.

2장

# 현실에 안주하면 미래는 없다

호쿠사이의 삶과 작품에서 배우는 지속가능한 창조경영

## 호쿠사이의 작품을 만나다

필자가 가츠시카 호쿠사이(葛飾北齊, 1760~1849)라는 낯선 일본 화가에게 관심을 가지게 된 계기는, 십 수년 전 한창 클래식 음악에 심취해 있던 시절에 우연히 발견한 어느 음반 재킷에 있는 그림 때문이었다. 멀리 후지 산을 배경으로 집채만 한 파도의 생생함을 한껏 강조한 그림이 대단히 인상적이었다. 관심을 갖다 보니 그 후 많은 곳에서 유사한 필치의 그림을 발견할 수 있었고, 그것이 모두 호쿠사이의 작품이라는 사실을 알게 되었다. 드뷔시의 「바다 La Mer」라는 제목의 음반 표지로 실린 그림은 호쿠사이가 후지 산을 주제로 그린 「부악 36경(富嶽三十六景)」 연작 중 「가나가와의 큰 파도(神奈川沖浪裏)」라는 작품이며, 드뷔시의 「바다」는 바로 이 그림을 보고 영감을 얻어 만들어졌다는 이야기가 있다. 어떤 경위에서인지 몰라도 호쿠사이의 판화들이 바다를 건너 유럽에 전해져

호쿠사이의 그림 중 가장 유명한 「가나가와의 큰 파도」, 1825년경, 25.5×37.5cm, 기메 국립 아시아 미술관 소장

특히 인상파 화가들에게 많은 영향을 끼쳤다고 하니, 인상파 음악가로 알려지고 있는 드뷔시의 음악에서 호쿠사이를 떠올리는 것도 그리 이상한 일은 아니다.

### 호쿠사이의 작품 세계

가츠시카 호쿠사이는 우키요에(浮世繪, 에도시대에 서민 계층에서 널리 퍼진 풍속화) 화가로 널리 알려져 있는 인물로, 미인도, 춘화 등의 풍속화와 만화는 물론, 단순한 구도로 박력 있는 자연을 묘사하는 풍경화가로도 유명하다. 그러나 호쿠사이는 특정 장르나 유파에 구애받지 않고 자유분방한 삶과 화풍을 유지하면서, 하나의 장르에서 어느 정도 수준에 이르게 되면 또 다른 것에 도전하는 등 변화를 게을리하지 않는 자세로 자기만의 회화 세계를 구축했다. 이름도 자주 바꿔서 작품에 사용된 낙관만 해도 서른여섯 개나 된다. 이처럼 많은 낙관은 그가 가지고 있던 그림에 대한 관심이 얼마나 자주 이동했는지를 나타내 주는 지표라 할 수 있다. 예를 들어 1834년 그의 나이 일흔다섯 살 되던 해에 펴낸 화첩의 서문을 보면, '여섯 살 무렵부터 그림을 그리기 시작했는데, 일흔 살 이전에 그린 그림에는 좋은 것이 없다. 일흔셋이 되어서야 새와 짐승들의 골격이나 초목의 모양을 겨우 알게 되었다. 이대로 정진하면 아흔에는 사물의 깊은 의미를 알게 되고, 백 살에는 신기(神技)에 이르게 될 것이다.'라고 하면서, 화호(畵號)를 가쿄로진만지(畵狂老人卍, 그림에 미친 노인이라는 뜻)로 바꾸었다고 한다. 그 이후에는 풍속화에서 일체 손을 떼고 고사(古事)나 고전(古典), 화조(花鳥)나 종교적인 것에서 그림의 주제를 구했다.

  호쿠사이가 전 생애에 걸쳐서 손을 놓지 않았던 장르가 바로 삽화(挿畵)인데, 그의 그림이 당시의 일본뿐만 아니라 유럽의 화가들에게까지 평판이 높았던 이유가 바로 여기에 있다. 일반적으로 삽화라고 하면 다른 그림에 비해 간단한 것이라 생각하기 쉬우나, 사실은 삽화만큼 기량의 차이가 확실하게 나타나는 것도 없다. 우선 삽화에는 색(色)의 제약이 있다. 삽화는 대부분 검은색 일색으로, 색깔을 낸다고 해도 한두 가지 추가하는 것에 불과한, 기본적으로 모노크롬의 세계이기 때문에 색채 효과로 소묘나 데생 실력을 숨길 수 없다. 또한 삽화는 길고 복잡한 스토리를 제대로 이해하고 내용에 알맞은 그림을 그려야 하기 때문에 고전에 대한 소양이 필요하다. 그리고 대부분 삽화가 들어가는 공간이 좁아서 복잡한 구도를 사용하는 것은 곤란하므로, 단순한 구도를 이용해 보는 사람에게 순간적으로 강한 인상을 줄 수 있는 박력 있는 그림을 그려야 한다.

호쿠사이는 삽화가 가진 이러한 제약 조건을 극복하는 연습을 어렸을 때부터 게을리하지 않았다. 그렇기 때문에 그가 남긴 삽화책을 보면, 책 표지 이면의 두 페이지에 세로 그림을 그려 활용한다거나 어떤 것은 극단적으로 크게 그리고 다른 것을 작게 그림으로써 화면을 크게 느끼게 만든다거나 점묘풍의 필법 혹은 현대의 극화풍의 방식을 도입하는 등 여러 가지 참신한 시도를 하고 있다는 사실을 알 수 있다. 이러한 화법의 예로 앞서 언급한 「부악 36경」 연작에서 볼 수 있듯이 현실에 비해 거대한 파도, 실제보다 훨씬 작은 후지 산 등을 꼽을 수 있다.

그렇지만 이처럼 평생 동안 동서양의 화법을 연구하면서 그림에만 전념했던 호쿠사이도 당시의 시대적 상황에서 자유로울 수는 없었던 모양이다. 아래의 그림은 그가 만년에 그린 「노도도(怒濤圖)」라는 작품으로,

┃호쿠사이의 「봉황도」와 마츠리의 천정화인 「노도도」

일본인들이 마츠리(마을 축제)를 할 때 무리를 지어서 메고 다니는, 소형 제각(祭閣) 비슷한 수레의 천정에 그린 그림이다. 개항이냐 쇄국이냐를 두고 논란이 일던 중에 희생된 친구를 애도하며 호쿠사이 나름의 이상향을 묘사한 그림이라는 이야기가 있으며, 정쟁(政爭)에 의해 친구를 잃은 원망이 작품으로 승화되어 나타난 그림이라고도 한다. 색깔이 조금 다른 파도는 각각 서구 열강과 일본을 의미하고 가장자리를 따라 그려진 동물들도 어떤 의미가 있다고 하는데, 이 모든 것에서 당시의 복잡한 세상을 바라보는 노화가의 마음을 엿볼 수 있다.

### 경영의 관점에서 본 호쿠사이의 삶

호쿠사이의 삶의 여정을 보면 대단한 기인이라는 생각이 든다. 아흔 해에 이르는 전 생애에 걸쳐 아흔세 번이나 이사를 다녔다고 하니, 역마살이 끼어도 보통 낀 것이 아니었던 모양이다. 그러나 한편으로는 그가 결코 편안함에 안주하지 않았다는 이야기도 된다. 어느 정도 명성을 얻고 주위에 따르는 사람들도 생기면 한곳에 정착하여 여생을 편안하게 지내고 싶은 마음이 들 법도 한데, 평생 동안 1년이 멀다 하고 여기저기 떠돌아다니며 살았다는 것은 변화가 없는 환경을 견디지 못했거나 스스로를 채찍질하는 데 주저함이 없었다고 볼 수 있다. 호쿠사이의 이러한 삶의 태도는 '기업경영은 혁신의 연속이다.'라는 윤종용 전 삼성전자 CEO의 말처럼, 끊임없이 변화와 혁신을 추구해야 살아남을 수 있는 기업조직의 경우에도 시사하는 바가 크다.

또 하나 이야기할 수 있는 것은, 호쿠사이가 지식에 지극히 탐욕적이었다는 점이다. 그는 하나의 유파, 장르에 만족하지 않고, 스승에게 파문을 당하면서까지 새로운 것을 배우는 데 망설임이 없었으며 변화를 거듭하며 자기만의 세계를 구축해 나갔다. 그가 스스로를 변화시키는 데 철저하지 않았다면, 어쩌면 호쿠사이는 단순한 풍속화가 또는 그저 그런 인물화가로 남았을지도 모른다. 전문성은 그리 간단히 형성되는 것이 아니라 많은 배움과 부단한 자기연찬을 통해 이루어진다. 벤치마킹을 통해 많은 것을 배우고, 스스로의 역량을 강화해 나가는 것이야말로 지속가능한 경영을 실현하는 지름길이다.

또 하나 중요한 점은 호쿠사이가 기본에 매우 충실했다는 사실이다. 대개 한 분야에서 전문가와 같은 식견을 가지게 된 사람들은 남들이 보기에 그럴듯한 일만 골라 하거나 다른 분야는 나 몰라라 하는 경우가 많다. 그러나 호쿠사이는 모든 종류의 회화 기법을 자기화하면서도 삽화라는 조그만 공간을 활용한 작업을 통해 초지일관 실험을 계속해 왔다. 이런 자세는 한 우물을 판다는 것과도 관련이 있다. 오늘날처럼 변화가 극심한 시대에 한 우물만 파다가는 큰 코 다친다고 하지만, 겉으로 보이는 사업이 아니라 핵심역량이라는 관점에서 한 우물을 파는 일은 여전히 의미가 있다. 진공(眞空) 관련 비즈니스에 올인한 알박이나, 페라이트(자성체)를 기반으로 성장한 TDK와 같은 회사에서 볼 수 있듯이 최근 전 세계적으로 압도적인 시장 점유율을 자랑하고 있는 일본의 B2B기업은 대부분 과거 100년간 한 우물을 판 기업들이다.

또한 호쿠사이는 자부심도 대단히 강했다. 자신이 만든 그림 독본에 '독류개조(獨流開祖)'라는 인장을 사용할 정도로, 모든 종류의 기법을 통달하고 나서 자기류를 창출했다는 자부심을 가지고 있었다. 신뢰, 자부심, 재미라는 키워드를 가지고 범세계적으로 확산되고 있는 'GPTW<sup>Great Place to Work</sup>' 운동에서도 볼 수 있듯이 자부심은 지속가능경영을 위한 조직문화의 중요한 키워드이기도 하다.

마지막으로 후진 양성에 대한 정열을 언급하고 싶다. 그것이 자기류를 어필하기 위한 수단이었든 진정으로 후진을 위한 지침서를 만들기 위해서였든 간에, 그가 만년에 다양한 발상과 기법을 담은 그림에 관한 교과서를 집필했고 그것이 결국 서양에 건너가기까지 해 많은 후진들에게 영향을 끼쳤음은 부정할 수 없는 사실이다. '기업은 사람이다.'라는 말이 상징하듯이 인재육성은 기업경영의 기본이다. 후진, 후계자의 양성은 지속가능경영과도 연결되는 동시에 우군의 확보와 브랜드 이미지 제고로 연결되기도 한다. 자고로 자기의 스승을 욕하는 사람은 없듯이, 사람들은 무언가 배운 것이 있는 조직에 대해서는 경의를 표한다. 이런저런 사정으로 조직을 떠난 사람이라도 자신이 몸담았던 직장이 인재 육성에 많은 힘을 기울이고 있는 회사라면 심하게 욕을 하는 경우는 그리 많지 않다.

### 호쿠사이가 오늘의 기업과 개인에게 던지는 메시지

이처럼 구십 평생을 그림으로 살아온 호쿠사이의 인생 철학은 기업의 지속가능한 창조경영을 위한 요소와 크게 다르지 않다. 호쿠사이가 한곳에 안주하지 않았던 것처럼, 기업도 경영 환경의 변화가 극심한 글로벌 초경쟁 환경에서 살아남기 위해서 끊임없는 자기혁신이 필요하다. 다른 기업과 차별화된 제품이나 서비스를 제공하기 위해 벤치마킹에 노력해야 함은 물론이고, 그 어느 경쟁사에도 뒤지지 않을 정도로 자신의 핵심 역량에 기반을 둔 전문 분야를 파고 들어가는 집중력 또한 중요하다. 한마디로 한 우물을 넓고 깊게 파야 한다는 말이다. 또한 자기류에 대한 확신을 가지고 적극적으로 인재 육성을 도모하는 자세도 중요하다. 이는 개인도 마찬가지다. 먹고살기 위해 일을 한다는 사람도 있겠지만, 직장 생활에서는 뜻밖의 여러 상황에 부딪치게 되고 그런 과정에서 작품이라고 할 만한 결과도 만들어진다. 마케팅이든 연구개발이든 생산이든 각자의 분야에서 얻은 작은 성취에 만족하지 않고, 새로운 것을 배우려는 탐욕적인 열정으로 자기만의 시각을 만들어 나가기 위해 노력하며, 기본에 충실하면서 본인의 경험과 스킬에 대한 자부심을 가지고 후배 육성을 위한 노력을 아끼지 않는다면 말이다.

3장

# 창조력의 원천은 가까이 있다

다케미츠 토루에게 배우는 창조의 기술

**다케미츠와의 첫 만남**

일본이 낳은 세계적인 현대 클래식 작곡가 다케미츠 토루(武満徹). 그러나 필자가 그를 제대로 알게 된 계기는 클래식 음악 때문이 아니었다. 일본에서 살게 된 이상 일본의 대중음악에도 관심을 가져야겠다는 생각에 일본의 대중가요를 찾아 듣던 어느 날, 도서관에서 이시카와 세리(石川せり)라는 가수의 음반을 우연히 만나게 되었다. 음반을 빌려 집에 와서 들어 봤는데, 그중 「죽은 남자가 남긴 것은(死んだ男の残したものは)」이라는 곡이 귀에 꽂혔다. 그 곡의 작곡가가 다름 아닌 클래식 음악 작곡가로 알고 있던 다케미츠였다. 처음에는 동명이인이 아닌가 싶었지만, 그가 정통 클래식 음악만이 아니라 텔레비전 드라마 삽입곡, 영화 음악, 대중가요 등 여러 장르의 작품을 남긴 사람이라는 사실을 나중에 알고 놀란 기억이 있다. 실제로 그의 음악은 굉장히 폭넓고 다양하며 삶의 현장

에 밀접하게 스며들어 있어서 일본 사람이라면 누구나 그가 만든 음악을 어디에선가 반드시 들어 봤을 가능성이 크다. 「7인의 사무라이」 등의 영화로 유명한 구로사와 아키라(黑澤明) 감독이 만든 영화 「난(亂)」의 전편에 흐르는 음악도 바로 그의 작품이다.

### 독학으로 성공한 진정한 크리에이터

그러나 다케미츠의 어린 시절은 음악과 거리가 멀었다. 도쿄에서 태어난 지 한 달 만에 그의 가족은 아버지의 근무처인 대련(大連)으로 이주를 했는데, 다케미츠는 초등학교에 입학할 무렵 홀로 일본으로 다시 건너왔다. 제2차 세계대전이 끝나기 직전, 열다섯 살이 된 그는 군대에 동원되어 작업을 하던 도중 휴식 시간에 어느 병사의 소개로 뤼시엔 무아에의 「들려주오, 사랑의 밀어를 Parlez Moi D'amour」을 몰래 듣게 되었고, 이 샹송이 그가 음악에 관심을 갖게 만든 첫 노래였다. 군가 같은 음악만 듣고 자라온 그에게, 금지되어 있던 적성 국가의 달콤한 사랑의 노래는 커다란 충격이었던 것이다.

음악을 직업으로 삼겠다고 결심한 그는 선생을 구해 보기도 하고 음악 학교에 진학을 하려고 노력하기도 했지만 잘 되지 않아 결국 거의 독학으로 음악을 배운다. 피아노가 없어서 피아노 공부를 할 수 없었던 그는 미군부대 캠프에서 잡일을 하며 그곳에 비치되어 있는 피아노로 연습을 계속했다. 스무 살이 되던 해에 피아노 연주를 위한 작품을 발표했지만 평론가로부터 음악도 아니라는 혹평을 받는 등 주목을 받지 못하다가, 스물일곱 살에 작곡한 「현악을 위한 레퀴엠」을 우연히 듣고 난 스트라빈스키가 절찬을 하자 비로소 일본인들이 그의 작품에 관심을 가지게 된다. 그 후 서른일곱 살인 1967년 뉴욕 필하모니 교향악단 창립 125주년 기념 위촉 작품으로 작곡한 「November Steps」가 오자와 세이지(小澤征爾)의 지휘로 초연되면서 전 세계에 그의 이름이 알려졌다. 이처럼 결코 순탄치 않은 삶을 살아온 그가 세계적으로 인정을 받는 창조적인 작품을 남길 수 있었던 이유는 무엇이었을까.

### 다케미츠의 육성으로 듣는 창조의 비밀

우선 「November Steps」를 작곡하게 된 배경이 재미있다. 이 관현악 작품에는 일본의 전통악기인 샤쿠하치(尺八, 우리의 단소와 비슷함), 비와(琵琶, 우리의 비파와 같음)가 사용되는데, 당시 그에게는 이 이질적인 악기를 오케스트레이션과 어떻게 조화시킬 것인지가 커다란 과제였다. 그는 이 해답을 엉뚱한 곳에서 찾았다. 그가 나가노 현의 산속에서 작곡을 하고 있을 때의 일이었다. 주변 농가에서 연락용으로 쓰고 있는 유선방송에서 바람 소리와 함께 고장 난 오르골에서 흘러나오는 차이코프스키의 「백조의 호수」가 들렸다. 그 음악을 배경으로 '누구누구 전화 받으세요, 식사 시간입니다.' 등의 말이 겹쳐 나오는 소리를 듣고 너무나 자연스럽게 느껴져 오케스트라를 바람소리, 고장 난 오르골 소리로 생각하고 작품을 쓰면 되겠다고 생각한 것이다. 이에 대해 그는 NHK와의 인터뷰에서 이렇게 말했다.

"일본의 악기와 서양악기의 소리를 섞는 것이 아니라 자연의 소리처럼 오케스트라를 사용했다. 나의 주장보다는 듣는 사람에게 다양하게 받아들여질 수 있는 음악을 만들고자 했다. 우리 주위에는 바람 소리, 새소리 등 다양한 소리들이 혼재하고 있는데, 그 많은 소리들은 결코 서로를 손상시키지 않고 도우면서 존재하고 있다. 그런 음악을 만들고자 했다. 모든 소리에 귀를 기울이는 것이 중요하다. 작곡가는 작곡을 하는 것이 아니라 제 1의 청중이어야 하며 생명, 살아 있는 것, 자연 등을 귀 기울여 듣는 것은 작곡가에게 가장 중요한 작업이다."

이와 같은 작업을 통해 그는 동양적인 자국의 정서를 중심으로 삼고 서양음악을 배경으로 활용하는 독자적인 음악 세계를 구축했다는 평을 받게 된다. 이것은 결과적으로 전략론에서 이야기하는 비모방 가능성, 희소성을 발휘한 셈이 되었고 이로 인해 서양 사람들에게 인정을 받았다고 할 수 있다.

또한 다케미츠는 세상에 없는 새로운 것을 추구하기보다는 이미 존재하고 있는 것을 자기 나름대로 재구성하는 데 노력했다. 이와 관련하여 그는 1976년에 요시마스 고조(吉增剛造)라는 시인과 진행한 대담에서 다음과 같이 이야기하고 있다.

"세상에는 음(音)이 너무 많아서 새하얀 음의 캔버스 같은 것이 있다고 생각한다. 그리고 나는 그 캔버스에 존재하고 있는 어떤 음에 손을 내밀 것인가를 상상한다. …… 나는 음악을 생각할 때 내가 앉아 있는 정원을 생각하거나 때로는 괄호와 같은 둥근 원이 되기 이전의, 즉 음악 이전의 상태와 같은 것이 있다고 여기고 그것을 어떻게 해서든 둥근 원으로 만들고자 하는 내적인 운동 같은 것을 떠올리기도 했으나 점점 그런 생각도 없어지고 뭐가 뭔지 알 수 없는 불투명한 상태에서 음악이 나오기도 한다."

한편 다케미츠는 비주류로 출발을 했기 때문인지 클래식의 주류로 꼽히는 서양의 음악뿐만 아니라 동양 및 제3세계의 음악에도 많은 관심을 가졌다. 1972년에는 프랑스의 음악가들과 인도네시아를 방문하기도 했던 그는, 1973년에 디자이너 스기우라 코헤이(杉浦康平)와 가진 대담에서 다음과 같은 이야기를 하고 있다.

"일본은 유럽의 근대를 표본으로 삼고 북반구라는 하나의 거대한 거울을 마주하고 있다. 근대 예술에서는 한 사람의 천재가 등장해 문화를 바꾸어 왔다. 천재는 자신의 작업을 보편화해 나가는 과정에서 필연적으로 기호화를 시키기 마련이다. 인도네시아에서는 다양한 장소에서 다양한 사람들이 음악을 연주하는데, 개중에는 명인이라 할 만한 사람들도 있으나, 특정인이 등장해 각각의 음악을 바꾸는 경우는 거의 없다. 매일매일 새로운 음악이 만들어지고 음계가 바뀌기도 한다. 인도 역시 음계가 제한되어 있는 서양음악과 달리 1000개가 넘는 음계가 있으며 새로운 음계가 자꾸 생겨나고 있다. 이렇듯 다양한 개성을 지닌 음악은 나라마다 서로 다르지만, 비가 오거나 빛의 반사 방향에 따라 대초원의 색이 바뀌는 것과 같아서 서양음악의 천재가 쌓아 올린 성(城)처럼 서 있는 것이 아니다. 우리가 보아 온 서양의 거울이 부서졌다고 해도 유럽의 황혼 저 깊은 곳에 가라앉아 빛나는 파편이 있다. 그 파편을 '남(南)'이라는 다양한 거울로 재조립해 나가는 것이야말로 상상력이다. 새롭게 조립한 거울로 보는 세상은 이전과는 전혀 다를 것이므로······."

### 중심을 잃지 않는 무경계인

창조경영이 화두가 되면서 많은 기업이나 개인 사이에 이업종 배우기가 확산되고 있다. 도요타 자동차에서 생산관리를 배우고, 맥도널드나 월마트에서 유통을 배우며, 심지어는 인문학에서 경영에 도움이 될 만한 내용을 찾고자 노력하기도 한다. 그러나 중요한 것은 어디까지나 중심을 잡고 본업을 잊지 말아야 하는 것이다. 다케미츠는 초심, 중심을 잃지 않았다. 음악을 하겠다는 강한 목표를 가지고, 정규 음악교육을 받지 못했어도 독학으로 공부를 하는 등 꿈을 이루려는 노력과 의지를 높았으며 자신이 처음 들었던 샹송의 느낌, 일종의 로맨티시즘을 작품을 통해 재현하려고 끝까지 노력했다는 점 또한 대단하다고 평가할 수 있다. 현대 클래식 음악 작곡가로 알려진 탓에 그의 음악은 존 케이지 등과 같은 부류도 분류되기도 하지만 그는 어디까지나 자기 작품에는 항상 로맨티시즘이 포함되어 있다고 주장한다. 아마도 그런 마음가짐이 그가 드라마나 영화음악에 관여하는 이유일지 모른다. 게다가 그는 어떤 장르의 음악을 만들더라도 음악에 관한 자신의 신념을 무너뜨리지 않으려 했는데, 구로사와 아키라(黒澤明) 감독의 영화음악 「난」을 담당할 때 감독과 음악적인 표현방식에 견해가 대립되자, 이후 구로사와 감독의 영화제작에 다시는 참여하지 않겠다고 선언한 일을 일례로 꼽을 수 있다.

또한 다케미츠는 다양한 분야와의 접점에서 일어나는 창조적인 직관을 중시했다. 누구에게나 그리고 어느 분야에서나 배움의 자세를 잃지 않은 겸허한 무경계인이었다고 할 수 있다. 그는 자연, 정원, 시, 그림, 문학작품 등에서 연상되는 이미지를 음악으로 재구성함으로써 자신만의 세계를 구축했다. 또 정통 클래식 음악 작곡가로 활동하면서도 재즈, 팝 등의 대중음악에도 상당한 조예를 지니고 있었으며, 본인이 영향을 받은 것에 대해서는 솔직하게 표현하는 사람이었다. 남의 것을 빌려 자신의 독창적인 발견인 양 주장하는 일이 많은 서양 사람들의 눈에는 이러한 그의 태도가 새롭게 비쳤던 모양이다. 특히나 영화에 심취했던 그가 관여한 영화음악은 무려 아흔세 편에 이른다.

### 알아주는 사람과의 만남

「November Steps」의 작곡 스토리에서 알 수 있듯이, 다케미츠의 핵심 역량은 동양에서 태어나 서양인과는 다른 동양인으로서의 감성을 지니게 된 것에서 비롯되었다고 할 수 있는데, 그 많은 동양인 음악가들 중에서 유독 그가 인정을 받고 성공을 거둘 수 있었던 까닭은 무엇이었을까? 그가 스스로 밝힌 바와 같이 기성(旣成)의 재구성, 제3세계 음악까지 아우르는 전체를 보는 균형 감각, 초심(꿈)을 잃지 않았다는 점, 다양성과의 접촉을 통한 창조적 직관 등이 그의 창조력을 뒷받침했다고 볼 수 있다. 그러나 이것이 그의 전부를 말한다고 하기에는 뭔가 부족하다는 생각이 든다. 인간미나 친화력, 다양한 분야의 많은 사람들과 자연스럽게 어울릴 수 있는 성품 등 성공 요인으로 꼽을 수 있는 그의 특징은 많다. 그리고 끝으로 언급해 두고 싶은 것은, 동시대에 그를 알아주는 사람이 존재했다는 사실이다. 자국인들의 성과를 좀처럼 인정하지 않으려는 일본인들의 속성상, 당대의 대 작곡가 스트라빈스키가 그의 작품을 절찬한 일이 없었다면 아마도 일본 내에서 그에 대한 평가가 쉽게 높아지지 않았을 것이다. 또한 당시 북미 음악계에서 이름이 알려지고 있던 오자와 세이지라는 걸출한 일본인 지휘자가 없었다면 그의 작품이 뉴욕 필하모니 교향악단을 통해 초연되지 않았을지도 모른다. 이렇듯 누구보다 치열한 삶을 살다 보면 언젠가는 알아주는 사람이 나오기 마련이다.

# 거대 조직에서 천재를 활용하려면?

오자와 세이지와 NHK 교향악단의 대립에서 본 외부자원 활용의 조건

**세계적인 마에스트로, 오자와 세이지**

  세계적으로 이름을 날리고 있는 동양인 지휘자 중, 한국에 정명훈이 있다면 일본에는 오자와 세이지(小澤征爾)가 있다. 정명훈이 더 젊긴 하지만, 피아노를 공부하다가 지휘자가 된 경력은 둘 다 비슷하다. 불과 한 세기 전만 하더라도 음악의 불모지(정확히 말하자면 서양음악에 한정된 이야기이지만)였던 나라에서 태어나, 서양음악의 본고장인 유럽에서 마에스트로로 인정을 받게 되기까지 수많은 우여곡절을 경험했을 그들이기에 더욱 존경스럽다. 마에스트로 정명훈도 여러 어려움을 딛고 오늘의 그 자리에 설 수 있었겠지만, 일본인으로서 가장 성공한 지휘자라고 할 수 있는 오자와 세이지 역시 헤어나기 어려운 곤경에 빠진 적이 많아 그를 아끼는 여러 사람들의 도움으로 간신히 그 상황에서 벗어나곤 했다. 어쩌면 이러한 천재 수준의 인재들은 외부로부터 실력을 인정받는 것보다

내부의 벽을 넘어서는 것이 더 큰 문제이지 않을까 싶다.

### 오자와 세이지의 성공의 의미

오자와 세이지는 1935년 중국 심양(瀋陽, 당시 만주국 봉천)에서 태어나서, 아홉 살 때 패전과 함께 일본으로 귀국했다. 중학교 시절에는 학우들과 4중주단을 결성하여 활동하기도 했는데, 그 멤버 중에는 바이올린을 켜던 두 살 연하의 이데이 노부유키(出井伸之, 전 소니 회장)도 있었다. 고교 시절에는 피아노를 배웠으나 럭비를 하다가 손가락을 다치는 바람에 피아니스트가 되는 것을 단념하고, 일본의 저명한 지휘자 사이토 히데오(齊藤秀雄)를 만나 지휘의 길을 걷게 된다. 도호가쿠엔대학 졸업 후 단신으로 화물선을 타고 프랑스로 건너간 후, 1959년 스물네 살 되는 해에 프랑스 브장송 국제지휘자 콩쿠르에서 우승을 하고, 카라얀 지휘자 콩쿠르에서도 우승한 뒤 카라얀에게 지휘를 배우기도 했다. 1961년 스물여섯에는 레너드 번스타인에게 발탁되어 뉴욕 필 교향악단의 부지휘자가 되어, 결과적으로는 당시 미국을 대표하는 번스타인과 유럽을 대표하는 카라얀이라는 양대 지휘자의 사사를 받게 된 셈이다. 2002년에는 전 세계인을 대상으로 하는 신년 이벤트인 오스트리아의 빈 필하모니 관현악단의 신년 연주회에서 동양인으로서는 처음으로 지휘대에 섰다.

이와 같은 세계적인 수준의 재능을 지닌 지휘자의 탄생에 일본 음악계가 열광하는 것은 당연한 일이었다. 1962년 당시 일본 최고라고 하는 NHK 교향악단이 마침 그를 객원지휘자로 초빙함으로써 그는 엄청난 사회적인 관심을 받게 된다. 오자와 개인의 성공이기도 하지만, 당시 서구에서 일본인으로서 거둔 성공은 일본 국민에게 패전의 상처를 어루만져 주는 의미도 가지고 있었으므로 이러한 시대적 상황 덕분에 그는 일약 매스컴의 총아로 주목받았던 것이다. 그러나 아이러니컬하게도 그가 자신의 음악 인생 최대의 난관에 봉착하게 되는 때도 바로 그 무렵인데, 1962년 6월 첫 연주회를 대성공으로 이끌었는데도 같이 연주를 한 NHK 교향악단원들이 그를 보이콧하는, 즉 그의 지휘하에서는 어떠한 연주도 하지 않겠다고 하는 사건이 일어난 것이다.

### 젊은 지휘자에 대한 NHK 교향악단의 보이콧

상황이 이렇게 된 배경에는 그에 대한 질투와 선망도 한몫 했으리라고 생각하지만, 가장 큰 이유는 프로의 세계에 장유유서의 전통이 남아 있는 일본 내 정서와 외국에서 활동을 시작한 오자와의 충돌이었다고 할 수 있다. 당시 교향악단원의 말을 빌리자면, 한마디로 그의 지휘방식이 열 받는다는 것이었다. "불손하게도 새파랗게 어린 녀석이 예순이 다 된 티파니 주자에게 계속 화를 낸다. 그것도 지휘봉으로 악보 거치대를 두드리면서……." 당시 오자와의 나이 스물일곱. 오케스트라의 평균 연령은 마흔. 오자와는 지휘자이므로 교향악단이 내는 음이 자신의 의도와 다를 경우 이를 지적하는 게 당연하지만, 지적을 하는 그의 방식이 문제라고 했다. 일본은, 특히 비즈니스 세계에서는 독특한 경어를 쓰는 문화가 발달해 있는데, 스물네 살에 일본을 떠난 오자와에게는 그러한 경어를 사용하면서 노회한 교향악단원과 싸우는 것 자체가 무리였을 것이라는 추측도 가능하다. 아무래도 그에게는 연장자에 대한 배려보다는, 자신이 납득할 수 없는 소리에 대한 과감한 지적이 우선이었을 것이다.

불만이 누적된 교향악단원들은 그들이 뽑은 위원회를 통해 백수십여 개의 항목에 이르는 오자와에 대한 비난 의견서를 작성해 악단 사무국에 제출하기까지 했는데, 사무국장이 이를 묵살하고 아무런 조치를 취하지 않아 사태는 점점 악화된다. 그러던 중 누군가의 의도에 의해 그 내용이 《도쿄신문》에 보도되었고 그 바람에 일거에 매스컴 최대의 화제로 발전하고 말았다. 교향악단원들의 교묘한 선전으로 사태는 오자와에게 불리한 상황으로 흘러갔다. 대체로 그의 지휘 능력과는 상관없는 이야기가 도마 위에 올랐다. 연장자에게 보이는 무례한 행동, 잘난 척, 재능은 있어도 음악적인 교양은 바닥이라는 이야기가 매일같이 신문의 문화면을 장식하게 되면서, '해외에서 고생 끝에 성공한 젊은 예술가'라는 그에 대한 평가가 '외국에서 인기를 약간 얻은 것뿐인데, 그에 편승하여 잘난 체하는 무례한 어린 녀석'이라는 이미지로 점차 변해 갔다고 한다.

사태가 이쯤 되자, NHK는 이미 예정되어 있던 미국에서의 연주회 때문에 11월말에 출국을 하는 그에게 "미국에 가 있는 동안 병에 걸렸다고 해 두자. 연내(年內)에는 일본으로 돌아오지 않았으면 좋겠다."는 요구를 한다. NHK는 오자와에게 당시 이미 연말의 풍물시가 되어 있던 베토벤의 '제9교향곡 연주회'가 끝날 때까지 일본으로 들어오지 말라고 권유함으로써 자연스럽게 교향악단원들의 요구를 들어주고자 했던 것이다. 그러나 해외에서 계약 베이스로 일을 하고 있던 오자와는 이 제안을 받아들이기 어려웠다. 이로 인해 그는 더 이상 일본에서는 음악 활동을 할 수 없겠다는 생각까지 하게 되었다.

**문제의 구도를 바꾸다**

그의 재능을 아끼는 많은 사람들이 이 사태를 보고 난국을 타개할 방법을 찾았다. 그중 구체적인 계획을 세워 추진한 사람이 오자와의 친구이자 '극단 사계'의 연출자인 아사리 케이타(淺利慶太)였다. 아사리는 '외국에서 돌아온 무례하고 미숙하고 잘난 체하는 어린 녀석'과 '오랫동안 고생하면서 일본 제1의 오케스트라를 일궈낸 자부심 높은 연장자 교향악단원'이라는 대립 구도를 가지고는 도저히 승산이 없다고 판단하고, 국면을 전환시키기로 마음먹는다. 즉, '해외에서 고생 끝에 성공하고 일본으로 돌아온 젊은이'와 '계약을 지키려 하지 않고 사실에 관계없이 자신의 고집대로만 하려는 거대 조직 NHK'의 대립 구도로 바꾸는 전략을 추진한 것이다.

아사리는 일본 내에서의 지휘 의욕을 잃어버린 오자와를 설득하여 그를 당초 NHK와 계약되어 있는 날짜에 지휘대에 세우고 기자들을 불렀다. 그리고 교향악단원들이 한 사람도 나타나지 않은 연주회장의 지휘대에 홀로 서 있는 오자와의 사진을 매스컴에 내 보냈다. 그 덕에 여론이 동정으로 바뀌었으니 결국 아사리의 의도대로 된 셈인데, 그런데도 이때의 앙금으로 오자와는 32년이나 지나고 난 1995년에야 비로소 NHK 교향악단의 지휘대에 다시 선다. 당시 오자와는, 문제를 일으켰던 사람들이 모두 교향악단을 다 떠났기에 공연을 하기로 마음을 먹었다고 한다. 물론 젊은 오자와가 몸을 좀 더 낮췄더라면 상황이 그렇게까지 악화되지는 않았을지도 모른다고 생각할 수도 있지만, 아사리는 오자와가 특별히 예의가 없는 사람이 아니었다고 한다. 조직에서 보통 이상의 잣대를 가지고 그를 일방적으로 재단했다는 것이다.

### 외부 영입 우수인력 활용의 조건

만들어진 지 오래 되었거나 규모가 큰 조직일수록 본질보다는 형식이나 조직 내 질서 유지에 관한 논의가 힘을 얻기 쉽다. 모처럼 회사에 필요한 핵심역량을 지닌 인력을 영입하고도 제대로 활용하지 못하고 스스로 떠나게끔 만드는 사례가 너무도 많다. 대부분 개인의 조직 부적응을 이유로 삼지만, 그 정도의 핵심인력이라면 반대로 조직이 개인에게 적응하는 것이 필요하지 않겠는가. NHK 교향악단이라는 프로의 조직에서도 오자와의 지휘 능력이 아니라 언행을 문제 삼았다는 앞의 사례는 보통의 조직에서 새로운 인재 또는 천재급의 인재를 수용하는 것이 얼마나 어려운 일인지 역설적으로 알려 준다. 일반적인 조직에서 개인의 능력보다는 연공서열이 중시되기 쉽다는 것은 누구나 알고 있는 사실이다. 그런데도 개인의 천재성이라는 싹이 조직의 폭력 앞에 밟히고 마는 일을 경계하기 위해 노력하는 조직은 찾아보기 힘들다.

외부영입 인력의 안정된 정착을 위해서는 기존 인력들에게 발상의 전환을 요구할 필요가 있다. 오자와와 교향악단원 간의 대립 구도를 개인과 NHK라는 거대 조직과의 문제로 전환시켜 성공했던 것과 마찬가지로, 외부영입 인력이 굴러들어 온 돌이 아니라 자신들의 병을 치유해 줄 좋은 약이라 생각하도록 만들어야 한다. 이를 위해서는 의도적으로 영입 인력들의 성공 사례를 만들고, 사소한 것이라고 하더라도 지속적으로 발굴하여 교육 프로그램이나 다양한 사내 매체를 통해 적극적으로 전파해 나가야 한다. 아울러 외부 영입 인력과 함께 움직이는 동조 인력을 늘려 나가는 것도 중요하다. 흔히 생각이나 전략, 계획은 훌륭한데 실현이 잘 되지 않는다는 말을 들을 때가 있다. 생각하는 사람은 있으나 실행에 옮기는 사람은 드물다는 이야기다. 당시 오자와의 재능을 아깝게 생각하는 사람들이 많긴 했지만 실제로 부딪혀서 국면전환을 시도한 아사리 같은 사람이 없었다면 오늘날의 오자와가 존재하지 않았을지도 모른다. 아사리가 오자와와 서로의 고민을 이야기할 정도로 가깝긴 했어도 다른 사람들보다 유난히 친하지는 않았다는 사실을 생각해 보면, 실행력 있는 사람의 행동이 얼마나 귀중한지 알 수 있다. 그러므로 각 기업에서는 평소 열린 마음을 가진 실행력 있는 인재의 육성에 힘써야 한다.

# 변화의 시대에 변하지 않는 것을 읽다

마루야마 마사오가 말하는 역사의 집요저음과 구조주의

### 그가 겪은 격동의 시대

오늘날 우리가 격동의 시대에 살고 있다는 말에 이의를 제기할 사람은 아무도 없을 것이다. 그리 오래 살지 않았다고 생각하는 필자도 중학교 때까지 전기도 들어오지 않는 시골 동네에 태어나서 살다가 서울에서 직장을 얻고 일본에 유학을 다녀오고 또 도쿄에서 상당 기간 주재원 생활을 하기까지 했으니, 그 사이에 필자가 겪은 변화는 자칫 잘못 적응했더라면 엄청난 무게의 스트레스가 되었을지도 모를 만큼 대단했다. 그러나 제2차 세계대전 이후 일본의 대표 지성인이라고 할 수 있는 전 도쿄대학 법학부 교수 마루야마 마사오(丸山眞男, 1914~1996)에 비하면 필자의 경험은 아무것도 아니라는 생각이 든다. 제1차 세계대전이 일어나던 해에 오사카에서 태어난 그는 도쿄로 이사한 후 초등학교에 다녔는데, 4학년 때인 1923년에 관동대지진을 경험한다. 이때의 경험이 잊히질 않았는지 1995년 한신·아와지 대지진이 일어났을 때 지인에게 보낸 서한에서 '그와 같은 패닉 상태에서 인간성 안에 있는 강렬한 에고이즘과 그 반대로 완전한 자발성에 의한 이타정신'을 목격한 것이 자신의 생애를 통틀어 가장 잊지 못할 경험이었다고 술회했다. 그는 학창시절 사상범으로 체포되기도 하는 등 우여곡절을 겪은 끝에 도쿄대학의 교수가 된 제2차 세계대전 말기인 1944년 육군 이등병으로 징집되어 북한 평양에서 복무를 하다가 병을 얻어 귀국을 한다. 당시 발령지가 하필이면 히로시마에 있는 선박사령부였다. 1945년, 근무지에서 5킬로미터 떨어진 곳에 원자폭탄이 투하되었고 이 때 건물 뒤의 연병장에서 점호를 받고 있었던 그는 직접적인 열이나 파편은 간신히 피했으나 곧이어 벌어진 모든 참상을 고스란히 목격해야 했다. 전쟁이 끝나고 학교로 복귀를 한 다음에도 좌우의 대립과 학생운동 등에 휘말리는 등 그의 인생은 끝까지 순탄치 않았다.

### 마루야마 마사오의 학자론과 역사 인식

마루야마 마사오는 어느 좌담회에서, 학자는 '체계건설형'과 '문제발견형' 두 가지로 나눌 수 있다는 말을 했다. 전자의 경우, 자신의 사고 속에 하나의 체계가 만들어져 있어서 그 체계 속에 개개의 문제를 어떻게 집어넣을 것인가를 항상 생각한다고 한다. 이에 비해 후자는 현실의 복잡한 혼돈 속에서 새로운 시각을 발견하는 자세를 취한다는 것이다. 마루야마 본인의 사고방식에는 이 두 가지의 유형이 혼재되어 있다고 한다. 실제로 지향해야 할 도달점으로써 '근대의 자유 민주주의'의 이념을 설정해 두고 그에 이르는 과정에 때때로 현실을 놓는 그의 논법은 일견 체계건설형으로 보이지만, 정치 또는 일본의 사상이나 문화에 대해 시대에 따라 다양한 논의를 제시한 그의 연구 궤적에서는 문제발견형의 색채를 발견할 수 있다.

한편 마루야마는 프로에 버금가는 음악 애호가이기도 했다. 가루이자와에 있었던 그의 별장에는 책장 빼곡히 악보가 들어차 있고, 오케스트라를 위한 악보 곳곳에도 그가 써넣은 메모가 있었다고 하니 악보를 읽으며 음악을 듣는 수준이었다고 볼 수 있다. 그래서인지 그는 자신의 역사 인식을 집요저음(執拗 또는 固執低音, basso ostinato, 한 번 제시된 테마를 곡 전체를 통해 '고집스럽게' 반복하는 것. 간단한 형태로 되어 있으며 이를 베이스로 해 다른 성부들이 즉흥적으로 변주된다.)에 비유하여 곧잘 설명하곤 했는데, 평론가 가토 슈이치(加藤周一)와 마루야마가 1972년에 만나서 나눈 대담에도 일본의 사상사를 탐구하는 방법과 관련해 음악 용어가 등장한다.

> 가토 : 주선율은 시대에 따라 다르며, 대개 외부로부터의 임팩트, 즉 불교, 유교, 서양사상과 접촉하면서 나타나지만, 집요저음은 줄곧 같은 상태로 계속되는데, 이는 대단히 적절한 비유이다. 일본 문화의 모든 면을 이것으로 설명할 수 있다. …… 외국에서 들어온 주선율도 일본에서는 미묘하게 변한다. 변하는 것은 집요저음이 있기 때문일 것이다. 따라서 확실히 표현된 주선율이 외국의 원형과 다른 점이 무엇인지 분석하면 그러한 차이를 만들어 낸 집요저음을 추정해 볼 수 있다. 이러한 사고방식은 일본 역사를 사상적으로 포착할 때 유효

한 유일한 방법이 아닌가 싶다.

마루야마 : 그렇다. 다만 집요저음 그 자체만으로는 독립적인 악상이 되지 못한다. 주선율의 울림을 변용시키는 계기로써 중요한 것이다.

이와 같은 관점에서 마루야마는, 일본 역사에서 완결된 이데올로기로의 '일본적인 것'을 추출하려 하면 반드시 실패하지만 외래 사상을 수정하는 패턴을 찾아 보면 놀랄 정도로 공통되는 특징을 발견할 수 있다고 하며, 일본의 저류(底流)에 면면히 흐르는 사고양식을 발견함으로써 전후 일본의 지적 리더가 되었다. 평소 바흐의 샤콘느(무반주바이올린을 위한 파르티타 제2번 D단조 끝곡)를 좋아한 그는, 만약 자신이 죽으면 추모식 때 이 곡이 연주되기를 희망할 정도였다고 한다. 이 곡에서 마루야마가 주목한 것은, 하나의 곡에서 서른두 번의 변주가 나타나지만 저음주제를 지배하는 화음의 골격은 불변이라는 점이었다.

### 변하지 않는 것에 대한 탐구와 구조에 대한 이해

집요저음과 같은 마루야마의 사고방식은 프랑스 인류학자인 레비 스트로스가 주장하는 구조주의와도 일맥상통하는 점이 있다. 레비 스트로스는 각국의 신화를 모아서 분석을 해 보고, 각 신화에는 몇 가지 근본적인 요소가 공통으로 존재한다는 사실을 발견했다. 예를 들면, 주인공이 있고 적대자가 있고 주인공을 도와주는 조력자가 있으며, 마법의 지팡이 같은 도구가 있고 찾고 구하고자 하는 무언가가 있다는 것 등이다. 즉, 세계의 모든 신화들 속에 일정한 구조가 있는 것처럼 인간에게는 생각이 모인 형태로서 의식 시스템이 있으며, 개인의 행동을 결정하거나 제약하는 요소는 개인의 자질보다는 의식 속에 있는 구조라고 보고 결국 구조가 인간의 행동을 결정한다는 것이다.

다만 한 가지 주의가 필요한 것은, '구조(構造)'와 '체계(體系)'에 관해서이다. 반전 운동가이자 작가인 오다 마코토(小田亮)에 따르면, 레비 스트로스가 말하는 '구조'라는 것은 요소와 요소간의 관계로 구성되는 전체로서, 그 관계는 일련의 변형(변환) 과정을 통해서 불변의 특성을 유지한다고 한다. '체계'라는 것도 요소와 요소간의 관계로 구성되는 전체라는 점에서는 구조와 같으나, 변형이 가능하지 않다는 점은 다르다. 즉, 구조의 특성은 어떤 균형 상태에 어떤 변화가 추가될 경우, 변형된 별도의 체계가 형성된다는 것이다. 재미있는 것은, 레비 스트로스가 이와 같은 구조주의의 컨셉을 생물학 분야에서 빌려 왔다는 사실이다. 레비 스트로스는 영국의 생물학자 톰프슨D'Arcy Wentworth Thompson, 1860~1948이 1917년에 쓴 『성장과 형태On Growth and Form』라는 책에 실려 있는 다음과 같은 그림에서 구조주의의 힌트를 얻었다고 한다.

다음 그림에서 (a)와 (b)는 단순한 예인데, (a)의 y축을 기울이면, 속(屬)은 다르지만 (b)의 형태가 된다. (c)를 (d)와 같이 동심원에 가까운 좌표계열로 이동시키면 과(科)가 다른 (d)가 된다. (e)~(h)는 (c)와 (d)의 친척이 된다. (i)의 수직좌표축을 동심원으로, 수평좌표축을 쌍곡선으로 변형하여 원래의 윤곽을 새로운 좌표축으로 옮기면, 친척이기는 하나 겉보기는 전혀 다른 (j)가 된다. (a)에서 (b)로의 좌표변환은 '사영변환(射影變換)'이라는 것이며, (c)에서 (d)로의 변환은 '위상변환(位相變換)'이라고

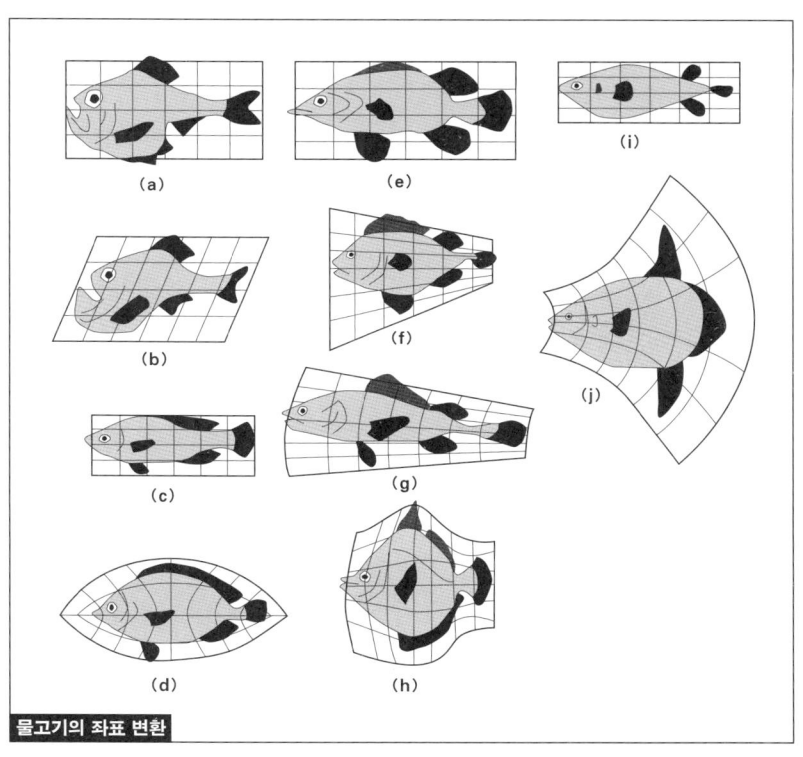

**물고기의 좌표 변환**

한다. 사영변환은 종이 등의 평면상에 그려진 도형의 시각(視角)을 바꾸어 기울이거나 할 때 보이는 다양한 형태의 변화를 가리킨다. 위상변환은 자유롭게 늘어나기도 하고 줄어들기도 하는 고무막 위의 도형이 고무막을 늘리거나 줄일 때 보이는 다양한 변화를 말한다.

한편, 구조와 변환은 표리관계에 있으며 다른 변환을 생각하면 다른 구조가 나타난다. 구조는 어떤 특정 변환에 의해서도 변하지 않는 성질이지만, 그러한 '변한다'와 '변하지 않는다'는 성질은 특정의 변환에만 관계될 뿐이다. 즉, 사영변환에 관해서는 불변의 성질이었다고 해도 위상변환에서는 불변의 성질이 아닐 수 있다는 뜻이다. 이와 같은 수학적인 구조의 개념이 레비 스트로스가 말하는 구조주의의 기본이다.

### 시대의 집요저음을 읽자

음악에서 베이스로 깔리는 음 중에는 통주저음(繼屬低音, 성악 선율을 크게 방해하지 않는 선에서 저음만 연주하는 것, 일부 성악성부들이 바뀌면서 쉬게 될 때 음향적으로 불균형을 해소하는 데 효과적으로 쓰인다.)이라는 것도 있는데, 마루야마 교수는 이를 집요저음과 비교하여 다음과 같이 설명한다.

통주저음은 어디까지나 주선율을 화성적으로 뒷받침하는 것으로, 음악으로서는 보완적인 역할이다. 연주 중에 잘 들리고 즉흥적인 연주도 허용되지만, 주선율의 흐름을 방해한다거나 왜곡하는 경우는 없다. 집요저음은, 선율은 있지만 들어서 선명하게 알 수 있는 것은 아니다. 동기motif로 설명하고 있는 문헌도 있으나 악리적(樂理的)으로는 테마theme라고 하는 것이 옳다고 본다.

마루야마 교수의 이와 같은 논의에 대해 순환논법에 빠진 오류라고 지적하는 사람도 있으나, 필자는 대단히 의미 있는 분석이라고 생각한다. 하나의 조직에 속해 있는 구성원이라면 누구나 가끔씩은 술안주 삼아 조직문화를 이야기하고 전통을 이야기하지만, 막상 그 실체가 무엇인지 구체적으로 파고들어가고자 하면, 어디서부터 시작해야 할지 막막하기 때문이다. 마루야마 교수가 말하는 집요저음의 사고방식이나 레비 스트로스의 구조주의 사고방식은 모두, 우리가 속해 있는 조직에서 변하지 않고 계속 반복되고 있는 것이 무엇인지 찾아보는 데 도움이 되는 방법론이다. '확실히 표현된 주선율이 외국의 원형과 어디가 다른가를 분석하면 그러한 차이를 만들어 낸 집요저음을 추정해 볼 수 있다.'는 주장을 우리 조직의 문화나 제도에 빗대어 생각해 볼 수 있다. 예를 들어 성과주의의 도입으로 상당히 변화했다고 생각되는 인사제도와, 벤치마킹의 대상이었던 외국의 원형을 비교해 보면, 어떤 차이를 가져온 '인사제도 운영상의 집요저음'에 해당되는 것을 추정해 볼 수 있을 터이다. 변화가 극심한 요즘 시대에 표면적으로 보이는 것에 구애받지 않고 시대의 집요저음을 확실히 들을 수 있는 능력이 필요하다는 마루야마의 메시지를 깊이 새겨 볼 필요가 있다.

# 이성과 감성, 노력과 운의 조화

이치로와 마츠이로 보는 이항대립적 사고와 그레이 존

## 서양인의 눈으로 본 일본 야구

2004년 10월 1일, 미국 시애틀에서 야구선수인 스즈키 이치로(鈴木一朗)가 시즌 258번째 안타를 치자 84년 동안 이어져 온 대기록이 깨졌다는 사실에 일본 전체가 떠들썩했다. 스포츠에는 별 관심이 없는 필자도 그 작은 체구의 이치로가 큰 덩치의 미국 선수들을 제치고 어떻게 그런 성과를 낼 수 있었는지 알고 싶어질 정도였다. 일본 사람들은 이치로가 미국인들에게 야구의 매력이 호쾌한 홈런에만 있는 게 아니라는 사실을 가르쳐 주었다고 하는데, 미국인이 보기에도 이치로에게 배울 것이 많았던 모양이다.

로버트 와이팅이라는 미국 작가가 쓴 『이치로의 의미The Samurai Way of Baseball: The Impact of Ichiro and the New Wave from Japan』라는 책이 일본에서도 번역 출간되었는데, 미국 야구에서는 찾아볼 수 없는 정신 수양과 극기를 바탕으로 하는 일본 야구를 소개하면서, 일본에 야구가 처음 들어온 메이지시대 이후의 일본 야구사를 더듬어 무사도와 연결을 시키고 있다. 이 책에는 일본에서 처음으로 야구 팀을 만든 감독이 베이스볼이라는 이름 대신 '야구'라는 명칭을 붙인 일을 비롯한 많은 에피소드가 등장하는데, 그중 이치로는 일본인에게 어떤 의미를 갖는 존재인가를 분석한 내용이 꽤 흥미로웠다.

이치로는 어린 시절부터 부친의 지도를 받으며 야구선수가 되려는 노력을 거듭했다. 초등학교 3학년 때부터는 1년 365일 중 대략 360일을 비가 오나 눈이 오나 바람이 부나 매일같이 아버지와 함께 야구연습장에서 살았다고 한다. 고교 진학 후에 갑자원 야구에서 대활약을 했는데도 작은 체구 때문에 프로구단의 스카우터들이 외면해 지명도가 낮은 오릭스 구단에 겨우 입단할 수 있었다고 한다. 프로 데뷔 이후에도 줄곧 수위타자 자리와 MVP를 유지하면서도 자이언츠의 마츠이 히데키(松井秀喜) 선수보다는 매스컴의 주목도도 낮았고, 실력에 비해 상대적으로 인기도 낮았다. 그런 이치로가 미국에서 활약하기 시작하면서 인기가 급상승한 이유를 와이팅은 이렇게 분석했다.

> 과거 수십 년간 일본은 국가의 존재 가치를 세계에 보여 주었다. 제품, 화폐가치, 해외부동산 취득, 현금을 많이 가진 예의 바른 여행자 등의 이미지를 가진 일본은, 고도의 훈련을 거친 얼굴 없는 조직인간들이 딱딱한 걸음걸이로 행진하는 나라로 비춰졌으며, 특출한 스타나 탤런트는 배출하기 어려운 나라로 여겨졌다. …… 미국의 어린이들이 이치로를 사랑하고, 그 부모들이 이치로를 숭

배하며, 동료 선수들도 이치로를 존경하고, 언론 역시 이치로를 절찬한다. 이러한 미국의 이치로 현상은 간접적으로나마 경험하고 싶었던 일본인들의 오랜 염원과도 같은 일이었다. 이치로 현상이 일본에서 특별한 반향을 불러일으킨 것은 완숙된 일본인 히어로가 미국의 아이돌이 되었다는, 지금까지는 경험한 적 없는 쾌감을 일본인들에게 맛보게 했기 때문이다.

이러한 평가가 틀리지 않았다는 듯이 일본 정부는 이치로에게 '국민영예상'을 주겠다고 했지만, 이치로는 자신은 아직 발전 과정에 있기 때문에 상을 받게 되면 더욱 발전하기 위해 노력하려는 의욕이 오히려 꺾일 수도 있다는 이유로 거절해 화제가 되기도 했다.

그렇다면 이치로는 어떻게 해서 메이저리거로 성공할 수 있었을까?

### 작은 성과가 성공을 부른다

2004년 연말, 대기록 달성을 계기로 제작된 NHK 특집방송에 출연한 이치로의 회고에 따르면, 가장 중요한 것은 마음의 여유라고 한다. 정식 시즌이 시작되기 전에 아무리 오픈전을 많이 치른다고 해도, 경기마다 장소나 분위기, 상대가 다르기 때문에 본 시즌에 대비한 감각을 얻기 힘든데, 입단 초반 3년간은 봄에 어느 정도의 성적을 내지 못하면 후반에 레귤러 멤버에서 제외될 가능성이 있다는 불안감 때문에 시즌 초부터 마음의 여유를 가지기가 어려웠다고 털어놓았다. 미국 진출 4년째인 2004년 3월에야 비로소, 봄에 다소 부진해도 레귤러 멤버에서 빠지지 않을 것이라는 자신감을 가지게 되었고, 4월 한 달 동안은 실전감각을 익힌다는 생각으로 게임에 임할 수 있었다고 한다. 실제로 이치로는 4월 한 달간 타율이 2할 5푼 5리에 머물러, 미국의 언론으로부터 연봉 값을 못한다는 비판을 받았으나 전혀 개의치 않고 결국 자신만의 게임 감각을 찾고 대기록을 낼 수 있는 바탕을 만들었다. 새로운 시도 역시 여유에서 나온다는 사실을 알 수 있는 대목이다.

또한 이치로는 본인이 납득할 수 있을 때까지 끊임없는 자기반성을 하는 것으로 유명하다. 4월의 부진을 떨치고 5월에는 월간 쉰 개가 넘는 히트를 기록해 주위에서 절정기가 왔다고 다들 칭찬하는 등 분위기가 달라졌는데도 본인은 납득하기 어려웠다고 한다. 맞을 리 없다고 생각한 볼이 히트가 될 때, 즉 볼을 때리는 감각을 잃어버린 상태에서 히트가 나오는 경우에는 주위에서 아무리 칭찬하더라도 본인은 실력이 퇴화했다고 생각할 수밖에 없다는 것이다. 따라서 남들이 생각하는 본인의 절정기는 알고 보면 슬럼프라는 이야기까지 할 정도다. 또한 프로입문 13년 만에 낸 통산 2000번 째 히트 기록에 대해서도, 그 정도의 히트를 내기 위해 본인이 얼마나 더 많은 노 히트의 괴로움을 맛보아야 했는지를 이야기한다.

이치로는 7월에도 월간 쉰 개의 히트를 기록하는데, 5월과는 달리 이때는 '필연의 히트'라고 한다. 본인이 그동안 탐구해 왔던 감각을 찾았기 때문에, 남들 눈에는 우연으로 보이는 히트일지라도, 본인은 납득 가능한 필연적인 히트였다는 것이다. 실제로 시즌 초반과 종반을 비교하면 배팅 폼이 바뀐 것을 볼 수 있다. 시즌 종반에는 야구배트가 뒤로 뉘어진 상태에서 타격을 하는 폼이 되었는데, 일부러 배트를 누인 것이 아니고

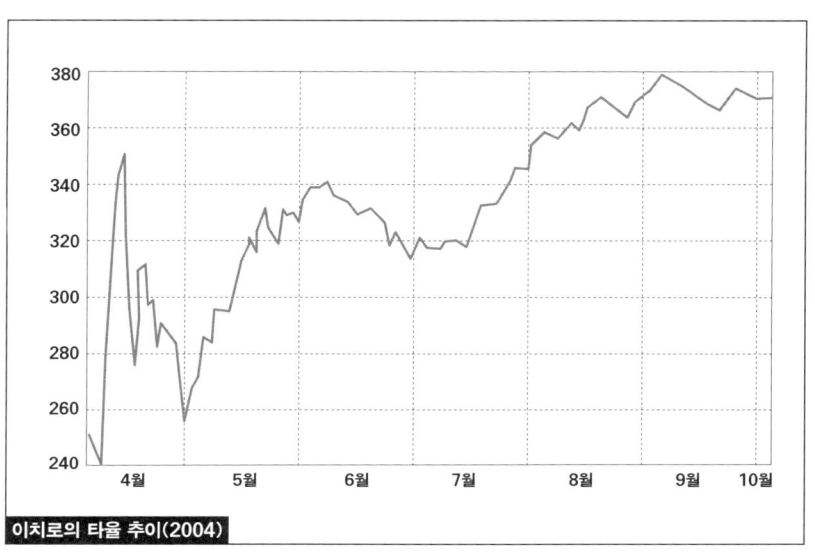

**이치로의 타율 추이(2004)**

오른발을 조금씩 뒤로 빼고 양발의 접지를 확실하게 하는 과정에서 자연스럽게 배트가 뒤로 눕게 되었고, 결과적으로 그것이 본인이 찾아 헤매던 감각에 가까워졌다고 이치로는 말한다. 재미있는 것은 그 감각이라는 것이 어린 시절 본인이 갖고 있었던 감각과 비슷하다는 이야기이다. 해답은 결코 먼 곳에 있는 것이 아닌 모양이다.

마지막으로 이치로는 처음부터 거창한 목표를 세우기보다는 우선 달성하기 쉬운 작은 목표부터 차곡차곡 이뤄 나갔다고 한다. 이치로 본인이 시슬러의 기록을 처음으로 의식하기 시작한 때는 언론들이 비교를 하기 시작한 8월에 들어서이며, 9월 중반 이후에야 비로소 달성이 가능하다고 생각했다는 것이다. 처음부터 높은 수치를 목표로 세웠다면 성공은 도저히 불가능했으리라는 이치로의 말은, 기록이라는 것은 결국 작은 성과를 쌓아올리는 것 외에 다른 방법은 없다는 것을 의미한다.

이치로의 경우는 어떻게 생각하면 성공하는 사람들에게서 공통적으로 찾아볼 수 있는 지극히 보편적인 사례로, 그 성공 요인 역시 누구나 알고 있으되 실제로 행동으로 옮기기는 쉽지 않은 것들이다. 마음의 여유를 가지고, 부단한 노력을 계속하며, 자기확신을 가지고, 지극히 현실적인 목표를 설정하여 차근차근 달성해 나가는 자세 등은 정도의 차이는 있을지언정 무엇 하나 새로운 이야기가 아니다.

**이치로와 마츠이**

이치로와 마찬가지로 미국 메이저리거로 성공한 또 다른 선수로 마츠이 히데키(松井秀喜)가 있다. 두뇌 개발, 집중형 인간을 연구한 고다마 미츠오(児玉光雄)는 마츠이(당시 뉴욕 양키즈) 선수를 미야모토 무사시(宮本武蔵, 1584~1645)에, 이치로 선수를 사사키 고지로(佐々木小次郎)에 비유한다. 미야모토 무사시는 『오륜서(五輪書)』(1645)를 써서 중국의 손자 못지않은 병법가로 서구에까지 알려져 있는, 일본 에도시대 초기의 무사이다. 환갑을 넘겨 죽을 때까지 평생 동안 단 한 번도 패한 적이 없다고 하는 대단한 인물이다. 그의 일대기를 소재로 한 소설은 당시 그와 쌍벽을 이루는 존재였던 사사키 고지로와의 결투 장면으로

▎ 시모노세키에 있는 무사시와 고지로의 결투 동상

투는 '간류지마(巖流島)의 결전'으로 불린다. 야마구치 현 시모노세키에 있는 간류지마에는 이 두 사람의 결투 장면이 동상으로 만들어져 있고, 당시의 결전을 기리는 행사가 매년 개최되고 있다고 한다.

미야모토 무사시는 다소 어리숙하지만 하나에 집중하는 기백이 대단해 그 하나에 의식을 집중하면 그 이외의 모든 것을 버리는 데 주저함이 없는 성격이라고 한다. 또한 자신이 정한 방식을 관철하려는 의지가 강해 사소한 일로는 쉽게 흔들리지 않는다. 반면에 고지로는 다소 신경질적이기는 하지만 머리가 비상해 무엇이든 간단히 이해하고 깨달음이 빠르다. 또한 주위로부터 흘러나오는 살기를 무사시보다 민감하게 알아채므로 앞으로의 일까지 읽을 수 있는, 거의 결점이 보이지 않는 것이 결점이라고 할 정도의 완벽한 인물이다.

고다마에 따르면 이치로와 마츠이는 전혀 다른 타입이다. 사람의 유형을 구분하는 에니어그램을 이용하여 이 두 사람의 언행을 분석을 해 보면, 이치로는 자신만만하게 도전을 즐기며 자신의 목표를 달성해 나가는, 완고하고 결단력이 있는 '도전하는 사람'의 유형이다. 반면에 마츠이는 남을 배려하는 마음이 깊고 다른 사람을 즐겁게 하며 함께 있으면 유쾌한, '돕는 사람' 유형에 속한다고 한다. 실제로 이치로는 마음먹은 것은 무슨 일이 있어도 해내고 자신의 주관이 뚜렷하며 실행력도 탁월하여 도저히 불가능하다고 생각되는 목표를 차례차례 실현해 왔다. 배팅 연습을 하고 있는 이치로에게 말을 걸면 '미안, 나중에'라는 말을 듣기 일쑤라 가까이하기 어려운 사람이라 생각하기 쉽지만 사실은 그가 극도로 집중한 상태에 있기 때문이라고 한다.

2002년 8월 22일, 한 명의 소년이 어머니와 함께 도쿄돔 구장을 찾았다. 선천성 심장병 환자인 이 소년이 삶을 포기하고 수술을 거부했다는 이야기를 들은 마츠이 선수가 지인을 통해 '지지 마라, 자신을 믿어라.'라는 메시지를 보냈는데, 이를 받아 본 소년이 용기를 얻어 수술을 받고 나서 마츠이에게 인사를 온 것이었다. 소년으로부터 고맙다는 이야기를 듣고 "열심히 해 보는 거야, 나도 오늘은 열심히 해 볼 테니까."라고 말한 마츠이는 소년이 보는 앞에서 홈런 두 개를 쳤다. '이 소년에게 어떻게든 홈런을 선물하고 싶다.'는 마츠이의 소망이 홈런을 치게 한 것이 아닐까 싶다.

**이항대립적 사고과 그레이 존**

이치로가 자신에 대한 엄격함으로 스스로를 몰아붙임으로써 파워를 발휘한다면, 마츠이는 주변 사람들에 대한 배려와 그들의 기대에 부응하려는 마음가짐으로 힘을 내는 타입이다. 그렇다고 사람들의 성격을 미야모토 무사시냐 사사키 고지로냐, 이치로냐 마츠이냐 하는 식으로 양분하는 일은 위험하다. 세상에는 그 어느 쪽이라고도 할 수 없는 애매한 영역의 사람들이 대다수를 차지하고 있기 때문이다. 그럼에도 불구하고 우리는 가능한 한 양극단을 대비시켜 이해를 해야 알기 쉽다는 이유로 너무나 많은 것들을 이분법적 관계(이항대립 관계)로 변환시켜 생각해 보는 경향이 있다.

나카마사 마사키(仲正昌樹)는 『알기 쉬움의 함정』이라는 책에서 이러한 이항대립적 사고의 문제점을 지적하면서, 이항대립적 사고가 필요한 경우도 있다고는 한다. 당사자 간의 이해가 정면으로 명확하게 대치해 적어도 한쪽에게는 사활의 문제가 되는 경우, 즉 상대방의 주장을 인정하게 되면 자신들이 살아갈 수 없는 절박한 상황이라면, 처음부터 정면대결을 하지 않을 수 없다는 말이다. 예를 들면, 부르주아지와 프롤레타리아트의 이항대립적 구도를 도식화한 마르크스주의가 탄생한 19세기 중반의 서구 자본주의 세계는 소수의 자본가와 다수의 노동자간의 대립이 사회 전체에서 가장 중요한 문제가 되었고, 현실적으로 빈곤화한 노동자에 의한 폭력적인 혁명의 위험도 있었기 때문에 이항대립적 구도가 확실했다. 그러므로 결과적으로 많은 사람들이 마르크스주의를 지지했던 것이다. 그러나 자본주의가 발달하여 노동자와 자본가의 구별이 애매해지고 중간계층이 증가한 선진제국, 또는 종교대립이나 민족대립이 심각한 지역의 경우에는 마르크스주의가 통용되기 어렵다고 한다. 즉, 이들 사회에서는 반드시 부르주아지와 프롤레타리아트의 이해대립에 기인하는 것이 아닌 더욱 다양한 문제가 많기 때문에, 모든 문제가 부르주아지와 프롤레타리아트의 계급투쟁에 기인한다는 식의 이야기는 할 수 없다는 뜻이다.

필자는 우리나라 대기업의 노사분규에는 특히 부정적인 입장이다. 작업환경이 열악한 공단의 노동자나 법정 최저임금을 받고 일하는 노동자들과 그들의 상황은 근본적으로 다르다고 보기 때문이다. 즉, 대기업은 이미 많은 문제들을 '도'와 '사'의 관점에서만 풀기는 어려운 상황에 있고, 나카마사의 말처럼 어느 한쪽의 생사가 달려 있는 문제를 가지고 대립하는 것도 아니므로, '노'와 '사'의 이항대립적 구도로는 풀 수 없는 그레이 존이 넓다는 생각이 든다. 마찬가지로, 사내의 인재 관리에 관한 문제를 우수인력과 부진인력의 이항대립적 구도로 가져가는 것은 옳지 않다. 대다수의 사원들은 경우에 따라서 우수인력이 될 수도, 부진인력이 될 수도 있는 그레이 존에 있다고 생각되기 때문이다. 그레이 존에 있는 대다수의 인력과 핵심 우수인력, 보통 사람들의 협력과 조화를 이끌어 내면서 어떻게 하면 경쟁사 대비 더 많은 창조적인 부가가치를 만들어 낼 것인가가 기업의 가장 중요한 과제일 것이다.

# 유전인가, 환경인가

에사키 레오나와 센트럴 도그마의 함정

**충격적인 우생학적 발언**

2010년까지 노벨상을 받은 일본인은 1949년에 물리학상을 받은 유가와 히데키(湯川 秀樹)를 비롯 열일곱 명에 달한다. 그 가운데 물리학상을 받은 사람이 여섯 명인데, 그중 우연히 1973년에 노벨 물리학상을 수상한 에사키 레오나(江崎玲於奈)와 인연이 닿았다. 한국 대학 중 한 곳으로부터 국제 학술 세미나 강사를 추천해 달라는 의뢰를 받고, 일본의 지인을 통해 그를 소개받았기 때문이다. 실제로 그가 한국에 가서 강연을 하게 되기까지의 모든 과정은 비서를 통해 진행이 되었기에 유감스럽게도 직접 만나 보지는 못했으나, 책을 통해서 다음과 같은 그의 발언을 접했을 때의 충격은 잊기 어려웠다.

"인간의 유전 정보가 쉽게 해석되고, 생득적(生得的)인 능력을 알 수 있는 시대가 되었다. 향후의 교육에서는 이것의 인정 여부가 중요하겠지만, 나는 이를 허용할 수밖에 없다고 생각한다. 아무리 해도 안 되는 것에는 신(神)의 존재 말고 다른 생각을 할 수가 없다. 따라서 사람은 할 수 있는 것을 할 필요가 있다. 언젠가는 학교에 입학할 때 유전자 검사를 실시하여, 각자의 유전 정보에 맞는 교육을 받을 수 있어야 한다… 유전적인 자질과 생후의 환경, 교육을 생각할 경우, 인간에게는 어느 쪽이 중요한지를 고민해 봐야 한다. 우생학자는 천성을 이야기하고, 사회학자는 육성을 중시하고 싶어 한다. 공산주의자들도 후자를 지지하기 때문에, 전후(戰後)의 일본학교는 평등이라는 컨셉을 추구해 왔으나, 나는 유전적인 자질이 더 중요하다고 생각한다."

위의 이야기는 2000년 6월에 당시 일본 교육개혁국민회의 좌장으로 일하던 에사키 레오나가 사이토 다카오(齊藤貴男)에게 한 말이다. 사이토는 『기회의 불평등』이라는 저서에서 "리더를 자임하고 있는 사람들이 다른 사람을 노골적으로 비하하는 데 주저함이 없고, 그렇게 해도 괜찮다는 분위기가 사회 전반에 팽배해질 때 전쟁이라는 것도 시작된다."는 사견을 전제로 에사키의 발언을 인용하면서, 일본의 리더들 사이에 과거 전시(戰時)에 국민우생법(國民優生法, 유전성 질환 환자의 단종(斷種)을 강제하는 법)으로 구체화되었던 우생학적 발상 및 사회적 다위니즘이 새롭게 확산되고 있는 현상을 경계하고 있다. 즉, 제2차 세계대전 이후 나치즘의 기억과 함께 국제적으로 봉인(封印)되었던 주장이 신자유주의(시장원리주의)라는 이름으로 다시 부활하고 있다는 것이다.

### 레트로바이러스와 전이인자

가토 료헤이(加藤良平)에 따르면 생체의 유전 시스템에는 중심명제 Central Dogma라고 하는 기본적인 흐름이 있는데, 이는 DNA의 유전 정보가 RNA라는 물질에 '전사(傳寫)'되고, 그 RNA에 의해 단백질이 합성되는 일방통행의 흐름을 지칭한다. '전사'라는 말은, DNA 정보가 경우에 따라서 다소의 변화를 동반하면서 RNA로 복사된다는 의미인데, 재미있는 것은, 이러한 중심명제에 역행하는 '역전사(逆傳寫)'라는 것이 존재한다는 사실이다. '역전사'는 중심명제와는 거꾸로 RNA정보에 의해 DNA가 생성되는 것인데, 이는 사람이 갖고 있는 기능이 아니고 레트로바이러스 Retrovirus라는 일종의 바이러스에 의해 이루어지는 현상이다. 바이러스란 자기 자신의 유전자 정보와 최소한의 감염 기능만을 가지고 자신에게 필요한 단백질을 감염 상대에게 만들게 하는 존재이다. 그런데 레트로바이러스의 경우 자기 자신의 유전자가 DNA가 아닌 RNA로 구성되어 있다는 것이다. 백혈병이나 에이즈, 인플루엔자 바이러스 등의 유전자도 RNA로 구성되어 있는 레트로바이러스에 해당된다. 문제는, 레트로바이러스도 진화를 한다는 사실이다. 에이즈 바이러스의 경우 발견된 지 이십 몇 년 밖에 되지 않았는데도 '면역기능 저하의 감소'라는 중대한 진화의 조짐을 보이고 있다고 한다. 바이러스의 입장에서는 보다 많은 감염자를 얻기 위해 숙주가 오랫동안 살아 있는 것이 좋으므로, 사상충(혈관에 기생하는 선충)의 경우 상대의 면역기능이 일정 수준 이하로 떨어지면 더 이상 영향을 끼치지 않는다고 하지만 사상충이 이러한 기능을 갖게 되기까지는 수천 년의 세월이 걸렸다고 한다. 이에 비하면 에이즈 바이러스는 놀랄만한 스피드로 진화하고 있다.

　기업조직 내에도 레트로바이러스에 해당하는 존재가 있을 수 있다. 즉, 조직운영의 중심원리 또는 기본만으로는 통하지 않는 세계가 있을 수 있으며, 만약 조직 내에 그러한 존재에 대한 면역기능이 제대로 갖추어져 있지 않을 경우 죽음에 이르는 병에 걸릴지도 모른다. 조직 내의 레트로바이러스도 진화할 수 있다는 점을 생각하면, 면역기능을 한 번 정비했다고 안심해선 안 된다.

　그러나 한편으로는 레트로바이러스의 강력한 생명력을 배울 필요도 있다. 자신이 살아가는 데 꼭 필요하지만, 스스로는 구할 수 없는 것을 상대방에게 만들도록 하는 능력은 어찌 보면 대단하지 않은가.

　유전자는 대개 DNA 속의 정해진 장소에만 존재하기 때문에 염색체상에서 유전자의 소재를 나타내는 지도를 그릴 수 있다. 그런데 '전이인자'라는 것은 염색체를 바꿔 타면서 여기저기에 모습을 나타내는 재미있는 존재이다. 전이인자는 그로 인해 유전자의 이동성이 향상될 수 있으므로, 유전자의 구조를 변환시키기 위한 매개체로 사용하기도 하고, 게놈 연구를 위해 특정의 유전자를 파괴하는 데 이용하기도 한다. 기업조직 내에도 전이인자와 같은 존재가 있는데, 가토 료헤이는 소니의 머천다이저를 그 예로 든다. 하나의 제품이 다양한 부서를 경유하여 만들어지다 보니 제품 자체의 컨셉이 애매해지거나 조직 간의 대립에 의해 기능이나 성능에 문제가 생길 수 있으므로, 각각의 부서와는 별도로 처음부터 끝까지 그 상품에 관한 책임과 권한을 맡는 담당자를 붙여 놓는 방식을 머천다이저 제도라고 한다. 소니의 머천다이저는 전이인자와 마찬가지로 오전에는 설계부, 오후에는 영업부, 다음 날 오전에는 공장, 오후에는 홍보실 등의 형태로 사내를 동분서주하면서 커뮤니케이션의 원활화에 기여하고, 부문 간의 조정을 이끌어 내는 존재이다. 그러나 전이인자처럼 사내를 돌아다니는 존재에는 소니의 머천다이저와 같은 역할뿐만 아니라 한가한 나머지 여기저기 기웃거리며 간섭하는 경우도 포함되는 것처럼 전이인자도 유전자로서 유용한 역할을 해 진화의 원동력으로 간주되면서도 경우에 따라서는 병을 일으키는 원인을 제공하기도 한다.

유전 시스템과 마찬가지로 조직 내에는 중심명제만으로는 통하지 않는 세계가 있다. 따라서 에사키 레오나의 주장과 같은 우생학적 발상도 한계가 있다고 할 수 있다. 아무리 훌륭한 조직이라 하더라도 기본과 상식이 통하지 않는 부분이 있기 마련이라고 하면, 그것을 어느 수준까지 허용할지가 문제가 된다. 또한 리더가 가지고 있는 생각과 의지를 조직의 구석구석까지 전달시켜 조직을 한 방향으로 나가게 하기 위해서는, 다양한 레트로바이러스와 같은 존재 및 교육, 평가, 인센티브 등의 여러 면역 장치를 지속적으로 정비해 나가는 일이 중요하다. 또한 조직 내에 전이인자과 같은 역할과 기능을 정비하고, 지속적으로 감시해 나갈 필요가 있다. 세부 조직의 전문화가 심화되면서 횡적인 연계가 어려워지는 것은 당연한 일이지만, 다양한 사내 외 커뮤니케이션 수단을 활용하거나 조직 내에서 소니의 머천다이저와 같은 존재를 육성시켜 종과 횡으로 별다른 장애 없이 정보가 흐르거나 모이는 환경을 만들어 가는 일이 무엇보다 중요하다.

**동서양의 세계관**

에사키 레오나의 사고방식에 대한 사이토의 지적을 보면, 일본인들의 세계관이 많이 바뀌고 있다는 생각이 든다. 20세기말까지 일본은 '모두가 한 걸음씩'이라는 공통의 가치관을 유지해 왔으나, 21세기에 들어서면서 드디어 '개인'에게 주목하기 시작한 듯하다. 세계관이 달라진다는 것은 사물을 이해하는 관점이 달라진다는 의미로, 예를 들면 어떤 사건이 일어날 경우 그에 대한 원인 규명의 차원이 변함기 때문에 같은 사안을 놓고도 해결 방법이 크게 달라질 수도 있다는 뜻이다.

동서양의 세계관과 관련해서는 미시간 대학 교수 리처드 니스벳이 쓴 『생각의 지도 The Geography of Thought』(2003)라는 책을 읽어 볼 만하다. 니스벳 교수는 주로 한, 중, 일 3국과 유럽, 북미를 비교하면서, 동서양의 세계관을 둘러싼 대단히 흥미로운 실험 결과 및 사례들을 소개하고 있다. 예를 들면, 1991년 아이오와대학에서 물리학을 전공한 중국인 학생이 어떤 심사에서 탈락한 뒤 취직에도 실패하고 결국 그의 지도교수와 동료학생 수 명을 사살하고 자살한 사건이 일어났는데, 대학신문이나 《뉴욕 타임스》가 성격상의 결점, 정신적인 결함 등 개인의 특성에만 주목한 기술이 많았던 반면, 같은 사건을 보도한 중국의 《세계일보》는 그 학생을 둘러싼 주변 상황에 원인을 돌려, '지도교수와 사이가 좋지 않았다, 사살된 학생과는 라이벌 관계였다, 중국 영재교육 방침의 희생자이다, 총기 소지가 가능한 미국의 환경이 문제다.' 등의 분석을 했다고 한다. 같은 해 미시간 주에서 미국인 우편배달부가 해고된 뒤 우편국 상사와 동료를 사살하고 본인도 자살한 사건이 일어났는데, 이에 대한 관점도 마찬가지였다고 한다. 미국의 기자는 이 사람의 과거 행동을 통해 추측한 사고방식이나 특성, 즉 '평소에도 폭력을 휘둘렀다, 다혈질이다, 격투기를 좋아했다, 정서불안이었다.' 등에 초점을 두고 보도를 한 반면, 중국인 기자는 그에게 영향을 준 상황, 즉 '가해자가 최근 해고되었다, 우편국 상사와 사이가 좋지 않았다, 텍사스에서 일어난 살인사건의 영향을 받았다.' 등을 강조했다고 한다. 사건의 원인을 보는 중국인과 미국인의 시각에 많은 차이가 있다는 사실을 보여 주는 이 사례를 통해 니스벳 교수는 행동의 결정요인과 관련해 한국인 역시 미국인보다 '상황요인' 또는 '성격과 상황의 상호작용'에 더 많은 비중을 두고 있다고 말한다. 또 일본인도 미국인보다 주변 환경에 많은 주의를 기울이고 있다는 사실을 밝혀내는 연구 결과를 소개하고 있다.

일본의 리더들 사이에 확산되고 있다는 'DNA 분석을 통한 교육차별화' 논의는, 인간의 성장을 환경과의 상호작용 속에서 파악하지 않고 개인의 유전적 특성에 주목하고 있다는 점에서, 니스벳 교수가 말하는 서양인의 세계관에 대단히 가까운 사고방식이라고 할 수 있다. 물론 일본 내에도 '인간의 능력에 유전적 요인이 작용하는 것은 틀림없지만 유전자 간에 복잡한 상호작용이 있기 때문에 유전적 요인만 가지고 개인의 자질을 예측하는 것은 어려우며 외부의 환경에 의해 다양하게 변화하는 부분이 있는 것도 사실이므로, 이론적으로 가능하다고 유전자 검사를 통한 우생학적 선별 교육을 하자는 사고방식은 무늬만 바꾼 사회적 다위니즘에 빠질 위험성이 있다.'는 지적도 있다.

과거 십 수년간 일본 기업들의 연봉제 도입 비율이 크게 증가해, 1990

년대 중반에는 5퍼센트 대에 불과하던 연봉제 도입 기업이 이제는 거의 전체의 절반에 이르게 되었다는 조사 결과를 본 적이 있다. 이는 일본의 기업사회에서도 서구적인 가치와 일본 전래의 가치가 거의 대등한 기세로 충돌하고 있는 하나의 사례라고 할 수 있다. 연공임금, 일본적 경영의 부활 등의 이야기가 많이 언급되는 현상도, 성과주의 인사 시스템이 급속도로 확산되고 있는 시류에 대한 반동의 의미가 크다. 기업사회에서 사람의 개인적 특성에 주목하는 서구적 세계관과, 상황에 따라 다양한 변화가 일어날 수 있다는 전제를 두고 인간관계나 환경을 중시하는 동양적인 세계관 중 어느 것이 더 적합할지 따지자면, 적어도 90년대 이후 현재까지의 상황에서는 서구적 세계관에 손을 들어 줄 수밖에 없는 듯하다. 물론 이는 어디까지나 경향에 대한 이야기이며 개별기업의 입장에서는 다를 수 있다.

언제라도 우생학적 발상이 잉태될 수 있는 소지가 있는 서구적 세계관은 필연적으로 '우리와 그들'이라는 양극화 경향을 낳게 하므로(실제로 서양인은 그들의 지식의 역사를 통해서 정신과 육체, 감정과 이성, 인간과 동물 등 이분법에 의한 양자택일적인 논쟁을 끊임없이 계속했다.), '노블리스 오블리제'라는 도덕적 규범의 사회, 문화적 강제를 통해 이를 완화시켜 왔는지도 모른다. 그런 맥락에서, 기업들이 자의 반 타의 반으로 전개하고 있는 CSRCorporate Social Responsibility 활동은 오늘날 기업사회의 노블리스 오블리제에 해당한다고 볼 수 있다. 서구적 성과주의가 심화되고 있는 기업조직 내에 이러한 관점을 적용하면, 소위 핵심인력과 대다수 보통 사원들과의 관계를 파악해 볼 수 있다. 만약 핵심인력의 구분이 마치 DNA

처럼 개인이 지닌 특성(출신, 학력, 소속 등)에 의해 이루어져 자연스럽게 그들만의 핵심층이 형성된다면, 이것은 또 다른 형태의 양극화를 초래할 가능성을 높인다. 그렇게 되면, 조직 내 리더, 핵심조직, 핵심인력을 자임하고 있는 사람들이, 그렇지 못한 상황에 있는 동료들을 주저함 없이 노골적으로 비하할 테고 그렇게 해도 괜찮다는 분위기가 사내에 팽배해질 가능성이 없다고 할 수 없다.

대안이 있다면, 조직 내에 '기회의 평등'과 '이질적인 것들의 조화'를 유도하는 제도적 장치를 마련하고, 스스로 보통이라고 생각하는 사람들에게도 희망을 줄 수 있는 체제를 정비하는 것이다. 동시에 핵심인력으로 선발된 사람들에게 협업의 중요성, 겸손, 후배 육성의 의무 등 현대 기업판 노블리스 오블리제를 강제하는 분위기를 의도적으로 조성하는 것도 하나의 방법일 수 있다. 기업이 어떤 선택을 하든 조직 내의 양극화 현상을 재촉하는 일은 되도록 피해서 안에서 협동하여 밖에서 살아남을 수 있도록 해야 한다. 양극화와 관련해서는 프린스턴 대학교 생태진화학 교수 리 실버의 『다시 창조되는 에덴』의 한 대목이 시사하는 바가 많다.

"2350년. 모든 인간은 두 가지 계급에 속하게 되었다. 젠 리치Gene Rich라 불리는 유전자 개량 인류와 그 외의 내추럴스Naturals 계급이다. 과거 수세기에 걸쳐 혼혈이 진행된 결과, 인종이나 민족의 차이에 의한 외견상의 차이는 거의 없어졌다. 한편, 사람들에게는 새롭고 명확한 차이가 나타났다. 21세기에 출현한 유전자 개량 기술이 적용된 젠 리치에게는 과거라면 초인적이라고 할 만한 재능이 부여되었다. 비즈니스를 포함하여 정치, 과학, 스포츠, 예술에 이르는 모든 분야에서 젠 리치가 권력을 쥐었다. 내추럴스는 저임금 서비스노동이나 단순노동에 종사할 수밖에 없으며, 그 자녀들은 공립학교에서 계급에 맞는 기본적인 기능밖에는 배울 수 없게 되었다. …… 22세기나 23세기에도 노력하여 돈을 번 내추럴스들이 자녀에게 유전자 개량을 시도한 경우는 있으나, 두 계급의 유전적 격차는 점점 확대되었다. 젠 리치가 축적된 경제력을 배경으로 개량을 거듭해 온 것에 비해 가난한 내추럴스는 아무것도 할 수 없었다. 더 이상 아래로부터의 계급 이동은 불가능하게 되었으며, 사회는 완전히 양극화되고 말았다."

# 둔보와 열정의 미학

테라시마 야스쿠니와 스가와라 쇼지의 재즈 열정

**재즈의 나라, 일본**

 일본에서 살아가는 일에 익숙해질 무렵 다소 이상하게 여겨진 것이 있었다. 어디를 가도 배경음악으로 재즈를 틀어 주는 곳이 많다는 사실이었다. 심지어 전통 일본식당에서조차 사미센이 아니라 재즈가 흐르고 있으니, 이쯤 되면 일본에서 재즈는 가히 완전한 생활음악이라 해도 과언이 아니다. 일본인들은 언제부터 재즈를 듣기 시작했을까? 도쿄의 요츠야에서 '이글루'라는 재즈카페를 운영하면서 재즈평론가로도 활약하고 있는 고토 마사히로(後藤雅洋)에 따르면, 일본에 재즈가 전래된 시기는 1920년까지 거슬러 올라간다고 한다. 세계 최초의 재즈 레코드가 등장한 것이 1917년이라고 하니, 대단히 빠른 움직임이다. 당시 게이오 대학의 학생이자 아마추어 피아니스트였던 누군가가 국회의원이던 아버지의 비서 자격으로 워싱턴에서 열리는 국제회의에 동행을 했다가 그곳에서 재즈라는 음악을 듣고 레코드를 구해 가지고 와 긴자에 있는 한 사교클럽에서 레코드 연주회를 연 것이 재즈 도입의 시작이었다고 한다. 이렇게 전래된 미국의 재즈가 100여년 사이에 일본의 생활음악으로 자리잡게 된 데에는 고토와 같은 재즈카페 주인들의 역할이 컸다고 할 수 있다.

### 남다른 철학을 지닌 재즈 음반 제작자

테라시마 야스쿠니(寺島靖国)라는 사람이 있다. 필자가 그에게 주목하기 시작한 것은, CD 가게에서 눈에 띄는 재킷의 음반 하나를 우연히 구입하면서부터이다. 필자는 일본의 전문 잡지에 소개되는 음반평이나 아마존 댓글을 보고 재즈 음반을 구입하는 경우가 많지만, 가끔은 CD 가게에서 앨범의 재킷 디자인만 보고 사는 경우도 있다. 일본의 음악동호인들은 이렇게 재킷만 보고 음반을 구입하는 것을 가리켜 재킷과 구매를 뜻하는 단어 '가이(買い)'를 합성해서 '자케가이(ジャケガイ)'라고 부른다. 내용과 상관없이 표지의 매력적인 이미지에 혹해서 사는 행위를 가리키는 이 말은 상대를 다소 비하하거나 자조(自嘲)의 의미를 담고 있기도 하다. 일본어 '가이'의 발음이 영어 'Guy'와 같아 매우 그럴 듯한 조어(造語)라는 생각이 든다. 지금까지의 경험으로 보면, 음반평을 보고 산 음반이나 자케가이를 한 음반이나 그 안에 든 음악이 마음에 들 확률은 비슷하다. 아니, 오히려 재킷 디자인이나 라이너 노트를 정성 들여 만든 음반일수록 그 내용도 좋았다. 필자가 자케가이한 음반 중 '마츠오 아키라 트리오(松尾明トリオ)'라는 일본 재즈밴드의 연주가 있었는데, 이 앨범의 제작자가 다름 아닌 테라시마였다. 나중에 알게 된 사실이지만 테라시마

는 와세다 대학에서 독문학을 전공한 후 가업을 잇다가 1970년에, 지금도 도쿄의 키치죠지 역 근처에서 영업을 계속하고 있는 '메그'라는 재즈 카페를 차린다. 그리고 1987년 재즈에 관해 쓴 책이 호평을 받으면서 현재 재즈평론가로 활동하고 있다. 2001년에는 자신이 선곡한 재즈 음악들을 담은 옴니버스 음반 「Jazz Bar 2001」을 냈는데, 이 음반이 히트를 치면서 매년 비슷한 음반을 출시하고 있다(현재 「Jazz Bar 2010」까지 나와 있다). 그러다 마침내 2007년에는 '테라시마 레코드'라는 레이블까지 설립해 음반제작자로 변신했고, 그 후에 만든 음반을 필자가 CD 가게에서 우연히 집어든 것이었다.

라이너 노트에서 그는 자신의 음반 제작 철학을 당당히 이야기하는데, 그에게 재즈란 '애수와 기백'이라고 한다. 다시 말해, 음악적 측면에서 볼 때 곡 자체에는 애수가 담겨 있어야 하고, 연주에는 기백이 있어야 하며,

▎재즈카페 메그의 내부 모습

오디오적 관점에서는 사운드를 중시하고, 재킷 또한 싸구려 플라스틱 케이스나 디지털팩, 종이 재킷을 훨씬 뛰어넘는 가히 최고라 할 수 있는 사진 앨범 풍의 재킷 디자인을 지향한다는 것이다. 평소 클래식 음반들의 형편없는 표지 디자인이나 불성실한 라이너 노트에 불만이 많았던 필자는 그의 철학에 100퍼센트 동의한다. 제작자인 본인은 물론 연주에 참가한 아티스트 개개인의 코멘트까지 곁들인 라이너 노트와 미니북 같은 재킷 디자인은 포장을 뜯는 색다른 감흥을 준다.

### 환갑이 넘은 노인의 무서운 열정

테라시마는 오디오 마니아이기도 하다. 그에게 관심이 생긴 필자는 그가 자신의 오디오 편력을 쓴 책도 구해 보았다. 그 책에서 테라시마가 오디오, 그중에서도 하이엔드에 미쳤다는 표현이 이상하지 않을 정도의 대단한 열정의 소유자라는 것을 확인할 수 있었다. 그를 가리켜 '오디오의 세계에서는 정말 갈 데까지 간 사람'이라고 표현할 수밖에 없는 이유가 있다. 수년 전 그는 오디오 음질에 영향을 미치는 전원 부분을 개선하기 위해 전력회사까지 동원해 자신의 집 울타리 안에, 자기 집으로 흘러들어오는 전원만을 컨트롤하기 위한 12미터짜리 전봇대를 세웠다. 하이파이 기기들을 보호하기 위한 전용 정전압기를 둔다든지, 벽에 있는 콘센트를 오디오 전용으로 바꾼다든지, 집을 개축할 때 아예 오디오를 위한 전원 케이블을 별도로 끌어내는 일 정도는 오디오에 관심을 둔 사람이라면 비교적 많이 시도하고 있는 일이다. 그러나 집 울타리 안에 전봇대까지 세우고, 엄청난 케이블을 땅속에 묻었다는 이야기는 필자에게도 대단한 충격을 주었다. 무엇보다도, 환갑이 지난 할아버지가 보여주는 그 열정이 몹시 부러웠다.

### 자신만의 소리를 만들다

테라시마는 수없이 많은 시행착오를 거듭하며 이제는 누가 뭐래도 본인의 이야기를 할 수 있는 경지에 이르렀다는 생각이 든다. 실제로 그는 '예순여섯 살이 되고 보니 세상에 무서운 게 없어졌다.'라고 어느 책에선가 이야기하고 있다. 그 어떤 비평에도 굴하지 않고 자기 목소리를 내겠다는 강변이다. 그는 묻는다. 좋은 소리란 무엇을 의미하는가? 사람들이 모두 좋다고 해도 자기가 만족스럽지 않으면 그것은 좋은 소리가 아니라며, 자기만의 소리를 찾으라고 주문한다. 전문가의 도움을 받으면 결국 전문가의 소리로 바뀌는 것이지 자신의 소리가 되지 않는다는 이야기다. 테라시마는 자기에게 가장 좋은 소리 혹은 좋은 오디오란 재즈 음악의 베이스드럼과 하이햇 심벌(드러머 왼쪽에 있는 심벌즈) 소리를 제대로 내주는 것이라고 한다.

테라시마에게 배울 점은 고객 중심의 '유저 프렌들리' 사고와, 고정관념에 사로잡히지 않는 자유로운 발상이다. 실제로 그의 글은 읽기가 참 쉽다. 또 단순하다. 자신의 체험을 중심으로 기술되어 있어서 친근하다. 한편으로는 그의 체험이 기행(奇行)으로 비쳐지기도 하는데, 예를 들어 서재에서 들을 소형 스피커를 하나 구입한 그가 스피커의 검은색이 마음에 안 든다고 빨간색으로 도장을 해 놓고는 전 세계에서 단 하나밖에 없는 색깔의 스피커를 손에 넣었다고 좋아하는 일이 그렇다. 그러고는 왜 스피커는 시커멓거나 사각형이 많은가, 형형색색의 하이엔드는 왜 나오지 않는가, 오디오 전시장에서는 그 훌륭하다는 기계로 왜 형편없는 음질의 음반만 틀어주는가 등의 질문을 던지기도 한다. 집 울타리 안에 전봇대를 설치했는데도 기대만큼 음질이 개선되지 않자, 그는 이렇게 말한다. '아방가르드(빨간색의 혼 스피커 브랜드)는 안정되어 있다. 고마운 일이다. 그러나 오디오에 안정이라는 게 과연 좋은 것인가. 안정은 정체(停滯)가 아닌가. 정체의 다음은 정지밖에 없다. 정말 싫다. 이런 살 떨리는 이야기가 어디 있는가.' 이렇듯 그는 어떤 방에 놓인 스피커 소리가 안정상태에 들어가면 그때부터는 가까이하지 않는다고 고백한다. 그 스피커 소리로 듣고 싶은 레코드가 손에 들어오면 어쩔 수 없이 찾지만, 자주 들락거리는 쪽은 원하는 소리가 잘 나오지 않는 스피커이며, 이는 음질 개선을 위해 케이블을 교체하는 등의 노력을 더 해 보기 위한 속셈이라고 한다. 한마디로, 스피커에서 소리가 잘 안 나올 때가 더 행복하다는 것이다.

테라시마의 인생역정을 들여다보면 개인이든 조직이든 자신의 얼굴에 책임을 지고 정체성을 확립하는 일이 매우 중요하다는 생각을 하게 된다. 요즘 세상에서는 비주류라 하더라도 특별한 개성을 통해 훨씬 자유롭고 창조적인 발상이 가능하다. 테라시마는 일본 재즈평론계의 주류를 이루는 흑인 플레이어 편중, 예술성 강조 등과는 전혀 다른 차원에서 '재즈란 멜로디, 리듬, 스윙으로, 들어서 즐거우면 그만이다.'라는 생각으로 일관하는 사람이다. 그래서 늘 찬반양론에서 자유롭지 못하지만, 그 특유의 열정으로 주변의 분위기마저 바꾸어 버리는 재능을 지녔다.

## 둔보(鈍步)와 열정의 미학을 보여 주는 스가와라 쇼지

또 다른 유형의 재즈카페 주인으로서 지금은 거의 전설적인 존재가 되어가고 있는 스가와라 쇼지(菅原正二)라는 사람이 있다. 스가와라는 와세다 대학 재학 중에 '하이소사이어티 오케스트라'라는 재즈밴드의 밴드마스터이자 드러머로 활약하면서, TBS 라디오가 주최한 전국 대학 밴드경연대회에서 3년 연속 우승을 했다. 그리고 1967년에는 일본 밴드로는 처음으로 미국 투어를 감행했다. 그러다가 그는 1970년에 고향인 이치노세키에 돌아가 '재즈 스팟 베이시'라는 재즈카페를 열고, 재즈오디오의 세계라는 독자적인 스타일을 확립시켰다. 글재주도 탁월해 일본의 가장 유명한 오디오 전문지《스테레오 사운드》에 오랫동안 연재한 글들이 전문가들 사이에서 인정을 받고, 나중에 단행본으로 출간되면서 많은 독자의 호응을 받았다. 그의 오디오관을 나타내는 글의 일부를 보자.

"나는 LP 음반의 내용연수를 알고 싶어서 몇 장의 레코드로 같은 음악을 계속 틀어대는 일종의 가혹 테스트를 해 왔는데, 모든 음반이 28년이 지난 지금까지도 좋은 소리를 낸다. 레코드를 망치는 주범은 쓰레기, 먼지, 기스, 손자국 등 주로 인위적인 부주의이다. …… 오디오가 새로운 소리를 내는 일은 간단하다. 어려운 것은 30년 이상, 가능하다면 50년 이상 일정하게 소리를 유지하는 것이다. …… 세상도 바꾸라 하고, 그 제품을 만든 오디오 회사도 누구보다 솔선하여 바꿀 것을 강요한다. 개선했다고 하지만, 그것은 뒤집어 생각해 보면 이전에 만들어서 판 제품에 대한 무책임과 통한다. 또한 개선은 진정한 개선이 아니라 단순한 코스트 다운인 경우가 많다."

스가와라는 1973년에 등장한 슈어사의 'V15/Type3'의 교환침(레코드 바늘)인 VN35E가 마음에 들어 연간 100개 이상을 소비하고 있다고 한다. 그는 제조중지가 된 레코드 바늘을 구해 산처럼 쌓아 놓았어도 그것은 이미 품질 면에서 상당히 문제가 생긴 것들이라며, '진보는 미덕이라는 것이 메이커 측의 명분이겠지만 어떤 소리를 기준으로 오랫동안 자기 주장을 해야 하는 사용자 쪽의 입장에서는 진보도 개선도 필요없으니 제발 품질만 떨어뜨리지 말아 달라고 기도하는 심정'이라고 토로한다.

오래된 제이비엘의 대형 스피커 유닛으로 그가 만들어 내는 재즈음악에 매료된 많은 사람들이 그의 재즈카페를 찾아 와 그의 가게는 이제 일부에서 재즈의 성지라고 일컬어지는 존재가 되었다. 도쿄에서 그것도 신칸센으로 두 시간 삼십 분 정도를 달려야 나오는 조그만 지방 소도시 이치노세키에 있는, 그리 크지도 않은 시골풍의 재즈카페가 일본 전국의 재즈 팬들에게 성지로 추앙을 받고, 또 미국의 일류 아티스트들이 그곳에서 공연을 하고 싶어 하는 이유가 무엇일까.

스가와라의 일생은 재즈에 대한 자신의 열정과 전문성을 고객과 함께 소통하고 나누어 온 창조적 리더로서의 삶이었다. 마니아 기질이라고 해도 좋으나, 가게의 오디오시스템을 준비하면서, 찾아오는 손님이 어디에 앉아 있건 좋은 소리로 음악을 들

본인이 경영하는 재즈카페에서 드럼을 연주하는 스가와라 쇼지

려 줄 수 있어야 한다는 일념으로 스피커 유닛을 들어낸 자리에 들어가 앉아 자신이 스피커가 된 심정으로 한나절 내내 가게 구석구석을 하염없이 쳐다보고 있었다는 그의 행동은 역지사지를 몸소 보여 준 좋은 사례이다. 이런 열정 이외에도 본인 자신이 원하는 것보다는 그의 가게를 찾는 사람들의 니즈에 충실한 레코드 연주 준비, 아티스트 공연, 현장녹음 등과 같은 소통의 장을 제공하면서 고객과 커뮤니케이션의 범위를 확대, 유지, 발전시켜 왔다는 것, 또한 작은 체구에도 카리스마가 느껴지는 풍모인 그이지만 좋아하는 재즈 빅밴드 카운트베이시 악단이 일본에 왔을 때는 공연장에 찾아가서 먼저 말을 걸고 그 후 오랜 친구가 되었을 정도로 붙임성이 있는 성격 등을 또 다른 성공 요인으로 꼽을 수 있겠다.

무엇보다 특히 이미 효율지상주의가 굳어진 산업계에 그가 던지는 메시지인, 사용자의 마음을 생각하는 기본으로 돌아가자는 것이 가장 중요하다. 지금까지 우리나라 기업은 후발주자로서 선진 기업들을 따라잡기 위해 브레이크 없는 기관차처럼 앞으로 달리기만 했으므로, 이제 한번쯤 멈춰 서서 사용자를 생각하는 비즈니스의 기본으로 돌아가 제품이나 서비스에 인간적인 스토리와 아날로그적인 감성을 넣는 작업도, 결코 무의미한 일이 아닐 것이다. 그리고 그런 부분에 관해서는 일본에게서 배울 것이 많다.

# 일본 젊은이들의 가능성

휴대전화를 지닌 원숭이와 오타쿠

**아키하바라의 변화**

20여 년 전 필자가 처음으로 일본에 출장을 가서 보게 된 도쿄의 아키하바라(秋葉原)는 신천지였다. 인간이 만들 수 있는 온갖 신기한 것들이 모여 있는 원더랜드가 아닐까 싶었다. 주재원으로 나가 있던 선배 사원과 아키하바라의 한 귀퉁이에 있는 오락센터에서 밤새 놀던 기억이 새롭다. 지금은 일본 최대의 양판점 중 하나인 요도바시 카메라 건물을 비롯, 아키하바라와 츠쿠바를 잇는 특급열차 역까지 생겨 경관이 많이 달라졌다. 모리카와 가이치로(森川嘉一郎)에 따르면, 가전제품을 사러 오는 가족들이 주된 고객이던 아키하바라는 1990년대 이후 가전제품에 대한 수요를 교외의 양판점에게 빼앗기고 주력상품을 컴퓨터 쪽으로 전환했다고 한다. 그 결과 주된 고객이 컴퓨터를 취미로 즐기는 젊은 남성들로 변하고, 이것이 또 아키하바라에 새로운 변화를 초래했다고 한다. 즉, 컴퓨터

애호가들은 대개 게임이나 애니메이션 등을 좋아하는데, 이러한 경향에 의해 과거의 가전 판매점들이 만화나 게임관련 상점으로 바뀌기 시작했다는 이야기이다. 아키하바라의 중앙로에 나가 보면, 다소 뚱뚱한 체격의 청년들이 큰 가방을 메고 매장에 진열되어 있는 TV게임을 쳐다보고 있는 모습을 많이 볼 수 있다. 또 애니메이션 포르노 게임 간판이나 포스터 등을 쉽게 볼 수 있는데, 옛날 같으면 골방에 숨어서 혼자 즐기던 것들이 취미를 같이하는 사람들의 도시적인 집중을 통해 공공적인 도시공간을 메우게 되었다는 말이다.

### 오타쿠, 시민권을 얻다

'모에(萌え)'라는 말이 있다. 원래는 초목의 싹이 트는 것을 의미하는 말인데, 오타쿠들을 중심으로 다른 의미로 통용되고 있다. 오타쿠들 사이에서 모에란, 특정의 캐릭터나 캐릭터를 구성하는 특정의 부분적 요소에 매료되어 좋아하는 것을 의미한다. 예를 들어 메가네(안경) 모에라고 할 경우, 안경을 걸친 캐릭터, 나아가서는 안경을 걸치고 있다는 특징 그 자체를 좋아하는 기호를 의미하며 이때 안경은 모에 요소가 된다. 오타쿠란 원래는 2인칭을 지칭하는 '오타쿠(御宅)'에서 유래되었다고 한다. 현재는 '마니아'와 같은 뜻으로 이해되는 경우도 있으나, 마니아는 오디오 등 실체가 있는 것을 즐기는 사람을 말하고, 오타쿠는 허구의 세계를 탐닉하는 사람을 가리킨다는 점에서 차이가 있다. 즉, 오타쿠는 현실에는 없는 가공의 캐릭터에 가슴이 뛰는 사람들이며, 애니메이션이나 비디오 게임 등과 같은, 허구성이 높은 세계를 자기만의 공간에서 즐기는 사람을 일컫는다. 오타쿠라는 말에는 '편집광'과 같은 부정적인 이미지가 따라 다녀 오랫동안 일반의 인정을 받지 못했다. 그러던 중 모리카와 가이치로(森川嘉一郎)가 오타쿠에 의해 변화하는 아키하바라의 모습을 그린 『취도의 탄생-모에루도시 아키하바라(趣都の誕生-萌える都市アキハバラ)』라는 책을 펴냈고, 또 2004년말 베네치아 비엔날레 국제건축전에 출전된 오타쿠를 중심 테마로 한 작품들이 호평을 받으면서 오타쿠라는 명칭이 시민권을 얻게 되었다.

모리카와는 오타쿠에 의한 오타쿠 세계의 탐구를 모토로 베네치아 비엔날레에서 'OTAKU = persona = space = city'라는 전시를 기획했으며, 2005년에 도쿄에서 같은 전시회의 일본 귀국전을 개최했다. 이 전시회의 팸플릿에 따르면, 일본에서 오타쿠의 출현 배경은 1970년 오사카 만국박람회까지 거슬러 올라간다고 한다. 과학기술에 의한 끊임없는 발전이 가져 올 빛나는 미래에 대한 희망이 1970년 오사카 만국박람회를 정점으로 급격히 쇠퇴하기 시작했는데, 1980년대 중반에는 이러한 상황을 반영한 새로운 인격으로서 오타쿠가 출현했다는 주장이다. 이전에는 교실에서 '박사'로 불리던 소년들이었던 이들은 목전의 상황보다는 미래에 대한 도쿄를 가진, 과학자를 꿈꾸는 사람들이었다. 현실 세계에서 미래가 빛을 잃게 되자 과거의 '박사'들은 꿈꾸는 대상을 허구의 세계에서 찾았고 열중하는 대상이 과학에서 SF로, 나아가 SF 애니메이션으로 이행된 것이다.

이러한 배경에서 발전한 1980년대의 일본의 애니메이션을 보면, 핵전쟁이나 천재지변 등에 의해 기존의 사회가 파괴된 후, 초능력이나 로보트를 조종하는 특수기능을 가진 주인공이 등장해 새로운 세계의 구축을 위해 영웅적인 활약을 하는 내용이 많다. 색이 바랜 현실로부터의 구원을 아마겟돈에서 찾으려고 하는 희망을 담고 있다고 한다. 그러나 아마겟돈에 대한 도쿄를 기반으로 한 컬트집단이 1995년에 독가스 테러(옴진리교의 사린가스 사건)를 일으켜 도쿄를 현실화하려는 사건이 일어나 가공의 미래에 대해 환상을 품는 것조차 곤란하게 되자, 오타쿠들은 학원 시절의 노스탤지어를 담아 미소녀들과의 가공의 일상을 그리는 애니메이션이나 게임으로 급속하게 기울었다. 그러한 과정에서 미소녀를 중심으로 한 가공의 캐릭터에 대한 가슴 두근거리는 감정이 모에라는 이름으로 나타나게 되었다. 즉, 미래에 대한 도쿄가 모에라는 말로 대체된 것이다.

### 주목해야 할 오타쿠 문화의 가능성

아키하바라 여기저기에는 애니메이션에 나오는 미소녀들이 웃고 있는 간판, 포스터 등이 많이 나붙어 있다. 이러한 것들은 단순한 놀이문화의 표출을 넘어 무한한 창조성의 원천이 되고 있고, 실제로 일본의 애니메이션이 세계를 석권하게 하는 힘의 근원이 되고 있다. 오타쿠 전시회를 위해 '피규어'라 불리는 모형 제작자가 특별히 만들었다고 하는 「신요코하마아리나(新横浜アリーナ)」라는 작품을 보면, 그 정밀함이나 상상력의 수준에 머리가 절로 숙여질 정도이다. 일본에 살다 보면 자연스럽게 익숙해지는 세일러복 차림의 미소녀가 아키하바라 역 위로 지나가는 열차를 올라타고 넘어 오는 장면을 작은 조형물로 만든 것인데, 작가에 따르면, 평소에 로보트를 좋아하다 보니 그런 발상을 하게 되었다고 한다.

한편 아키하바라 역 주변이나 나카노 지역을 중심으로 '렌탈 쇼케이스'라고 불리는 새로운 형식의 상업공간이 출현했다. 안에는 투명한 코인라커와 유사한 장식장들이 늘어서 있는 이 곳은, 주로 오타쿠들이 월정 요금을 지불하고 쇼케이스를 빌려, 본인의 소장품에 가격을 붙여 진열해 놓은 뒤 물건이 팔리면 주인이 수수료를 뺀 차액을 본인에게 돌려주는 시스템을 위한 공간이다. 예전에도 헌책방 등에 본인의 책을 맡기고, 팔릴 경우 금액을 돌려받는 경우는 있었으나 이 때는 어디까지나 서점 주인의 의사대로 책을 진열하고 팔았다. 그렇지만 '렌탈 쇼케이스'는 그 쇼케이스 하나 하나가 미니 개인상점이자 출품자들의 취미를 응축시킨 개인공간이라는 점에서 전혀 새로운 형태의 상업공간이라고 볼 수 있다.

특히 여성 오타쿠들이 중심이 되어, 모에를 비롯한 오타쿠들의 다양한 기호를 공유하고 발전시키면서 오타쿠 문화의 큰 토양이 되고 있는 자리가 바로 다양한 형태로 개최되고 있는 아마추어 만화가들의 제전, '코믹마켓'이다. 이 행사는 '동인지전시즉매회'라고 하는데, 그중에서도 매년 여름과 겨울에 개최되는 코믹마켓이 세계 최대 규모를 자랑한다. 총면적 23만 평방미터에 이르는 도쿄국제전시장 전관을 통째로 빌려 매일 약 1만 2000여 개의 만화서클이 돌아가며 전시를 하므로, 사흘간 약 3만 5000여 개

▮아키하바라의 한구석에 있는 렌탈 쇼케이스

의 만화 서클이 동인지를 판매한다. 도쿄뿐만 아니라 멀리 가고시마에서도 비행기를 타고 참관을 하러 오는 등 입장객이 매회 50만 명이 넘는다고 하니 놀랄 만한 대성황이라고 하겠다. 이렇게 활동하는 동인지 제작자를 중심으로 오타쿠 취미의 속성을 나타내는 세 가지의 키워드가 탄생했는데, '야오이(やおい)', 즉 '야마가 나이(やまがない, 스토리의 굴곡이 없음), 오찌가 나이(おちがない, 매듭을 짓고 넘어가는 것이 없음), 이미가 나이(いみがない, 의미가 없음)'이 그것이라고 한다. 아무런 의미 없는 일련의 활동을 계속하면서 무엇 하나 제대로 끝을 보지 못하고 어떤 넘어야 할 목표를 설정하지 않는 것이 정말 오타쿠들의 특성이라고 한다면, 그 속에서 뭔가 창의력이 나온다는 사실이 신기할 정도이다.

### 오타쿠가 우리 회사에 입사한다면

모리카와도 지적하고 있듯이 오타쿠는 일본 고유의 특성만은 아니다. PC나 게임을 좋아하고, 패션에 무심한 오타쿠와 유사한 부류는 세계 어디에나 있다. 실제로 인터넷 인프라가 일본보다 앞서 있다고 하는 한국의 경우, 한국판 오타쿠들이 다수 참가하여 가상의 세계를 공유하는 온라인 게임이 독특한 발전을 하고 있다는 내용도 오타쿠 전시관의 한 구석을 차지하고 있는 것을 볼 수 있었다. 일본이 이미 수십 년간 경험해 온 것처럼, 한국에서도 어려서부터 TV나 컴퓨터만 보고 살아 온 세대가 사회의 주류가 되면, 오타쿠가 더 이상 마이너리티가 아니게 될 것이다. 오타쿠와 같은 성향을 가진 사람들이 조직 구성원의 대다수를 차지하게 된다면 어떤 현상이 벌어질까? 어떻게 조직 내에서 오타쿠의 존재를 인지하고 인정하면서 그들의 창조성을 이끌어 낼 수 있을 것인가. 그들이 자신의 역량을 상시적으로 표출할 수 있는 '렌탈 쇼케이스'와 같은 조직 공간, 그리고 그들의 다양한 생각과 경험을 공유하고 상호 자극을 받을 수 있는 '코믹마켓'과 같은 역할을 할 수 있는 장치가 무엇인지 생각해 볼 일이다.

### 방안통수족과 루즈삭스족

아키하바라가 남성의 거리라면, 시부야는 여성들의 거리라고 이야기하는 사람들이 있듯이 시부야의 밤거리는 파격적인 치장을 한 젊은 여성들이 넘쳐나는 곳으로 유명하다. JR 야마노테센 시부야 역에서 내려 하치코구치 쪽으로 나가면 광장 건너편에 '109'라고 쓰여 있는 대형 쇼핑몰이 보이는데, 이 건물은 전층 모두 십대에서 이십 대 대상의 여성패션 상품만을 취급한다. 교토대학의 마사다카 노부오(正高信男) 교수는 상당 기간 동안 시부야 거리를 관찰한 다음, 『휴대전화를 지닌 원숭이』라는 책을 통해, 인간의 커뮤니케이션과 행동이 원숭이와 비슷하게 퇴화하고 있다고 주장하며, 인간이 원숭이와 다른 것이 과연 무엇인가 하는 의미심장한 질문을 던진다. 현대인이 휴대전화로 메일을 주고 받는 것은, 원숭이들이 서로 주고받는 음성에 의한 커뮤니케이션과 본질적으로 다르지 않다고 한다. 즉, 휴대전화라는 커뮤니케이션 매체 자체를 공유하고 있다는 사실로 집단으로서의 연대를 확인하는 시부야의 젊은이들은, 매일 친구를 가진 원숭이와 다를 바가 없다는 것이다.

마사다카 교수의 관찰에 따르면, 시부야를 활보하는 젊은 여성들 중에는 구두 뒷부분을 누그러 뜨려 슬리퍼처럼 만들어 신고 다니는 사람이 많으며, 그들 중 98퍼센트는 루즈삭스(일본 여학생들이 즐겨 신는 두툼하고 헐렁한 면 양말로, 구두를 신었는지 슬리퍼를 신었는지 알아보기 어렵다.)를 신고 있다고 한다. 또한, 지면 위에 태연스레 퍼질러 앉아 있거나 실내가 아닌 거리에서 뭔가를 먹고 있는 사람이 많이 보이는 현상은, '슬리퍼를 신고 실내를 걸어 다니는 의식으로 밖에서도 돌아다니고 싶다.', '하루 종일 자신의 집에 있는 것과 같은 기분으로 지내고 싶다.'는 젊은이들의 숨은 욕망이 발현된 모습이라는 해석을 내린다.

일본의 사회문제 중 하나는, 집 안에만 틀어박혀 있는 히키코모리(ひきこもり), 방안퉁수족의 증가이다. 1990년대 중반 이후 10여년간 지속적으로 늘어나, 2005년의 시점에는 160만 명 이상 되었을 것이라고 추측한다. 중고등학생 중에서 2퍼센트 정도는 학교를 가지 않는다고도 한다. 방안퉁수족의 전형적인 예는, 자신의 방문을 걸어 잠그고 외부와의 교류를 단절한 채 식사도 자신의 방에서 혼자 하고 밤과 낮을 뒤바꿔 생활하며, TV 또는 컴퓨터 게임에 몰두한다. 마사다카 교수는 이들 방안퉁수족과 시부야의 젊은이들(루즈삭스족) 사이의 공통점으로서, '집 안' 즉 '사적(私的)인 공간'에서 '공공의 장소'로 나가는 것을 거부하고 있다는 점을 꼽는다. 양자 사이에 다른 것이 있다면, 개개의 젊은이들이 '집 안'의 범위를 얼마만큼의 범위로 정의하고 있느냐에 불과하다고 본다.

예를 들어, 방안퉁수족에게는 집 안에서조차 '집 밖'이라 여기는 공간이 있으며, 극단적인 경우에는 '자신의 방'만을 '집 안'으로 생각하고 그 밖으로 나가지 않기 때문에, 부모조차 '사적인 영역'에서 배제되는 경우가 있다는 것이다. 반면 루즈삭스족은 통상적인 공간 모두를 방안퉁수족의 '자기 방'과 같이 여기고 어디에서나 자유롭게 생활한다. 패스트푸드 식당에서 주위를 전혀 의식하지 않고 크게 떠드는 행동은, 같이 있는 다른 손님은 가게 내의 테이블이나 의자와 마찬가지로 사람이되 사람이 아니라 여기며, 사람으로 인정하는 것은 동료들뿐이라는 생각에서 나온다. 방안퉁수족과 루즈삭스족의 차이는 이방인과의 경계(보통 사람의 경우 '사회')를 두렵다고 느끼는가, 무감각하게 대하는가에 있으며, 결과적으로 전자는 혼자가 아니고서는 식사를 할 수가 없게 되고, 후자는 전철 속에서도 태연하게 화장을 하고, 휴대전화로 대화를 하게 된다고 한다.

또한 기성세대들은 민족이나 국가 또는 회사 등에서 통합이라는 상징적인 역할을 담당해 왔으나, 휴대전화나 인터넷 중심의 환경에서 살고 있는 젊은이들에게는 휴대전화라는 매체를 공유하고 있는가, 같은 홈페이지에 억세스하고 있는가, 같은 아이돌 스타에 대한 정보를 공유하고 있는가 등으로만 일체감을 느낀다고 한다. 다만, 실제로 홈페이지 등에 제공되고 있는 정보는 큰 의미를 가진 것이 많지 않으므로 루즈삭스족들이 서로 주고받는 메시지가 공허하게 되고 마는 현상은, 일정한 규칙을 갖고 있으되 메시지가 포함되어 있지 않고 보이지 않는 상대와도 의사소통이 가능한 음성을 이용하여 동료들의 존재를 확인하여 상호 간 무반응 상태를 방지하는 원숭이들의 교신과 별반 다를 것이 없다고 할 수 있다.

정보화 사회의 진전과 더불어 인간관계의 네트워크가 확장된다는 것은, 과거와 같이 깊이 있고 의미 있는 관계를 맺기가 더욱 어려워지는 것이라고 볼 수도 있다. 마찬가지로, 세계화되고 있는 회사 내에서 글로벌 현장의 사원들에게 과거와 같은 사고방식으로 회사에 대한 충성, 하나의 조직 구성원으로서의 일체감을 갖기를 기대하는 것은 무척 어려운 일이다. 당연히 사내에서도 방안통수족과 루즈삭스족의 구분도 가능할 것이다. 온오프라인, 일에 대한 공통의 관심사든 개인적인 취미이든 '취도(趣都)'와 비슷한 개념의 공식·비공식의 공간이나 커뮤니티의 존재가 더욱더 중요한 의미를 갖게 될지도 모르겠다. 단락적인 관계, 돌아서면 무의미한 언어들의 교환에 빠지기 쉬운 정보화 사회 속에서 원숭이와 같은 상태로 퇴화되지 않고 인간답게 산다는 것은 어떤 것일까?

# 어떻게 살 것인가

'자기가축화'로부터의 탈피

## '자기가축화'의 발생

몇 년 전에 도쿄 TV에서 젊은이들의 결혼에 대한 의향을 조사한 방송한 적이 있다. 삼십 대 전반의 남자들을 대상으로 알아보니 42.9퍼센트가 미혼(30년 전에는 약 11퍼센트)으로 나타나 사회문제가 되고 있다는 보도였다. 젊은이들이 결혼을 하지 않는 원인 중 하나로, 옛날에 비해 만남의 기회가 많지 않다는 것이 꼽혔는데, 성희롱 등의 문제로 옛날처럼 직장 내 교제가 자유스럽지 못하고, 개인의 프라이버시를 존중하여 주변 사람들도 유난스럽게 결혼을 권하지 않는 분위기가 되었기 때문이라는 것이었다.

여기에 착안한 어느 결혼상담 회사가 결혼 당사자들이 아닌 부모들의 만남을 주선하는 행사를 기획, 실시한다는 흥미로운 일도 있었다. 참석자인 부모들은 모두 고유번호가 큼직하게 쓰인 명패를 단 목걸이를 하고 있고, 각자 미리 배포된 번호별 자녀들의 혈액형, 직업, 주소 등의 프로필을 확인한 다음, 자신의 자녀의 결혼상대로 어울릴 만한 번호를 찾아다니며 인사를 하고, 사진 등의 상세한 정보를 교환하는 것이었다. 이를 테면 결혼 당사자가 선을 보는 것이 아니라 부모들이 선을 보는 셈인데, 자녀의 배우자가 될 가능성이 있는 번호를 달고 있는 사람을 찾아 이리저리 분주하게 움직이는 부모들의 모습을 보니 문득 인류학자와 동물학자들 사이에서 논의되고 있는 '자기가축화(自己家畜化)'라는 개념이 떠올랐다.

### 스스로를 가축화하고 있는 현대인들

유전학, 축산학에 관한 일본인 전문가가 쓴 『가축과 인간』이라는 책에는 '가축이란 그 생식이 사람의 관리 하에 있는 동물을 말한다.'는 명확한 정의가 내려져 있다. 가축의 교배 상대를 찾듯이 자녀의 결혼 상대를 물색한다는 비유가 지나치다고 생각될 수도 있으나, 인류의 역사를 돌이켜 보면 그리 어처구니 없는 이야기라고 할 수만은 없다. 실제로, 원숭이학의 전문가인 전 교토대 교수 스기야마 유키마루(杉山幸丸)는, 최근에 출판된 『지나치게 진화한 일본인』이라는 책을 통해 일본인들이 자기가축화, 애완동물화되어 가는 것이 아닌가 하는 우려를 하고 있다.

'가축'이라고는 해도 보통 동물과 애완동물을 구별해야 하는 것처럼 여러 가지 개념으로 생각해 볼 수 있으며, 약 1만 년 전에 인류가 정착생활을 시작해 가축을 기르기 시작한 이후 오늘날에 이르기까지, 가축의 개념도 많이 변화해 왔다는 점을 간과해서는 안 된다.

내몽고 연구자 이마니시(今西綿司)에 따르면, '유목민이라면 가축들에게 풀을 먹이면서 이동생활을 하는 사람들이라고 알려져 있으나, 사실은 거꾸로 동물의 집단 뒤를 따라다니는 동안에 동물을 이용하게 된 사람들을 말한다'고 한다. 즉, 가축의 사육은 정주하고 있는 자신들의 생활권 내에 동물들을 끌어들인 방식이 기원이 아니라, 동물들의 생활권 내에 인간이 끼어들어 간 방식에서 유래했다는 것이다. 부모들끼리 선을 보면서까지 자녀들의 결혼생활에 끼어드는 모습과 무엇이 다르겠는가.

전문가들은 가축이나 애완동물에게서 공통된 신체적 특징이 발견된다고 한다. 첫째, 운동량은 적은 반면 음식 섭취는 충분하기 때문에 당연히 몸 전체에 살이 올라 둥글둥글해진다. 둘째는 부드러운 음식을 선호하는 경향이 있다고 한다. 야생동물의 턱이 잘 발달되어 있는 까닭은, 자연계의 딱딱한 먹이를 확실히 씹어서 목으로 넘겨야 하고 영양가가 낮아 많이 먹어야 하기 때문이다. 현대인은 대부분 둥글둥글하고 아름답게 살이 붙은 여성 또는 아이와 같은 얼굴을 하고 있다. 옛날의 일본인 남성은 턱이 길고 광대뼈가 발달한, 전체적으로 보면 각진 얼굴이 많았으며, 이것이 남성다운 개성을 만들었으나 최근 젊은이들 사이에는 아름답거나 귀엽다는 표현이 적합한 소위 미남자 스타일이 많아졌다. 그 외에도 신체의 각 부분에서 개선된 식량 사정과 운동부족이 가져다 준 형태적인 변화가 일어나고 있는데, 이러한 현상을 빗대어 자신이 자신을 가축으로 만든다고 하는 현대인의 '자기가축화'를 주장하는 사람이 나오게 되었다. 즉, 현대인과 가축의 눈에 띄는 공통점은, 영양이 풍부하고 부드러운 것을 선호하고 많이 먹으며 운동량이 적다는 것이다.

### 과잉보호하는 부모, 이를 이용하는 자녀

스기야마는, 중요한 것은 눈에 보이는 형태나 행동양식이 아니라 인생을 사는 방식이라고 지적한다. '소산다보호(少産多保護)' 현상이 심화되면서 부모가 한 아이에게 쏟는 보호의 질과 양이 명확하게 달라졌다는 것이다. 한 명의 아이에게 주는 보호의 양, 즉 투자액이 커지면 커질수록 자식에 대한 부모의 기대도 커져서 아이의 장래까지 규제를 하게 된다고 한다. 이렇게 해서 현대인은 '번식이 관리되는 상태'에 빠지게 되었으며, 아이들은 진짜 가축이나 애완동물과 마찬가지로 순종적인 동물이 되어버렸다. 아이의 입장에서 보면 순종하는 편이 가축이나 애완동물과 마찬가지로, 불필요한 고생을 하지 않아도 되고, 많은 보호(수익)을 부모(주인)로부터 획득할 수 있으며, 안전하고 확실하게 살아갈 수 있는 지름길로 갈 수 있는 방법이다. 혈통이 좋고 재산이 있는 부모일수록 자녀를 가축이나 애완동물로 만들어 버리기 십상인데, 이는 아이의 장래를 유효하게 활용하고 싶기 때문이라고도 한다.

번식의 관리라는 관점에서 보면, 상류계급일수록 훨씬 더 엄격한 관리가 이루어졌다고 한다. 이는 특히, 봉건시대의 상류계급일수록 강했는데, 현대에는 지위, 재산, 명예가 있거나 또는 아무것도 없으면서도 과거로부터 이어져 온 '격식'만큼은 확실한, 소위 뼈대 있는 가족의 특징적인 현상이라고 한다. 이러한 인간의 자기가축화는, 한편으로는 투자를 회수하기 위해 아이의 장래에 간섭을 하는 부모의 과잉보호, 또는 부모의 과잉보호를 교묘하게 이용하려고 하는 것에 기인하는 아이의 자립 회피와 순종하는 척하는 행동 등 양면으로부터 발생한다고 볼 수 있다. 그리고 그것은 원숭이 등에게 먹이를 주면서 행동을 구속하는 것과 일맥상통한다는 것이다. 꽤나 충격적이면서도 무시할 수 없는 날카로운 교훈이 담긴 이야기가 아닐 수 없다.

### 자기가축화된 사람은 살아남을 수 없는 시대

하루가 다르게 변화하는 환경에서 살아남기 위해서는 이동성과 유연성이 대단히 중요하다. 현실에 안주하지 않고, 이동성과 유연성을 확보하기 위해서는 많은 것을 배우고 식견을 넓히면서 많은 경험을 쌓아 새로운 상황에 대처해 나갈 수 있는 능력을 갖춰 나가야 하는데, 이는 현대인의 자기가축화 경향과는 정면으로 배치되는 인재상을 요구하는 것이라고 생각된다. 한때 유행하던 노마드 경영론은, 적어도 자신의 업무와 관련해서는 상사의 지시에 무조건 따르기보다 새로운 상황에 능동적으로 대응할 수 있는 모험심을 가지고, 개인으로서 충분히 독립적으로 업무를 수행할 수 있는 인재가 되어야한다고 주장한다. 새로운 유목의 시대에 자기가축화가 된다는 것은, 곧 생존시장에서의 도태를 의미할 수밖에 없다. 혹시 우리는 우리의 아이들에게, 또는 직장 동료들에게 그들의 장래를 보장해 주지도 못하면서 무리한 '자기가축화'를 요구하고 있지는 않은지, 또 나 자신이 어떻게 하면 '자기가축화'가 되지 않으면서 모나지 않게 자신의 업무 영역에서 존재감을 어필할 수 있을지 생각해 볼 일이다.

### 어떻게 벽을 넘을 것인가

자기가축화의 문제뿐만 아니라, 우리는 삶의 현장에서 수없이 많은 문제와 부딪치게 된다. 이러한 벽을 재미있는 발상으로 뛰어넘을 수 있는 방법을 제시해 주는 사람이 있다. 모리무라 야스마사(森村泰昌)가 그인데, 그는 초급, 중급, 고급의 대응방식을 제시한다. 초급은 한마디로 '노력'을 한다는 것으로, 일단 몸으로 부딪쳐 보고 안 되면 망치 등의 도구를 써서 부수거나 사다리를 타고 넘어 보려고 시도하는 것을 말한다. 그런 노력으로도 어떻게 할 수 없는 거대한 벽이라면 이때 사람들은 대부분 포기를 하거나 되돌아가려 하지만, 되돌아갈 수 없는 일방통행의 길도 많아서 결국 술이나 마약을 통해 자신의 의식 속에서 벽을 없애는 도피를 택하기도 한다고 지적한다. 즉, 술, 마약, 광기, 죽음으로 도피할 때 벽 자체는 계속 존재하고 있다는 점과 도피가 근본적인 해결책은 아니라는 사실을 잊어서는 안 된다. 이처럼 노력만으로는 어떻게 할 수 없는 벽을 넘기 위해 필요한 것이 중급의 방법인데, 이것은 일종의 우회전략이라고도 할 수 있다. 앞에 있는 벽이 진정한 벽인지 잘 생각해 보면, 눈앞의 문제가 벽이 아니라 커다란 물체에 불과하다는 것을 발견할 수도 있으며, 무조건 타고 넘으려고 노력하는 것보다는 옆으로 다소 돌아서 가는 기지를 발휘할 수 있다는 것이다. 문제는 많은 사람들이 벽에 가로막혀 아무리 노력해도 넘을 수 없다고 낙담하고 있을 때 진짜 벽이 아니라고 할 수 있는 용기 있는 사람이 나와야 한다는 사실이다. 코페르니쿠스와 같은 용기 있는 발상으로 세계를 보는 관점이 달라져온 것이 인류의 역사라는 사실을 떠올린다면 이해가 쉬울 것이다.

모리무라는 본인의 경험을 가지고도 이러한 방법론을 예증하고 있는데, 어느 미술대학 초년생을 대상으로 2주간의 미술실기 특별강의를 청탁받고 넘어야 할 세 개의 큰 벽에 부딪쳤다고 한다. 단 2주라는 시간의 벽, 대학 초년생들이라는 기술의 벽, 그리고 학생들이 가진 예산의 벽이 그것이었다. 즉, 예술 작품을 만드는 데 필요한 시간, 기술, 돈이 거의 없는 상태에서 뭔가 재미있는 작품을 만들어 보게 하는 것이 과제였다고 한다. 모리무라는 '예술은 먹을 수 있다.'라는 테마를 주고, 식재료를 사용하여 작품을 만들게 함으로써 이 벽을 단번에 해결했다고 한다. 즉, 무 같은 채소를 사용하니 부패하기 전에 만들어야 하므로 시간의 벽을 해소할 수 있었고, 대리석이나 유화물감을 다루는 스킬도 필요 없어서 기술의 벽도 없어졌으며, 캐비어 같은 고급 식자재가 아니라 일반 슈퍼에서 구할 수 있는 재료를 사용해 비용도 절약할 수 있었다. 이 과제를 부여받은 학생들도, 2주가 너무 짧다거나 아직 초년생이라 작품을 만들기에는 테크닉이 부족하다거나 학생이므로 수입이 없다는 등의 변명을 할 수 없었다.

마지막으로 고급의 방법은, 벽을 응시하고 있는 사이에 그 벽이 반투명이 되기도 하고 두부처럼 말랑말랑해지기도 해 물에 스며들 듯이 벽으로 들어가 통과해 버리는, 벽의 존재조차 알 수 없는 경지를 말한다.

회사생활을 하다 보면 개인적으로는 물론 조직적으로도 큰 벽에 부딪혔다고 생각될 때가 간혹 있다. 넘어야 할 벽이라면, 모리무라가 이야기하는 중급, 고급의 해법을 적용해볼 수 있다. 그런데 문제는 그런 것들은 보통사람이 아닌 천재적인 영감이 번뜩이는 사람들만이 해낼 수 있다고 착각하고 미리 포기하는 사람이 많다는 것이다. 이것을 기업내 자기가축화 현상이라고도 할 수 있다. 개인의 창의력과 조직의 창조성이 요구되는 시대인 지금, 각 개인이 자신의 잠재역량에 눈을 뜨고 벽을 넘는 발상의 전환을 통해 새로운 시각으로 해법을 찾아나가는 것이 일상화되기를 기대해 본다.

2부

組織

조직과 시스템을 생각하다

# 일본 조직에 대한 소고

관료제의 특징과 유기체 조직

### 영화 「이키루」와 관료제 조직

구로사와 아키라 감독의 「이키루」라는 영화가 있다. 1952년에 만들어진 작품으로, 일본 어느 시청을 무대로 시민과장이라는 직책을 지닌 와타나베라는 사람을 둘러싼 이야기다. 늘 산처럼 쌓여 있는 서류 속에 파묻혀 묵묵히 도장만 찍어 대는 일상을 보내고 있는 그에게 주어진 별명은 '미이라'. 그러던 그가 어느 날 위암으로 여섯 달밖에 살 수 없다는 사실을 알고 무단결근을 해 유흥가를 방황하다가 사무실에 복귀, 어떤 과제에 도전해 끝장을 본다는 이야기다. 그는 꽉 막힌 관료주의의 벽을 뚫고 지역 주민의 염원인 작은 공원을 완성시킨 후 그곳에 설치된 그네 위에 앉아서 흔들거리다가 숨을 거둔다.

관료주의를 풍자하고 있는 한편의 블랙코미디라 할 수 있는 이 영화는 조직과 인간에 대해 많은 것을 생각하게 한다. 일찍이 막스 웨버가 지적한 것처럼 관료제 조직은 잘 설계된 기계와 마찬가지로 수행해야 할 특정의 기능이 부여되어 있고, 그 기계의 모든 부분이 기능을 최대한으로 수행하기 위하여 공헌하는 조직이다. 규칙과 절차라는 시스템에 따라 기간이 정해진 직책을 가진 누군가가 권위를 행사하는 조직을 말하기도 한다. 관료제는 흔히 비능률적이고 형식주의에 빠진 관공서의 행정조직에 빗대어 거론되므로 좋지 않다는 인식이 일반적이지만, 웨버는 그렇게 생각하지 않았다. 관료제 조직은 기술적으로 생각할 수 있는 가장 능률적인 조직 형태라는 것이다. 웨버가 생각하는 관료제 조직은 기존의 목적을 달성하기 위한 최선의 수단을 준비하므로, 리더의 카리스마에 의해 지배되는 조직이나 전통에 의해 좌우되는 조직과 달리 지도자의 개인적인 기분이나 시대에 맞지 않게 된 절차 등에 의해 방해받는 일이 없다. 또한 관료제가 그 존립의 근거로 삼고 있는 조직의 합리성은 행위의 귀추를 계산하는 능력에 의해 나타나는데, 권위의 계층 질서와 규칙이라는 시스템에 의해 조직 내 개인의 행위에 대한 통제가 보증되므로, 조직에 능률과 안정을 제공한다는 장점이 있다.

이처럼 관료제 조직은 웨버가 지적한 바와 같이 지도자의 개인적 성격(인격)에 기초한 카리스마적인 조직이나 선례, 관례에 의해 권위가 유지되는 전통적 조직과 달리, 기계적인 합리성에 근거하고 있다는 점에서 발전된 조직 형태라고 봐도 무방하지만 몇 가지 심각한 문제가 있는 것도 사실이다. 관료제 조직이 필연적으로 비인격화를 전제로 하고 있기 때문에 생기는 문제이다.

## 관료제 조직과 사유의 의무

일반적으로 기계적인 관료제 조직에서는 경영진이 대처해야 할 문제와 과업은 전문가의 영역별로 분할되고 각 개인은 자기에게 부여된 규정된 과업을 수행한다. 통제를 위한 명확한 계층 질서가 존재하고, 조직전반에 걸친 지식과 그 정합성에 관한 책임은 계층질서의 리더(최고경영자)에게 귀속되며, 개인에게는 회사에 대한 충성과 상사에 대한 순종이 요구된다. 이와 같이 분업화와 전문화가 심해지면 서로에게 으레 무관심해지기 마련이다. 같은 조직에 속해 있어도 서로 무슨 일을 하고 있는지 알지 못하고 또 알려고도 하지 않게 된다. 특히 대기업에서는 모든 일들이 체계적으로 분업화되고 전문화되어 있어서 지금 자신이 하고 있는 일이 어떤 성격의 일인지 되돌아볼 틈도 별로 없다.

이러한 상태에서는 철학자 한나 아렌트가 제기하는 '사유의 의무' 문제가 발생할 가능성이 많다. 아렌트는 유대인 수백만 명을 학살한 전범 아돌프 아이히만에게 그가 관료로서 조직이 부여한 업무를 수행한 것이 과연 죄가 될 수 있는지를 묻고, 자신은 단지 상부의 명령을 따랐을 뿐이라면서 자신의 죄를 인정하지 않았던 아이히만에게 '순전한 무사유sheer thoughtlessness의 책임'을 부여했다고 한다. 즉, 아이히만은 자신에게 부여되었던 상부의 명령이 유대인에게 어떤 영향을 미칠지, 그리고 유대인의 입장에서 자신이 수행할 임무가 어떤 의미로 다가올지 성찰하지 못했음을 지적하고, 더불어 살아가는 삶에서 사유란 하지 않아도 상관없는 절차가 아니라 반드시 수행해야만 할 의무라고 지적했다. 이것은 오늘날 대기업의 관료제 조직에서 이해관계자를 고려하지 않고 상부의 지시나 매뉴얼대로만 일을 하는 관료화된 사람들을 향한 대단한 경종이 아닐 수 없다.

**불확실성의 시대와 관료제 조직의 대응**

또 한 가지 관료제 조직의 중요한 이슈로, 지금까지 미처 경험하지 못했던 문제가 일어나 기존의 전문가 조직의 역할로 그것을 해결할 수 없을 때는 조직이 제대로 기능하지 못한다는 문제가 있다. 기계적인 관료제 조직에서는 개인이 자신의 책임 영역 이외의 문제에 부딪쳤을 때 적합한 전문가를 찾아가 상담을 하거나 비슷한 영역의 업무를 다루고 있다고 생각되는 다른 부서로 찾아가거나 아니면 상사에게 가지고 갈 수밖에 없다. 상사는 또 자신의 상사에게 가지고 가서 결국 최고경영자에게 모든 결정을 미루게 되는 상태까지 갈 수도 있다. 경영환경의 변화가 극심할수록 이러한 문제는 수시로 일어나게 되는데, 이렇듯 최고경영자에게까지 의사결정이 미뤄질 경우 중간의 공식적인 계층 질서는 유령이 되어 버리고 만다. 경우에 따라서는 새로운 문제에 대처하기 위한 새로운 관료제 조직이 설치되는 경우도 있다. 아마도 영화「이키루」에 나오는 시민과는 그렇게 생겨난 조직일 것이다. 그러나 시민과조차도 기계적 관료제의 틀을 벗어나지 못한 나머지 시민들이 가져온 새로운 문제를 자신들이 처리할 생각을 하지 않고, 다른 부서로 넘겨 결국 시민들만 이런저런 부서를 빙빙 돌게 되는 현상이 나타 나는 것이다.

### 구성원 개개인의 인격을 전제로 하는 유기체 조직

그렇다면 구성원들이 사유의 의무를 잃어버리지 않고, 극심한 변화의 시대에도 대응해 나갈 수 있는 조직은 과연 가능할까. 이와 관련하여 톰 번즈는 기계적인 관료제 조직에 대립하는 개념으로 '유기체 조직'이라는 개념을 제시하고, 조직의 기능 수행과 관계가 있는 세 가지 사회 시스템을 이야기하고 있다. 유기체 조직은 문제가 일어날 때마다 개개의 과업이 끊임없이 조정되고, 전문가적인 조직의 공헌이 강조되며, 그 과정에서 필요하다면 어떤 계층에서건 정보와 조언이 이루어지는 것을 지향한다. 즉, 경영의 각 기능별로 조직화된 전문가 조직이 있다고 하더라도 그것이 새로운 문제에 대한 제약 조건으로 작용하는 것이 아니라 과업 수행을 위해 도움이 되는 조직으로 기능한다. 문제는, 이러한 유기체 조직은 구성원 개개인의 인격을 전제로 하지 않으면 안 된다는 점이다. 실제로 조직의 구성원들은 매우 다차원적인 관계를 맺고 있다. 자신의 경력, 담당 부문, 그리고 자신이 전문가로서 속해 있는 하위 단위조직과도 관계가 있다. 이 관계에는 공식적인 권위 시스템으로써의 조직 구조, 구성원의 경력과 출세 경쟁 가운데 이루어지는 협력 시스템, 그리고 정치 시스템 등 세 가지 시스템이 존재한다. 따라서 어떠한 변혁이라 하더라도 그것이 성공하기 위해서는 조직의 구조에 의해 정해지는 공식적인 권위 시스템만을 바꾼다고 가능한 일이 아니라 구성원의 경력 구조나 경쟁과 협력의 사내 정치 시스템을 고려하지 않으면 안 된다는 말이다.

### 관료제라는 괴물과 싸워 이기는 법

영화 「이키루」의 주인공 와타나베는 마을 공원 건설이라는 창조적인 아웃풋을 산출하기 위해 시청의 기계적인 관료제 조직에 변혁을 시도한다. 그는 먼저 책상 앞에서 벗어나 현장으로 간다. 비오는 날 하수가 넘치고 오물이 흘러 냄새가 코를 찌르는 곳에 현장답사를 나가 실상을 확인해 본 후 본인이 하고자 하는 일에 대한 정당성을 확보했다. 이것은 그가 사유하지 않는 죄에 갇혀 있지 않고, 인격체로서의 자유의지를 행동으로 옮긴 것이라 할 수 있다.

그런 다음 그는 관련 부서의 설득에 나선다. 자기들 소관 업무가 아니라며 매몰차게 거절하거나 자리를 피하는 타 부서 동료들에게 몇 번이고 머리를 숙이고 매일같이 찾아가 끈질기게 매달려 결국 하나하나 도장을 받아 낸다. 또한 이권에 개입된 야쿠자 비슷한 사람들의 협박에도 굴하지 않고, 부시장의 결재까지 받아 내 결국 오래된 민원을 해결한다. 이처럼 「이키루」라는 영화는 조직의 일개 구성원인 인격체가 관료제 조직이라는 괴물과 싸워 이겨 나가는 과정을 그린 영웅스토리로 볼 수도 있다.

그런데 문제는 현실적인 관료제 조직에서 그러한 영웅은 나타나기 힘들다는 것이다. 완전히 기계화된 관료제 조직에서 와타나베와 같이 시한부 생명이라는 일종의 자극적인 계기 없이 그러한 영웅이 나타나기를 기대하기는 매우 어렵다. 실제로 영화 마지막 장면에서는 와타나베의 장례식장에서 그의 영웅담을 이야기하며 앞으로는 그와 같은 자세로 일할 것을 다짐하던 동료 직원들이 다음 날이 되자 아무 일도 없었던 것처럼 대부분 다시 과거와 같은 꽉 막힌 관료제 조직의 일상으로 돌아가 버리기 십상이다.

### 사유의 의무를 다해야 조직이 발전한다

「이키루」이야기는 조직의 구조뿐만 아니라 건전한 경쟁과 협력을 이끌어 내는 제도와 시스템을 유지, 관리해 나가는 일이 얼마나 중요한지를 잘 보여 준다. 개인의 의지가 아니라 제도와 시스템으로 올바른 결과를 이루기 위해서는 어떻게 해야 할 지를 생각해야 하는 것이다. 와타나베와 같은 한 개인에 의해 조직의 모든 벽이 허물어지고 창조적인 아웃풋이 나올 수 있는 것과 마찬가지로, 한 개인에 의해 조직의 모든 벽이 막히고 가장 비능률적인 조직으로 변화할 가능성 역시 얼마든지 있다. 문제는 지속성이다. 하나의 변화가 다른 변화를 낳기 위해서는 또 다른 제도와 시스템의 힘이 필요한 것이다.

조직에서 제도와 시스템이 제대로 기능하기 위해서는 비커스가 이야기하는 '판단의 예술'이라는 활동이 제대로 이루어져야 한다. 즉, 관리자가 무엇이 일어나고 있는가를 파악해야 하고, 그러한 실제의 상태를 표준과 비교함으로써 가치판단을 해야 하며, 규범과 실제 간에 괴리가 있을 경우에는 그것을 줄일 방법을 강구해야 한다. 말하자면, 정보수집, 평가, 실행이라는 프로세스가 제대로 수행되어야 한다는 이야기다. 바로 이 부분에, 기계적인 관료제라 하더라도 인간적인 기능이 개입될 여지가 있다. 조직에서 의사결정을 하는 과정에는 정보를 선택하고 가치를 적용하며 행위를 선택한다는 프로세스가 포함되어 있는데, 어떠한 상황이든 누구라도 이러한 프로세스를 거쳐 의사결정을 해야 한다. 의사결정이 어떻게 이루어지느냐에 따라서 조직은 지속적으로 발전하기도 하고 쇠퇴하기도 한다. 즉, 사유의 책임을 다하는 사람들에 의해 조직은 영속적으로 발전해 나갈 수 있는 것이다.

**인간을 이해하는 조직원리**

일본의 조직과 제도, 시스템은 영화 「이키루」가 고발하고 있는 바와 같은 기계적 관료제의 성향이 다분하다. 물론 일본은 대단히 성숙한 사회라서 변화가 그리 많지 않으므로 그런 조직이 효과적일 수도 있다. 그렇다고 일본을 기계적인 매뉴얼 사회라고 일축하기에는 뭔가 부족하다. 일본에서 지내 본 경험으로 우리나라와의 차이를 하나 이야기하자면, 일본은 개인의 일상이 어느 정도 예측 가능한 사회라는 것이다. 그것은 예약문화로 알아볼 수 있다. 일본인들은 대부분 누군가 불시에 만나자는 연락을 할 경우 약속이 없어도 있다고 하는 듯하다. 그 정도로 자신의 계획된 일상이 방해받는 것을 싫어한다. 따라서 부하 직원들과 회식을 하려고 해도 한 달 전부터 약속을 잡지 않으면 좀처럼 성사되기 어렵다. 좀 더 과감하게 이야기하자면, 우리나라의 샐러리맨들은 오늘 과연 어떤 일이 일어날까 하는 불안감과 호기심 비슷한 심정으로 출근을 한다고 하면, 일본의 샐러리맨들은 계획된 일을 처리하고 또 다른 계획을 하기 위해 출근한다고나 할까. 그렇다고 일본인들이 뭔가 예측하지 않았던 일이 발생했을 때 크게 동요한다고 할 수도 없는데, 그것은 그들 특유의 방식으로 정보가 공유되고, 그에 따라 어떤 조직원리가 기능하기 때문이다.

거기에는 일본인 특유의 인간에 대한 이해가 존재한다. 앞으로 살펴보게 되는 것들은 인간을 이해하려 노력하는 일본의 조직, 제도, 시스템, 조직 원리에 대한 편린들이다.

# 종신고용과 생애헌신

일본 기업 고용관계의 특징

**종신고용의 유래**

일본인들에게 가장 일본적인 기업이 어디냐고 물어 보면 아마도 도요타 자동차를 꼽는 사람이 많을 것이다. 2009년 8월, 미국에서 도요타 자동차를 타던 사람에게 발생한 사고를 계기로 1년이 채 지나지 않는 기간 동안 무려 1000만 대의 자동차를 리콜한 일 때문에 도요타의 품질 신화가 상당 부분 무너진 것은 사실이지만, 아직까지 세계 정상의 자리를 양보하지 않고 있는 회사이다. 도대체 어디서 그러한 저력이 나오는 것일까. 가능한 많은 이야기 중, 도요타가 가장 일본적인 경영을 하고 있는 기업이라는 사실을 생각해 볼 수 있다. '일본적 경영'에 대해 이야기할 때에 많은 사람들이 언급하는 '3종의 신기(神器)'라는 것이 있다. 이 '3종의 신기'는 원래 일본 전래의 신도(神道)에서 사용하던 '거울, 칼, 옥(曲玉)' 등의 장식물을 가리키는 것이었는데, 1972년 OECD의 보고서가 종신고용, 연공서열, 기업별 노동조합을 일본의 경제 성장에 공헌한 '3종의 신기'라고 규정하면서, 이 세 가지가 일본적 경영을 상징하는 말로 널리 받아들여지게 되었다. 그러나 1970년대는 'TV, 냉장고, 세탁기'를 '3종의 신기'라고도 했으며, 수년 전에는 '플랫판넬 TV, 디지털 카메라, 하드 디스크 부착 DVD 레코더'를 '신3종의 신기'라고 한 것을 보면, 일본인들에게 '3종의 신기'라는 말은 그때그때 필요에 따라 여러 가지로 활용된다고 볼 수 있다.

종신고용이나 연공서열 등, 소위 오늘날 일본적 경영의 특징이라고 언급되는 것들은 아주 먼 옛날의 일이 아니라, 제2차 세계대전 이후 약 20여년 동안 정착된 것이다. 일본 기업의 고용관계를 상징하는 것으로 알려져 있는 '종신고용'이라는 용어 자체는 1958년에 아베글렌이 처음으로 사용한 말이다. 아베글렌은, 『일본의 공장』이라는 책에서 일본의 고용 관행을 설명하기 위해 '생애헌신'이라는 개념을 사용했는데, 이를 일본어로 번역하는 사람이 종신고용이라고 표현했다. 이 책에서 아베글렌은 1951년부터 1955년까지 대규모 일본 공장의 이직률을 조사한 후에, 다음과 같은 결론을 내렸다.

"일본 공장의 노동자는 입사할 당시에 자신이 일할 수 있는 남은 생애를 회사에 위탁한다. 회사는 최악의 궁지에 몰리는 경우가 아니고서는 일시적으로라도 노동자를 해고하려고 하지 않으며, 노동자도 다른 회사로 옮기려고 하지 않는다."

**일본적 고용 관계의 실상, 종신고용의 허와 실**

도쿄대학 니타(仁田)교수에 따르면, 일본에서 대규모 공장의 고용관계를 조사해 보고 비슷한 특징을 발견하여, 이를 일본 노동시장의 구조적 특징으로 최초로 지적한 사람은 우지와라(氏原) 교수라고 한다. 우지와라 교수는 1954년에 노동자의 근속년수와 경험년수 사이의 상관 관계를 분석한 자료를 바탕으로 '노동시장의 기업폐쇄성', '기업폐쇄적 노동시장'이라는 용어를 신중하게 사용했다. 그러나 제한적인 의미를 가진 보다 객관적이고 정확한 우지와라 교수의 표현은 널리 받아들여지지 않고, 부정확하고 단정적인 종신고용이라는 용어가 일반화되어 그 본질이 왜곡되었다는 것이다. 세상만사가 다 그렇긴 하지만 중요한 것은, 종신고용이라는 개념이 사실여부와는 무관하게 당시의 노사관계 당사자들의 니즈, 또는 기분에 맞는 말이었다는 점이다. 실제로 아직도 일본적 고용 관계의 특징으로 일컬어지고 있는 종신고용 관행은 사실과 다른 부분이 많다. 다소 길긴 하지만, 일본의 고용 관계에 대한 이해를 돕기 위해, 니타 교수의 연구결과를 발췌해 인용해 보기로 한다.

"일본형 고용 시스템은, 직원이 해고되지 않는다는 사실을 보장하지는 않는다. 경기 변동에 따라 고용 조정의 필요가 생긴 경우에는 우선 노동시간의 조정을 실시하고, 이어서 배치전환이나 슛코(출향) 등의 다양한 조치를 취함으로써 가능한 한 인원정리를 피하지만, 그것으로도 대처하기 어려운 경우에는 퇴직금 제도를 활용하여 희망퇴직이라는 형식으로 인원정리를 하는 시스템을 일본형 고용 시스템이라고 해야 한다. 1998년 이후 눈에 띄게 심해지고 있는 인원정리가 비교적 대규모 기업에서는 여전히 희망퇴직 또는 조기퇴직 우대제도 등을 활용하는 방법으로 추진되고 있다는 점에서는, 종신고용이라는 이름의 고용조정과 다를 바 없다. 종신고용이라는 컨셉은, 1950년대 말부터 1960년대에 걸쳐서 노사 당사자들에게 수용되고, 사람들의 행동에 영향을 주게 되었다고 보는 것이 타당하다. 또한 종신고용이라는 용어는 종업원과 사용자간 '책임과 의무의 교환'이라는 개념을 내포하고 있다는 것이 중요하다. 즉, 노동자는 일단 취업한 기업을 그만두지 않고 열심히 일하고, 경영자는 노동자가 중대한 부정행위를 한다거나 기업이 경영 위기에 빠지지 않는 한 해고하지 않는다는 커미트먼트의 상호교환이다. 이 시기에 계속된 경제 성장은 이러한 교환을 용이하게 하고 신뢰를 부여했다. 연공임금이나 종신고용이라는 개념은, 전후에 시작된 노동자와 사용자 간의 임금, 고용에 관한 오랜 투쟁의 결과, 1960년을 전후하여 확립된 역사적인 타협의 관념적인 표현에 지나지 않는다. 종신고용 개념의 보급, 종신고용 관행의 확립은 배치전환을 가능하게 했다. 사업소 단위의 채용이 원칙이던 블루칼라 노동자가 원격 사업소 간의 이동을 당연한 것으로 받아들이게 된 것은 1960년대 이후로 그리 오래된 일이 아니다."

니타 교수가 제시하고 있는 '경영상의 필요에 의한 이직률'에 관한 그래프를 보면, 기업들의 인원정리 추이는 1970년대 이후 그다지 변화가 없는 것으로 보인다. 버블붕괴, 일본의 잃어버린 10년 등으로 표현되는 1990년대에도 그다지 큰 변화가 없는 것을 보면, 일본 기업들의 장기고용 관행은 여전히 유지되고 있다고도 볼 수 있다.

아시아 지역에 금융위기가 닥쳤던 1997년 이후에는 이직률이 다소

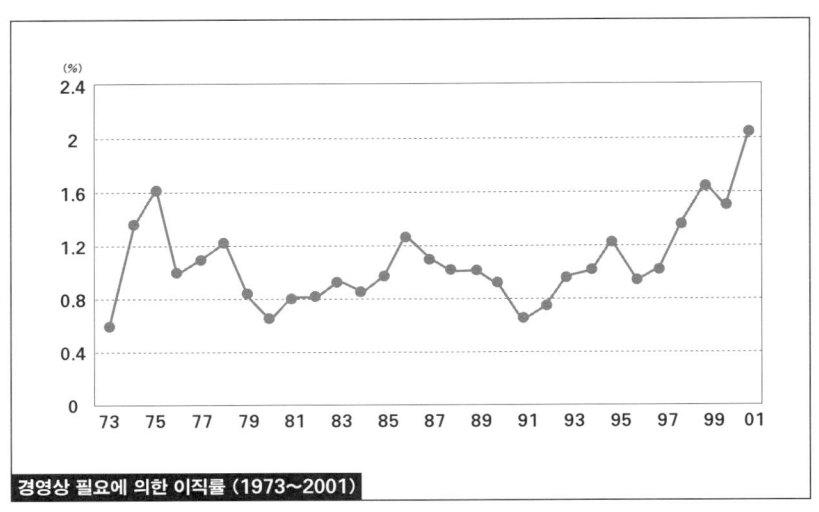

경영상 필요에 의한 이직률 (1973~2001)

가파르게 상승하고 있는 것을 볼 수 있는데, 그래 봤자 1퍼센트 수준에서 2퍼센트 수준으로 올라간 정도이다. 실업률을 보아도, 1973년 이후 1997년까지 25년간 1.5퍼센트에서 3.5퍼센트로 완만한 상승세를 보이다가, 1997년 이후 급증하기 시작하여 2001년도에는 5퍼센트대에 이르게 된다.

한때 소니가 2만 명을 구조조정하겠다고 밝혀 화제가 되었으나 이 역시 3년간에 걸친 중장기 계획이었으며, 그 1단계로 진행된 것도 조기퇴직 우대제도의 형태로써 일방적인 해고를 의미하지는 않았다. 따라서 종신고용이 아닌 장기고용이라는 일본의 전통적인 고용 관계의 범주를 벗어나진 않았다는 해석이 가능하다.

## 일본의 고용 관계를 지탱하는 노동의 2중구조

한 가지 유념해야 할 점은 일본 기업에서 일하는 근로자 모두가 이와 같은 장기적 고용 관계를 유지하는 것은 아니라는 사실이다. 옛날에는 임시공들이 정규직 사원들의 정년 보장을 위한 버퍼 역할을 했으며, 오늘날에는 인재파견회사의 파견사원, 파트타이머, 외국인 근로자 등이 그 자리를 메워 주고 있기 때문이다. 즉, 일본 기업이 유지하고 있는 종신고용이나 장기고용 관행의 이면에는 비정규직 사원들의 희생이 있다고 할 수 있다. 도요타 자동차의 정규직 사원들은 퇴직 후에도 회사로부터 먹고살 수 있을 만큼의 연금을 받고, 심지어 죽으면 회사가 위령제까지 지내 준다 하니, 요람은 아니어도 무덤에 들어가는 순간까지는 보장을 받는다고도 할 수 있다. 그러나 도요타 자동차 또는 그 협력회사의 현장에 가 보면 수많은 임시직이나 외국인 근로자들을 볼 수 있으며, 심지어 어

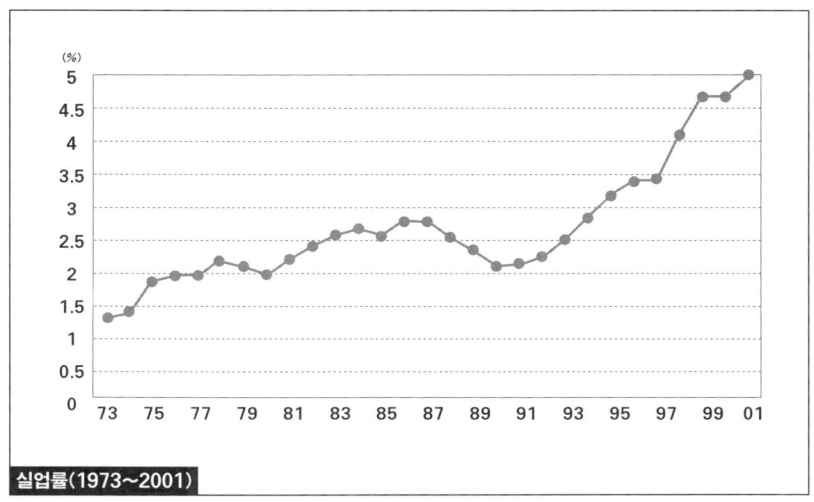

실업률(1973~2001)

느 대기업의 공장 작업현장에는 직장, 반장급의 사원을 제외하고는 전원이 브라질 등에서 온 외국인 근로자라는 이야기도 있다. 즉, 도요타 자동차를 비롯한 일본 기업 대부분은 정규직 사원에 대해서만 정년까지의 고용보장이라는 장기고용 관계를 전제로 그들에게 헌신을 요구하고 있다고 할 수 있다.

### 무엇으로 조직 구성원의 헌신을 요구할 것인가

상시 구조조정이 화두가 되고 있는 오늘날 한국의 기업사회에서는 종신고용이든 장기고용이든 이제 더 이상 노사 간의 책임과 의무의 교환을 이해하기 어렵게 되었다. 그렇다고 구성원들의 헌신Commitment 없이 회사의 발전을 기대하기는 어렵다. 그렇다면 무엇을 가지고 종업원들의 헌신을 이끌어 낼 수 있을까. 필자가 몸담았던 삼성전자의 경우, 1997년말 아시아 경제위기 때문에 창업 이래 유지해 왔던 일본적 경영과 유사한 장기고용, 종신고용의 전통을 버리지 않을 수 없었다. 회사 존망의 위기를 맞아 '평생직장'이라는 말로 약속했던 종신고용의 관행을 더 이상 유지하기 어렵게 된 것이다. 위기 상황이 어느 정도 정리된 2000년에 다시 입사를 하여 인사기획 업무를 담당하게 된 필자는 어떻게든 상황을 정리해야 했다. 그 무렵 눈에 띈 것이 고용가능성이라는 컨셉이었는데, 당시 필자는 이 고용가능성이라는 개념이야말로 '평생직장'이라는 캐치카피를 대신할 수 있을 것이라 생각했다. 회사가 회사에 대한 충성이 아니라 직무에 대한 충성을 요구하고, 구성원들은 자신의 직무에 대한 전문성을 키워 본인의 시장가치를 높인다면 굳이 회사를 그만둘 때를 걱정하지 않아도 될 것이라고 생각한 것이다. 그러나 현실적으로는 외부 노동시장의 형성 여부 등 사회적 여건이나 개인차 등 여러 변수가 있어 그리 쉬운 문제가 아니었다. 또한 삼성전자와 같이 잘 나가는 회사에서의 직무 경험은 직장을 옮길 때 도움이 되는 게 사실이지만, 그렇지 못한 회사의 경우 고용가능성을 섣불리 강조하다 보면 우수인력을 유지관리하기가 어려울 수도 있다. 그렇다고 조직에서 조직 구성원들에게 어떤 형태로든 로열티를 제시하지 않는 것도 이상한 이야기다.

물론, 조직에 대한 로열티를 이끌어 내기 위한 관리상의 수법은 많다. 효율적인 임금가설이 주장하는 것처럼 타사와 확실하게 차별화되는 파격적인 처우를 하는 것도 방법이겠고, 동료와의 연대감이나 가족적인 분위기를 내세울 수도 있다. 그렇지만 이제는 변화와 다양성의 이슈가 커서 무엇이든 획일적인 접근이 어렵다. 회사별 상황에 따라 개인과 조직의 관계에 새로운 패러다임이 요구되는 시대인 것이다.

# 푸른 하늘이 보이는 인사

신분제도의 운영 원리

**일본과 유럽의 상류계급**

2003년 8월 11자 《동아일보》에 일본 상류층의 조건에 관한 기사가 실린 적이 있다. 일본에서 상류층에 속하려면 연간 수입이 얼마 이상이어야 하고, 또한 학교, 결혼식장, 출산장소, 장례식장, 직업 등을 가려 택해야 한다는 내용이었다. 대부분은 설득력이 별로 없었으나 인상에 남는 것이 하나 있었다. 과거 일본 상류층의 조건은 '소득, 가문, 권력'이었지만 이제는 '소득, 예술성, 기품'이라는 내용이었다. 즉, 하나 이상의 전문영역을 가진 고학력자로서, 예술적 소양을 갖추었으며 매너와 센스가 있는 기품 있는 사람이야말로 진정한 상류층으로 인정받는다는 것이었다. 그렇다면 유럽의 상류층은 어떨까. 당연히 '귀족'이라는 말이 떠오르는데, 그런 그들에게는 신사도(紳士道)가 있었다. 오늘날에는 아무데서나 사용되고 있는 단어로 그 의미가 다소 퇴색된 신사Gentleman(紳士)라는 말은 프랑스 어 귀족Gentilhomme에서 파생된 것인데, Gentil이란 '양가(良家)의', '사람을 즐겁게 하는', '매력적인', '세련된', '예의범절이 있는', '고급의' 등을 의미하며, Homme은 '사람'을 뜻하는 말이다. Gentleman의 이상적인 이미지를 형성하는 요소는 전래의 기사도Chivalry(騎士道)에서 찾을 수 있다고 하는데, 기사도 역시 프랑스가 발상지로써, '기사'라고 불리는 자들에게는 '용기와 정직', '전투나 기타 거래 일반에서 책략을 사용하지 않을 것', '타인에 대한 배려와 세심함', '예의', '여성에 대한 특별한 태도를 가질 것' 등이 요구되었다고 한다. 중세유럽에서 신사는 태생이 좋은 가문에 속한 사람을 의미했으며, 이름 앞에 두문자(頭文字)를 붙여서 이를 구분했다. 프랑스에서는 'de', 독일에서는 'von', 스페인에서는 'don'을 붙였다. 사회학자 피에르 부르디외와 생 마르탱이 프랑스의 교양인에 대해 쓴 다음과 같은 내용의 글을 보면, 이러한 사고방식이 상류계층의 교양인이라는 이름으로 이어져 내려오고 있음을 알 수 있다.

프랑스 교양인의 탁월함은 현학적이거나 암기력, 근면함 등이 아니라, 우아함, 사리분별, 독창성 등이었다. 습득한 것이 아닌 천부의 재능이 숭배되었다. 학습은 경멸되었으며, 습득하거나 획득한 지식과 기술은 천시받았다. 그들은 현실과는 거리가 있는 가벼움, 우아함이 특징이다. 따라서 교양이나 탁월함은 학교에서 습득하는 문화라기보다는, 상류계급의 해비투스Habitus에 친화성을 가지는 것이다.

해비투스란, 태도나 자세를 의미하는 아리스토텔레스의 '헥시스Hexis'라는 개념을 스콜라 철학자들이 라틴어로 번역한 용어로, 사회적으로 형성된 관습을 의미한다. 또한 이 용어는 개개의 행위나 언어를 생성하고 조직하는 마음의 시스템이자, 사회적 출신이나 교육 등의 객관적 구조로 규정된 실천 감각이며, 실천을 이끌어 내어 지속되는 성향을 가진 체계를 일컫는다.

누군가가 품위 있다거나 촌놈이라고 할 때에는 개개의 이런저런 행위를 말하는 것이 아니다. 행위를 생성하고 조직하는 원칙을 가리키는 것이다. 즉, 그러한 심적 습성이 해비투스이다. 해비투스는, 출신 계급이나 출신지 또는 학력 등 과거의 체험에 의해 체화된 생의 형식이다. '현재에 있으면서 미래에도 살아남으려고 하는 과거'라는 의미에서 '체화된 역사'이다. 우리가 '마음에 맞다, 맞지 않다'를 논하는 기준은 개인과 개인의 해비투스의 친화 정도이다.

해비투스가 신사의 행위를 생성하고 조직하는 원칙을 규정하는 것으로, 태생 등의 과거 체험에 의해 체화된다고 하면, 신사도와 해비투스는 떼려야 뗄 수 없는 관계가 된다. 부르디외의 좀 어려운 표현을 빌리자면, 해비투스는 '지속성을 가지고 전이가 가능한 심적 제경향의 시스템'이며, '구조화하는 구조Structures structurantes'이자, '실천 및 조직의 원리로 기능하는 속성을 가진 구조화된 구조Structures structurées'로써 '해비투스 → 실천 → 구조 → 해비투스'라는 사이클을 돈다고 한다.

### 출생귀족과 행위귀족의 전통

재미있는 것은, 중세유럽의 어느 나라에서나 신사라는 말은 좋은 가문의 태생을 이야기하지만 영국에서만큼은 꽤 오래전부터 '태생이 좋다고 하여 신사는 아니다.'라는 인식이 있었다는 사실이다. 예를 들어, 14세기의 영국에는 다음과 같은 노래가 있었다.

성실, 자애, 자유, 용기.
네 가지의 덕목 중에 세 가지가 결여된 사람은,
신사라고 할 수 없네.

즉, 영국의 신사는 아무리 태생이 좋다고 해도 이 네 가지의 덕목 중 적어도 두 가지를 갖고 있어야 하는 최소한의 조건이 부여되어 있었다. 또한 셰익스피어의 작품 중에는 헨리 5세가 전투에 나가기 전날 밤에 병사들에게 이야기했다는 다음과 같은 내용이 있다.

오늘, 나와 더불어 피를 흘리는 남자는 나의 형제.
비겁하지 않으므로
오늘부터 귀족으로 삼노라.

즉, 당시 출생에 의해 계급이 고정되어 있던 프랑스 인이라면 인정할 수 없는 연설이겠지만, 영국에서는 행위야말로 귀족을 구분 짓는 것이고, 태생이 천하다고 하더라도 품행이 고귀하다면 고귀한 사람이라고 하는 사고방식이 있었다는 것을 잘 보여 주는 내용이다. 트레버 레깃은 이와 같은 헨리 5세의 이야기를 혁명적인 측면에서 높이 평가하고, 진정한 혁명이 일어나기 전에 이러한 말이 인구에 회자됨으로써 영국의 혁명은 프랑스와 같이 귀족들의 머리를 자르고 평등을 만들어 내는 방법이 아니라, 고귀하게 될 수 있는 가능성을 서민에게 열어 줌으로써 실현되었다고 말하고 있다. '출생귀족의 전통'을 '행위귀족의 전통'으로 바꾸었기 때문에 영국의 무혈혁명이 이루어졌다는 것이다.

### 기업 내 상류층과 다양한 승진의 구조

기업조직 안에도 출생귀족의 전통과 행위귀족의 전통에 빗대어 생각해 볼 수 있는 상류층이 있을까. 경영진이라면 대입이 가능하다. 기업이 탄생하던 초기에는 당연히 창업가 일가가 경영진의 자리에 있었을 것이므로 출생귀족의 전통을 이야기할 수 있다. 오늘날 대부분의 조직에서는 뛰어난 업적과 조직관리라는 행위귀족의 전통을 이은 전문 경영진이 주요 지점에 포진하고 있다고 할 수 있다. 그렇다면 이들은 어떻게 기업 내 상류층으로 이동할 수 있는 행위귀족의 전통을 증명할 수 있었을까. 로젠바움은 30여년 전에 미국의 어느 컴퓨터 회사 인사 기록을 13년간 연구한 다음 「토너먼트 경쟁형 승진모델」을 제시했다. 토너먼트는, 일단 승부에서 패한 자는 그 이상 위로 올라가는 승부에 참가할 수 없으므로 패자에게는 최고의 한도가, 승자에게는 최저의 한도가 설정되어 있는 방식으로, 이기든 지든 전체적으로 가장 높은 승률을 가진 사람이 우승하는 리그전과는 개념이 다르다. 로젠바움에 따르면, 능력이 낮은 자는 조기에 발견되지만, 능력이 높은 자는 조기에 발견되지 않고 승리를 계속해 나가는 형태로 커리어를 만들어 나간다고 한다.

수년 전에는 일본의 연구자들이 어느 일본 대기업의 대졸 화이트칼라 인사 기록을 가지고 로젠바움과 유사한 연구를 한 다음, 다음과 같은 결론을 내렸다. 일본의 승진 제도는 단순한 연공제가 아니며 미국과 같은 단순한 경쟁 제도도 아니고, 커리어의 초기, 중기, 후기의 각 단계별로 '일률 연공형 → 승진스피드 경쟁형 → 토너먼트 경쟁형'의 룰이 순차적으로 적용되는 중층형 구조라는 것이다. 즉, 입사 후 수년간은 일률적으로 연공에 따라 승진하고 처우받다가 어느 시점부터는 개인별로 승진시기에 격차가 발생한다. 그렇지만 그렇다고 해서 승진이 되지 않는 것은 아니며, 과장급 이후의 단계에서는 패자부활이 안 되는 미국의 토너먼트 경쟁과 대체로 유사한 형태가 된다는 것이다. 참고로 이상에서 언급한 승진구조의 내용을 그림으로 표시하면 아래와 같다.

### 푸른 하늘이 보이는 일본의 승진 구조

앞서 언급한 기사도나 신사도와는 전혀 다른 차원의 문제일 수 있어 다소 지나친 논리의 비약이 될지도 모르겠으나, 한번 패하면 위로 올라

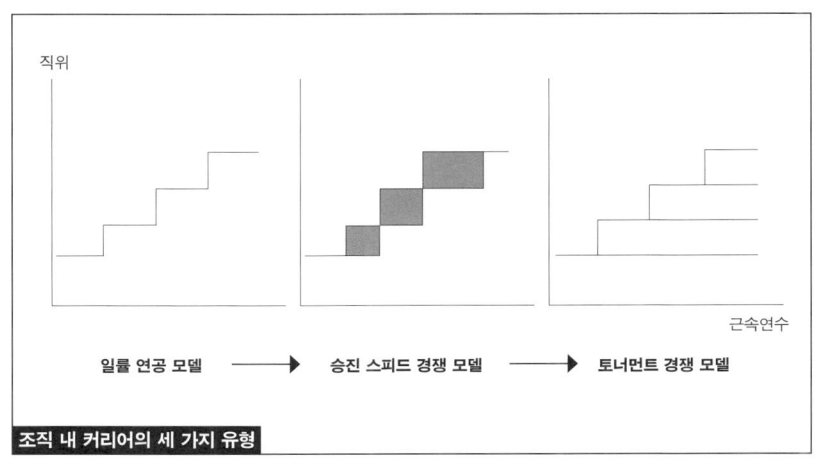

조직 내 커리어의 세 가지 유형

갈 수 있는 길이 영영 막혀 버리는 토너먼트형 승진 구조를 운영하고 있는 미국의 기업은, 프랑스의 기사처럼 태생을 가리는 것과 같아 노사 간 대립 문화를 싹 틔웠고, 이와 달리 어느 정도 신분향상의 길이 열려 있는 일본 기업의 승진 구조는 영국의 행위귀족 전통을 이어받아 협력적 노사 관계를 구축하는 기반이 된 것이 아닌가 하는 생각이 든다. 일본은 전후(戰後) 능력주의 인사관리의 과정을 통해 화이트칼라만이 아니라 블루칼라에게도 화이트칼라와 같은 경로로 승진해 나갈 수 있는 길을 열어 주었는데, 이를 '푸른 하늘이 보이는 인사(青空の見える人事)'라고 칭한다. 만약 그렇지 않았을 경우, 엄격한 계층적 신분사회로 여기저기서 농민분규가 일어났던 에도시대 때와 마찬가지로, 현대의 일본도 노사화합은 커녕 격심한 분쟁이 끊이지 않았을지도 모를 일이다. 한국에서도 1980년대 후반에 노사분규가 일어났던 많은 회사들이 블루칼라나 중졸, 고졸 사원들에게 승진의 길을 엄격히 제한해 놓고 있었다. 지금은 지리적인 여건이 그다지 정보소통의 장애요인이 되고 있지 않으므로 앞으로 달라질 것이라 생각되지만, 바다를 통해서만 정보를 접할 수 있는 시대에 섬나라인 일본이나 영국이 대륙의 원전을 있는 그대로 받아들이지 않고 자기 나름대로 소화해 발전시켜 나왔기 때문에 대륙과는 다른 영국식 신사도, 즉 행위귀족의 전통과, 푸른 하늘이 보이는 일본식 인사관리가 발전하게 되지 않았나 하는 생각이 든다.

### 신사도와는 멀어진 일본의 회사인간

그러나 오늘날 일본 기업의 경영진을 영국의 신사와 비교하는 일은 다소 무리가 있어 보인다. 특히 인문적 교양이라는 측면에서 그렇다. 전 교토대학 교육학연구과 교수이자 일본의 저명한 교육사회학자인 다케우치 요(竹內洋)가 펴낸 『교양주의의 몰락』이라는 책에 다음과 같은 내용이 언급되어 있다.

> 1970년경까지는 대학에서의 전공이 장래의 진로에 결정적이었다. 대학이 교양인이 되기 위한 지식, 전문적인 지식을 전하는 장소로 건재하다는 전제가 있었기 때문이다.
> 학부에 대한 학생들의 정체성도 강했다. 법학부 학생은 법률, 경제학부 학생은 경제학에 대한 지식이 없을 경우 창피하게 여겼다.
> 그러나 1970년대 이후 기업들이 대졸채용을 확대하면서, 대졸자는 더 이상 경영간부 후보가 아니게 되었으며, 지적인 전문직에 종사할 수 없게 되었다. 그저 그런 샐러리맨 예비군에게 전문적 지식이나 교양은 더 이상 필요 없었고, 대학에서 문화귀족, 교양 엘리트를 지향하는 노력이 자취를 감추게 되었다.
> 비즈니스 사회가 테크노크라트형 비즈니스맨을 요구함에 따라 기능적인 지식인이 양산되고, 교양인은 무용화되고 만 것이다.

고학력화 사회, 대량 소비사회의 진전과 더불어 몰락한 교양인에 대한 향수가 엿보이는 이 글은 오늘날 일본 경영인의 표상을 담고 있다. 그렇기에 상류층의 조건으로 '예술적 감각'이나 '기품'이 더더욱 중시되고 있는 것은 어쩌면 당연할지도 모르겠다. 상류층이나 신사의 품성이 태어나면서부터 존재하느냐, 후천적으로 만들어지느냐에 대해 논란의 여지는 많지만, 조직 내 우수인재들을 관리할 때 요구되는 것들은 전부 비슷한 듯하다.

### 4장
# 제도와 문화, 그리고 생산성

현상의 이면에 있는 제도적 진실

**삶의 공간과 음악**

일본삼성이 위치한 도쿄의 롯본기 근처에는 세계적인 지휘자인 카라얀도 반했다는 산토리 홀이 있다. 이곳을 비롯하여 NHK 홀 등 일본의 주요 콘서트 홀 설계에 관여해 온 음향설계 전문가 나가타 미노루(永田穂)에 따르면, 일본인들은 예로부터 '음(音)과 '향(響)'을 구분해 왔다고 한다. '향(響)'은 무엇인가에 부딪쳐서 나는 소리로, '향(響)'이라는 글자의 윗부분인 '鄕'에는 상대(相對)한다는 의미가 있으며, 방 안에서 울리는 '향(響)'이란 벽이나 천정으로부터 반사되는 소리를 모두 합한다는 의미를 지닌다. 서양음악을 즐기는 극장이나 오페라 하우스의 탄생은 중세 무렵으로 거슬러 올라가지만, 석조 건물의 공간 속에서 이루어지는 '향(響)'의 체험은 수천 년의 역사를 가지고 있다. 일본의 생활공간은 대개 천장이 낮고 장지문이 있으며 다다미가 깔려 있는 등 '음(音)'의 반사가

적은 공간이다. 따라서 클래식 음악의 중요한 요소인 하모니는, '향(響)'이 풍부한 서양의 생활공간에서 탄생할 수밖에 없었으며, 일본과 같은 생활공간에서는 도저히 나올 수 없는 음악이라는 것이다.

마찬가지로 오르간과 사미센(三味線)이라는 악기의 탄생도 이러한 삶의 공간의 차이를 생각하지 않고서는 설명하기 어렵다. 서양음악이 일본의 일상생활에 침투한 것은 제2차 세계대전 이후의 일이며, 최근까지도 일본인들은 사미센의 음색 변화, 끊어질 듯 이어지는 특별한 음감, 큰북을 칠 때 나오는 리듬의 미묘한 차이 등을 즐겨 왔다. 즉, 악기의 차이, 음악의 차이, 즐기는 방식의 차이는 서양과 일본의 생활공간에서 오는 '향(響)'의 차이를 배제하고는 설명하기 어렵다는 것인데, 나가타가 이야기하는 서양과 일본의 생활공간의 차이는 다음과 같다.

- 공간의 높이는 서양 쪽이 높다.
- 서양 공간의 벽은 돌과 같은 중량감 있는 소재가 사용되고 있으나, 일본의 경우에는 대부분 장지문 등 음이 통하기 쉬운 소재로 둘러싸여 있다.
- 서양 공간의 바닥은 돌이나 두꺼운 판자 등으로 되어 있으나, 일본은 다다미가 대부분이다.
- 일본의 천정은 독특하여 중고음역의 반사는 가능하나, 저음은 천정을 통과해 돌아오지 않는 구조이다.
- 서양 공간이 풍부한 향(響)을 갖고 있는 반면 일본 공간의 향(響)은 짧으며 특히 저음역에서 그렇다.

### 점점 더 읽기 어려워지는 현상의 이면

'기업문화'라는 것을 '삶의 공간'으로, '제도 및 시스템'을 '악기'로 생각해 보면, 공간의 차이에서 악기가 달라지고 즐기는 음악도 달라지듯이, 조직에 따라 각기 다른 문화를 기반으로 형성된 제도와 시스템도 그 모양이 다르고 거기서 울려 나오는 조직의 목소리, 성과도 다를 것이라는 상상이 가능하다. 그만큼 겉으로 보이는 현상의 이면을 읽는 것이 어렵다는 뜻이기도 하다.

필자가 일본에 주재하던 2006년 말의 일이다. 2002년 2월부터 2006년 11월을 고비로 쉰일곱 달이 넘게 경기회복기조가 계속되어 유사 이래 가장 긴 호경기 기간이라는 '이자나기(伊弉諾)경기(일본 열도를 처음 만들었다고 전해지는 아마테라스오오노가미(天照大神)의 아버지 격 신인 이자나기노 미고토(伊弉諾尊) 이래의 호경기라는 의미)'를 넘어섰다는 보도가 나왔는데도 한편으로는 경기 호전을 전혀 실감하지 못하겠다는 의견도 적지 않아, 당시 경기판단에 대한 견해가 상당히 엇갈렸던 기억이 난다. 실제로 2006년 10월에 실시한 제국데이터뱅크의 조사 결과를 보면, 일본 기업의 77.4퍼센트가 이자나기 경기를 넘어섰다는 실감이 나지 않는다는 응답을 했고, 경기회복은 일부 대기업에 해당되는 이야기이며, 지역 및 기업 간 격차가 점점 커지고 있어 큰 문제라는 의견도 많다. 경기회복을 실감하지 못하는 원인으로는, 경쟁의 격화로 단가는 내려가는데 원재료비의 부담은 커져 기업의 업적이 달라지지 않고 있다는 점, 소득(임금)이 개선되지 않아 개인소비가 개선되지 않고 있다는 점 등이 지적되었다. 또한 이자나기 경기를 넘어섰다는 것은 경기회복 국면의 기간이 길게 이어졌다는 것에 불과하고, 경기 확대를 주도한 요인이 내수가 아니라 미국과 중국을 대상으로 한 수출이기 때문에 버블 경기 시절보다도 성장률이 낮다는 지적도 있었다. 과거는 미래를 나타내 주지 못하고, 매크로Macro는 마이크로Micro를 나타내 주지 못한다는 누군가의 말처럼, 어떤 현상의 이면에 있는 것들을 읽어 내는 것은 대단히 어려운 일이다. 이런 때에는 제도나 시스템적인 면에 눈을 돌려 보아야 한다. 복잡화, 세계화된 경제 환경에서 이자나기 시절과 같은 경기부양책을 쓰기는 어렵겠지만, 다음 사례들에서 보는 것처럼 각종 규제 또는 규제완화책을 활용한다면 전혀 다른 효과를 기대할 수 있고, 그렇게 되면 시간이 좀 더 흐른 다음에 많은 사람들이 경기를 몸소 실감할 수 있을 것이다.

### 현상의 이면에 숨어 있는 제도의 파워

일본에서도 번역되어 베스트셀러가 된 시카고대학 교수 스티븐 레빗의 『슈퍼 괴짜경제학SuperFreakonomics』(2009)이라는 책을 보면, 미국의 범죄율에 관한 이야기가 나온다. 1990년대 중반 많은 전문가들은 틴에이저에 의한 범죄의 급격한 증가를 우려했는데, 오히려 그 후 5년간 범죄율이 50퍼센트 이상 감소한 결과가 나왔다고 한다. 예상이 빗나간 전문가들은 총기 소지의 규제나 뉴욕 시 등에서 취한 획기적인 검거 전략이 효과를 보았다며 자기변명을 했으나, 레빗 교수는 마치 한쪽 대륙에서 나비가 날갯짓을 하면 다른 대륙에서 허리케인이 일어나는 것과 같이 전혀 다른 곳에 진정한 이유가 있다고 지적한다. 즉, 청소년들의 범죄율이 줄어든 것은 호경기가 되었다거나 총기 단속이 심해졌다거나 검거 전략이 잘

먹혀들었기 때문이 아니라, 1973년에 임신중절이 전국적으로 합법화되었기 때문이라는 것이다. 여러 연구 결과에 따르면 가정환경이 나쁜 아이는 범죄를 저지를 가능성이 높다고 하는데, 돈이 없는 미성년자가 임신을 했다면 물론 불법적으로라도 중절수술을 받을 수 없기 때문에 아이를 낳을 수밖에 없고, 아이는 당연히 좋은 가정환경에서 성장할 리가 없으므로 장래의 범죄예비군이 될 가능성이 높다고 한다. 그런데 1973년에 임신중절이 합법화되면서 그러한 아이들이 태어나지 않게 되었고 따라서 십 수년이 지난 1990년대 후반부터 십대에 의한 범죄발생률이 격감했다는 것이다.

비슷한 이야기로, 2006년 11월 27일자 《일본경제신문》에 복요리에 대한 기사가 난 적이 있다. 오사카 지방에서는 찻집의 메뉴에도 있다고 야유를 받을 정도로 널리 보급되어 있는 복요리가 어째서 도쿄 주변에서는 고급 요리로 취급되고 있는지에 대한 내용이었다. 재미있는 것은 왜 그러한 차이가 나오게 되었느냐는 것인데, 엉뚱하게도 그 원인이 복요리사 면허 제도에 있다는 설명이었다. 잘못 손질한 것을 먹으면 사람이 죽을 정도로 맹독성이 있는 복요리는 면허 제도를 통해 관리되고 있는데, 일본의 경우 각 지방자치단체별로 면허 시험의 난이도가 다른데다가, 면허의 효력은 원칙적으로 면허를 취득한 지역에서만 통용된다고 한다. 오사카 지역의 경우 복요리 면허 보유자가 9만 1000명이나 되지만, 도쿄는 1만 8000명 정도로 오사카의 오분의 일에 불과하다. 더군다나 도쿄에서는 면허보유자 밑에서 2년 이상 실무경험이 있어야 하는 등, 면허 조건도 전국에서 가장 까다롭기 때문에 면허 보유자 수가 좀처럼 늘지 않아 복요리집이 확산되지 못하고 있다는 것이었다.

또한 개인적으로, 우리나라는 기차역이나 터미널 주변 음식점들은 음식 맛이 유난히 형편없고, 숙박시설도 제대로 된 것이 없는 반면 일본은 오히려 그런 곳에 제대로 된 숙박시설이나 소문난 요리집이 많고, 에키벤(駅弁)이라는 기차 도시락이 해당 지역의 특산 명물이 되기도 하는 등에 대해 의아하게 생각한 적이 있었다. 그러다가 에도시대에 참근교대제도(参勤交代制)가 있었다는 사실을 알게 되면서 고개를 끄덕이고 말았다. 참근교대제는 각 지방의 수령들을 통제할 목적으로 실시된 제도로, 가족들을 도쿄에 인질로 잡아 놓고 각 지방 수령들에게 매년 도쿄로 병사들을 데리고 와서 출사를 하도록 했는데, 이런 이유로 전국 각 지방에서 도쿄로 넓은 길이 뚫리게 되고 많은 인원이 이동하면서 숙박을 할 수 있는 시설도 생겨나게 되었으며 그 지역을 지나가는 귀인들을 대접하기 위해 지역마다 특색이 있는 음식도 발달하게 되었다고 한다.

이처럼 규제를 완화하거나 제도를 유지 또는 강화함으로써 다양한 경제, 비경제 효과가 발생하는 것을 보면 제도나 시스템의 파워를 새삼 실감하게 된다. 이는 조직이 운영되고 있는 곳이라면 어디나 적용이 되는 이야기다. 나비효과 같은 복잡한 이론이 아니더라도 조직 구성원이 느끼지 못하는 가운데 자연스럽게 제도나 시스템과 관한 이슈를 통해 경제적 효과를 창출할 수 있는 그런 연구가 필요하다 하겠다.

### 제도, 문화, 생산성의 관계

히토츠바시대학의 아라이 카즈시로(荒井一博)교수는, 제도란 그냥 만들어지는 것이 아니라 관습, 관행, 규칙, 법 등과 밀접한 관련이 있으며, 궁극적으로는 특정 사회에 속해 있는 사람들이 존중하는 가치를 표면화한 것이라고 말한다. 그의 의견을 인용해 보면 다음과 같다.

미국 기업과 일본 기업은 임원들의 보수에 커다란 차이가 있는데, 일본 쪽이 조직 내 보수의 격차가 작다. 그 주된 원인은 능력이나 생산성의 차이가 아니라 평등에 관한 가치관의 차이라고 생각한다. 일본에서는 미국보다도 같은 조직 내 구성원 간의 평등의식이 강하다. 일본 기업에서 모든 구성원이 같은 유니폼을 착용하는 관습, 같은 사내 식당이나 후생시설을 사용하는 관습 등이 있는 것도 평등주의적 가치관의 소산이다. 일정 한도까지 통근 비용을 전액 부담하는 일본 기업의 제도 역시 광범위하게 거주하는 근로자들이 동일한 금전적인 조건으로 통근할 수 있도록 하는 평등주의 때문이라고 해석된다. 일본의 의무교육에서 전원이 동시에 진급하는 제도, 능력별 코스가 없다는 제도도 평등주의적 가치관에서 생겼다고 볼 수 있다.

아라이 교수는 민족에 따라 서로 다른 가치관은 상대방에 대한 서로 다른 기대를 형성하면서, 서로 다른 제도를 만들어 낸다며, 문화라는 것을 '상대방에 대한 기대의 체계'로 인식하고 있다. 가치관은 인간이 어떻게 행동할 것인가를 반영하는 것으로, 동일 민족 내에서는 특정 상황에 놓인 상대방의 행동을 꽤 정확하게 예측 가능하기 때문에 각 민족에게 독특한 제도가 발달하는 경우가 있다는 것이다.

생활공간의 차이에 따라 음의 울림이 다르고 그에 따라 악기나 음악,

감상 방식 등에 차이가 나듯이, 같은 목적을 가진 제도라고 하더라도 해당 조직이 가진 문화에 따라 당연히 그 운영 방식이나 효과에 다양한 차이가 나타난

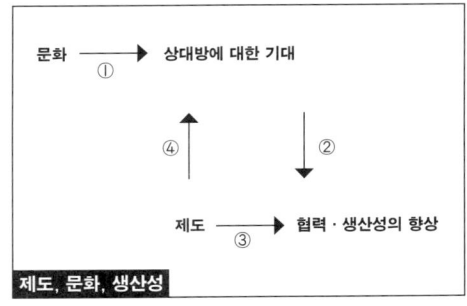

제도, 문화, 생산성

다. 문제는, 내외부적으로 어떤 조건이 변하면 과거의 기대에 어긋나는 행동이 나타나게 되어 정상적으로 기능하지 않게 되는 제도가 생긴다는 사실이다. 즉, 서로가 가지고 있는 상대방에 대한 기대에 편차가 발생하기 때문에 갈등이 등장하며, 이때 의식과 문화, 제도에 대한 개혁의 문제가 생긴다.

**기대를 조정하는 노력부터**

내외부의 환경 변화가 극심할수록 조직 구성원 간에 서로 기대하는 것이 달라질 가능성이 많기 때문에 제도 개선에 대한 요구도 더욱 빈번해지고, 커질 수밖에 없다. 과거에는 20여 년간 별문제 없이 운영되던 제도를, 개정한 지 10여 년 만에 다시 뜯어 고치고 또 5년 만에 정비해야 하는 상황이 발생하는 등 제도로 인한 피로의 반감기가 점점 줄어 들고 있다. 이는 물론 그만큼 변화가 빠르기 때문이라는 해석도 가능하지만, 한편으로는 우리의 생활공간, 문화, 서로에 대한 기대 등 보다 중요한 관점을 놓치고 있기 때문이라는 생각도 든다.

무조건 맞지 않게 된 제도부터 뜯어 고치고 보는 것이 아니라, 조직문

화의 관점에서 서로 상대에 대한 기대를 조정하려는 노력을 해 보았는지가 중요하다. 벡터를 통일하거나 한 방향으로 가자고 하는 것이 이런 경우에 해당한다고 볼 수 있는데, 이 변화는 주관 부서에 의한 일시적인 교육만으로는 이루기 어렵다. 어쩔 수 없이 제도를 개정하지 않으면 안 되는 경우라 하더라도 우리의 조직 풍토, 즉 환경이 다다미 방이냐, 석조전이냐에 따라 받아들여지는 정도와 효과가 다르다는 사실을 염두에 두고, 다양한 각도에서 새로운 제도가 의미하는 벡터를 전파하고 공유하려는 노력이 필요하다.

## 일본 야구에서 보는 팀 승리의 법칙

일곱 가지 법칙과 가장 중요한 리더의 역할

### 요미우리 자이언츠의 'V9' 시대

요미우리 자이언츠(巨人). 이승엽 선수 덕분에 우리에게도 매우 친밀해진 야구 팀일 뿐만 아니라, 마츠이 히데키를 비롯한 수많은 스타를 탄생시키고, 아직도 깨지지 않고 있는 불멸의 9연승 기록 ('V9'이라고도 하며 1965년부터 1973년간 9년 연속 우승한 기록)을 가지고 있는 팀이다. 요미우리 자이언츠의 황금시대라고 일컬어지는 이 시대를 이끌어 낸 것은 가와카미 데츠하루(川上哲治) 감독이었다. 요미우리 자이언츠 팀과 가와카미 감독에 대해, 역시 현대 일본야구의 명감독이라 할 수 있는 노무라 가츠야(野村克也) 감독이 쓴 책이 있다. 2006년에 나온 『요미우리 자이언츠론(巨人軍論)』이라는 책인데 1년도 채 되지 않아 수십만 부가 팔리면서 대단한 인기를 끈 적이 있다. 노무라 감독은 현역 포수 출신으로, 난카이 호크스, 야쿠르트 스왈로스, 한신 타이거즈의 감독을 역임하면서 일본에 ID 야구(Import Data, 데이터를 활용하는 야구)를 보급시킨 사람이다. 일흔이 넘는 고령이지만 2006년에 라쿠텐(樂天)의 감독으로 취임하여 노익장을 과시한 바 있다. 책에서 밝히고 있는 본인의 말에 따르면, 자신은 누구에게도 지지 않는 '요미우리 자이언츠 팬'이라고 할 수 있으며, 평생 동안 어떻게 해야 요미우리 자이언츠를 이길 수 있을 것인가를 연구해 왔다고 한다. 특히 'V9'의 위업을 이끌어 낸 가와카미 감독을 닮으려고 많은 노력을 했다고 하는데, 무엇이 요미우리 자이언츠로 하여금 'V9'의 위업을 달성하게 했는가에 대한 그의 분석은, 기업조직에도 여러 가지로 시사하는 바가 많다.

### 노무라 감독이 밝힌 9연승의 비결

첫째는, 팀의 거울이 되어 준 스타 선수의 존재이다. 당시 요미우리 자이언츠에는 왕정치(王貞治)와 나가시마 시게오(長嶋茂雄) 씨가 3번, 4번 타자로 활약하면서 팀의 중심에 서 있었다. 중요한 것은 그들이 기록이나 숫자만을 남긴 것이 아니라, 중심선수로서의 역할과 책임을 다함으로써 팀의 귀감이 되었다는 것이다. 노무라 감독이 현역시절에 왕정치와 술을 한잔 할 기회가 있었는데, 저녁 9시가 되자 왕정치가 미안하다며 개인연습을 위해 자리를 떴다고 한다. 그래서 어떻게 연습을 하는지 궁금해 가 보았더니 진검(眞劍)으로 종이를 베는 훈련을 하고 있어 갑자기 살기(殺氣)가 감도는 분위기에 질려 감히 말을 붙이지도 못했다고 한다. 당시의 왕정치는 이미 몇 번이나 홈런왕을 차지할 정도의 초일류 타자였는데도 매일 이와 같은 훈련을 거르지 않았다고 하며, 나가시마도 마찬가지였고, 사소한 부상을 핑계로 시합을 거르거나 하는 일은 절대 없었다고 한다.

둘째는, 적재적소의 타선이다. 야구경기는 개인전이 아닌 단체전이므로 훌륭한 자질을 가진 선수를 아홉 명 확보했다고 이길 수 있는 것이 아니다. 타순이나 포지션에는 각각의 역할이 있으므로, 이를 무시하고 개인기가 우수한 선수만을 모아 놓아서는 안 된다. V9 시절의 타선을 보면, 1번은 출루율이 높으면서 도루도 가능한 발이 빠른 사람, 2번은 번트나 히트 앤드 런에 능하고 급박한 상황에서도 좌우로 타구를 나누어 보낼 수 있는 사람, 부동의 3번 왕정치와 4번 나가시마, 다른 강타자를 5번, 그리고 가능한 발이 빠르고 무엇이든 대신할 수 있는 선수들을 하위타선으로 배치하여 또 한 번의 찬스를 만들 수 있도록 했다. 5번을 포함해 많은 선수들이 교체되긴 했지만 기본은 항상 같았고, '승리'라는 목적을 위해 왕정치와 나가시마 이외의 선수들은 철저히 그들을 보좌하면서 자신의 역할을 묵묵히 수행하는 역할로 구성되어 있었다. 즉, 가와카미 감독은 명확한 의도와 목적을 가지고 부동의 타선을 만듦으로써 오늘날 야구계의 표준을 제시한 것이다.

셋째는, 감독의 분신 역할을 맡아 수비에 대한 지시를 내리는 명포수의 존재이다. 개인플레이보다 팀플레이를 중시하는 근대야구에 눈을 뜨게 되면서 당연히 수비의 중심으로서 포수의 역할과 책임도 비약적으로 커졌는데, 당시 요미우리 자이언츠의 포수 모리는 비번일 때에도 불펜 포수를 자청해 누가 어떤 구질을 갖고 있고 시합에서 어떤 볼을 조합하면 좋은지 등을 철저히 연구했다고 한다. 벤치에 앉아 있으면서도 시합에 나갔더라면 어떻게 했을까, 타자가 무엇을 노리고 있으며 그렇다면 어떤 볼을 던지게 하면 좋을지 등을 항상 시뮬레이션하면서 시합을 관전했다. 또한 각 팀 타자들의 사소한 버릇까지 체크하여 기록을 했다. 모리가 이러한 노력을 지속하게 된 배경에는 자신의 헝그리 정신과 감독에 의한 경쟁심 유발이 있었다. 그가 대학 진학을 포기하고 프로구단에 입단한 것은 부친이 사업에 실패하고 거액의 빚을 떠안았기 때문이라 그로서는 야구 말고는 다른 길이 없었다. 그래서 때로는 배팅 투수의 역할까지 자청하면서 원래 강하지 않았던 어깨를 단련했다고 한다. 여기에는 모리와 경쟁이 될 만한 우수 선수를 스카우트하여 노골적으로 경쟁을 시킨 가와카미 감독의 용병술도 한몫 했다.

넷째는, 경쟁 체제의 운영 전략이다. V9 시절의 요미우리 자이언츠에서는 포수 자리뿐만 아니라 각 포지션마다 치열한 내부 경쟁이 이루어지고 있었으며, 가와카미 감독은 각 포지션별로 가장 우수한 선수와 그에 지지 않을 정도의 실력을 지닌 선수를 지속적으로 스카우트함으로써 레귤러 선수들에게 자극을 줄 수 있는 상황을 일부러 연출했다. 따라서 선수들은 시즌오프에도 긴장을 늦출 수가 없었다고 하며, 부상으로 쉬기라도 하면 바로 레귤러 자리를 빼앗겼고, 실수나 실패를 하면 벤치에서 곧장 통렬한 야유가 나왔다고 한다. 이렇듯 당시의 요미우리 자이언츠에는 서로의 경기 내용에 대해 비판하고 또 수용하는 분위기가 있었는데, 왕 정치에 따르면, 올라가면 올라갈수록 고민이나 불안도 커지므로 그것을 불식시키기 위해 연습에 연습을 계속했다고 한다.

다섯째는, 선진 전법의 도입과 철저한 팀플레이다. 당시 요미우리 자이언츠가 도입한 전략인 '다저스 전법'은 미국의 LA에 전지훈련을 가서 배운 것으로, 한마디로 야구의 시스템화라고 할 수 있으며, 이를 통해 팀 전체가 효율적이고 유기적으로 연계하여 조직적인 야구를 전개할 수 있게 되었다는 것이다. 예를 들어, 주자가 나가 있을 때 번트를 치기로 정했다면 투수가 피칭 자세에 들어갈 때 주자가 과감하게 스타트를 해 버린다거나, 상대가 번트 자세일 때는 일부러 번트를 칠 수 없는 공을 던져 포수가 잽싸게 잡아 송구함으로써 주자를 잡는다거나, 1번 타자는 출루가 목적이므로 절대로 플라이를 치지 않고 공이 굴러가도록 한다거나, 1루에 나가 있는 주자가 도루를 시도하는 척해서 1루수가 견제구를 받기 위해 베이스에서 멀리 떨어지지 못하도록 함으로써 2루수와의 간격을 벌려 타자들이 그 사이로 볼을 치기 쉽게 하는 등의 야구를 일본에서는 당시의 요미우리 자이언츠가 처음으로 시도했다. 뿐만 아니라 요미우리 자이언츠는 항상 상대방의 야구 스타일을 철저히 벤치마킹했다. 포수의 볼 사인을 망원경으로 훔쳐보는 스파이를 활용하기도 하고, 이를 타자에게 전달하기 위해 진동수신기를 다는 등의 방법으로 투수가 스트라이크가 아닌 볼을 던질 것이라는 것을 미리 알고 방망이가 잘못 나가지 않게 했다는 이야기도 있다.

여섯째는, 선수들에 대한 인성교육이었다. 9년 연승이라는 업적은 단순히 물리적인 실력이 강하다고 해서 가능한 일이 절대 아니며, 여기에는 가와카미 감독의 인성교육이 큰 역할을 했다는 것이다. 즉, 왕정치나 나가시마 등 스타 선수도 특별한 취급을 하지 않았고 꾸짖을 만한 것은 꾸짖었다. 심지어는 400승을 올린 가네다 투수를 2군으로 내려 버리는 조치를 했던 적도 있었다. 우수한 선수들이 팀의 모범이 되도록 키운 사람은 다름 아닌 가와카미 감독이며, 그랬기 때문에 팀이 간판급 선수인 두 사람을 중심으로 혼연일체가 되어 연승을 위해 매진할 수 있었다고 한다. 가와카미 감독은, 나중에 사용하는 사람들을 위해 화장실 슬리퍼를 제대로 정돈해 놓으라는 지시를 할 정도로 선수들에게 기본 예절을 강조했는데, 그 이유로, "대부분의 선수는 프로선수로 일하는 시간은 짧고 그 후의 인생이 길기 때문에, 다른 사회에 들어가더라도 과연 요미우리 자이언츠 선수 출신답다는 이야기를 들을 수 있도록, 무시당하지 않는 인간으로 키우고 싶었다."라는 이야기를 남겼다고 한다. 노무라 감독은, 요미우리 자이언츠가 V9을 달성하던 당시 한큐, 오리온스, 킨테츠 등의 팀을 이끌고 파리그를 여덟 번이나 제패했으면서도 일본 시리즈에서 요미우리 자이언츠에게 단 한 번도 이긴 적이 없어서 '비운의 명장'으로 불리던 니시모토(西本) 감독을 언급하면서, 그에게 부족했던 점은 선수들에게 인성교육을 시키지 않았던 것이라며, 연승을 하기 위해서는 역시 인성교육이 필요하다고 지적한다. V9 시절의 멤버 중에서 아직도 우수한 야구감독, 지도자로 활약하고 있는 사람이 많은 이유도 가와카미 감독의 인성교육의 성과 때문이라는 것이다.

일곱 번째는, 외부의 평판에 흔들리지 않고 자신의 스타일을 유지해 나갔다는 점이다. '관리야구'라 불린 가와카미 감독의 야구는 언론으로부터 평판이 좋지 않았다고 한다. 특히 선수들의 개성이나 자율성을 존중해야 한다는 목소리가 높아지면서, '관리야구'에 대해 비판의 소리가 높았다. 노무라 감독은 자신의 야구도 가와카미 감독과 같은 '관리야구'

라며 사람은 각자 개성을 가지고 있고 사고방식도 다르기 때문에 그러한 사람들이 모인 집단을 통솔하여 하나의 목표를 향해 매진하게 하려면 최소한의 질서와 룰은 불가결하다고 주장한다. 그리고 경험상 선수들을 엄하게 대하지 않고 자유분방하게 플레이를 시키면 어쩌다 우승할 수는 있어도, 그 팀이 그 다음 해에도 우승하는 경우는 거의 없었다고 지적한다. 가와카미 감독의 야구는 오로지 승리만을 염두에 둔 나머지, '돌다리도 두드려 보고 건넌다.'는 표현이 적합할 정도로 지나치게 신중하고 확실하여 재미가 없다는 평가를 받긴 했으나, 실제로는 가와카미가 감독으로 취임한 1961년에 160만 명이었던 요미우리 자이언츠의 관객동원 수가 감독에서 퇴임한 1974년에는 258만 명으로 늘었다고 한다.

### 구현 가능한 실행력이 관건이다

노무라 감독이 분석한 내용은, 기업조직의 운영원리에 대비시켜 생각해 보아도 크게 어긋나지 않는다. 능력만이 아니라 일상의 근무태도 측면에서도 타의 모범이 될 수 있는 핵심 인재, 자신의 수비(관리) 범위 내의 일은 문제없이 잘 처리할 수 있는 중간 관리자, 기본적인 매너와 적정 수준의 관리 등 각각의 항목에 대해 여러 가지로 비교하여 생각해 볼만 하지만, 간단한 키워드를 대비시켜 보면 다음의 그림과 같다.

이러한 성공 비결 못지않게 중요한 것은, 실제로 조직 내에서 이런 것들을 구현해 낼 수 있는가이다. 우리는 평소 수많은 정보를 접하면서 좋다고 생각되는 것을 늘 보고 배우고 있지만 막상 그것을 활용하려고 하면 벽이 높다는 사실을 실감한다. 개인이 노력하여 그러한 벽을 깨기는

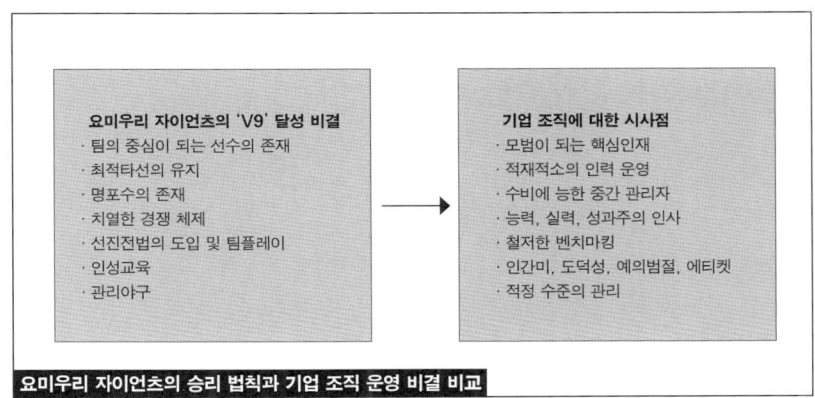

요미우리 자이언츠의 승리 법칙과 기업 조직 운영 비결 비교

대단히 어렵지만, 조직의 리더가 벽을 없애 주거나 정리해 주는 것은 가능하다. 가와카미 감독은 바로 그 점이 위대하지 않았나 싶다.

# 야쿠자의 조직원리와 리더십

의리와 인간적 매력으로 이어진 관계

**야쿠자의 조직적 특성 여섯 가지**

 '일본' 하면 떠오르는 여러 가지의 키워드 중에서 빼놓을 수 없는 것이 '야쿠자'이다. 그들의 활약상을 가끔 전하는 3류 미디어 탓인지는 모르겠으나, 야쿠자는 그들과 단 한 번도 부딪친 적 없는 사람에게도 그 존재감을 느끼게 만드는 보기 드문 단어라는 생각이 든다. 야쿠자의 어원은 손에 가지고 있는 카드 세 장의 합이 10이나 20이 될 경우 무득점이 되는 산마이(三枚)라는 도박게임에서 유래했다고 한다. 이 무득점의 조합을 '8(야), 9(쿠), 3(자)'라고 부르기 시작한 것으로부터 의미가 전도되어, 도움이 되지 않는 것, 가치가 없는 것을 뜻하게 되었고 점차 노는 사람이나 폭력배 등을 지칭하는 단어로 변모했다는 것이다. 외국인인 필자도 존재감은 느낄 수 있으나 그 실체를 알 수 없어 막연하게만 생각되는 야쿠자였지만 야마다이라 시게키(山平重樹)가 20여 년 동안 그들을 쫓아 다니면서 발로 쓴 글이라는 『야쿠자에게 배우는 조직론』이라는 책에서 엿볼 수 있었던 그들만의 세계를 소개하고자 한다. 관찰 결과, 야쿠자에게서 다음과 같은 특징을 발견할 수 있었다고 하는데, 오늘날의 기업조직에 대입할 수 있는 내용이다.

첫째, '야스메오우라나이(安目を売らない, 싸게 팔지 않는다.)'이다. 보통 자신의 잘못으로 약자의 입장에 놓임으로써 상대를 우위에 서게 만드는 경우에 사용하는 말이라고 하는데, 달리 말하면 자신의 조직이 제일이고, 자신의 오야붕이 제일이라는 기백을 나타내는 말이라고 할 수 있다. 상대방과 만나는 약속 시간에 늦어 버려 상대방에게 약점을 잡히거나, 비슷한 위치나 관계에서 진행하는 거래의 미팅 자리에 상대방은 과장급이 나왔는데 이쪽에서는 임원급이 나가는 경우, 야쿠자의 논리로 보면 용서하기 어렵다.

둘째, 야쿠자의 리더들이 사람을 움직이는 방법으로, 리더가 가진 '정과 배려'가 여기에 속한다. 강력한 단결력을 보이는 조직일수록 리더의 이런 덕목이 빛을 발하며, 오야붕을 위해서라면 십수 년의 형무소 생활도 감수하겠다는 꼬붕이 나오는 것 역시 평소에 정과 배려를 통해 그들의 마음을 얻지 않고서는 있을 수 없는 일이라는 것이다. 실제로 오야붕 대신 감옥에 들어가 십수 년을 지내고 나온 사람에게 도대체 무엇이 그 오랜 기간을 감옥에서 버틸 수 있게 만들었느냐는 질문을 하니, '오야붕을 다시 만날 수 있다는 기대'라는 답이 돌아왔다고 한다. 오야붕에게 인간적으로 매료되지 않고서는 있을 수 없는 일이다.

셋째, 야쿠자 조직의 가장 큰 특징으로 리더의 개성이나 성격이 그대로 조직에 반영되는 것이다. 조직 구성원들의 태도나 사고의 사이클이 비슷하다는 말인데, 이를테면 꼬붕은 오야붕을 비추는 거울로, 오야붕을 보면 그 조직에 속하는 구성원의 분위기를 상상해 볼 수 있음은 물론 조직력마저 추측이 가능하다고 한다. 야쿠자들이 자주 출입하는 클럽의 마담 이야기를 빌리면, 처음 보는 사람일지라도 복장, 태도, 분위기를 보면 그가 어느 조직에 속해 있는지 쉽게 알 수 있다는 것이다. 지금은 꽤 퇴색하긴 했지만 옛날 IBM 사원이 감색양복 정장으로 상징되었던 것처럼, 회사 내에서도 유심히 살펴보면 해당 조직장의 말투나 행동거지가 닮은 직원을 많이 볼 수 있다.

넷째, '기리바리(義理張り)'라는 말로, 끝까지 의리를 지키거나, 교제를 할 때 필요 이상으로 예의를 베푸는 것을 뜻한다. 야쿠자에게 의리란, 사회에서 생각하는 수준보다 훨씬 무거운 의미를 가진다. 한 번 의리를 느끼게 해 주었다면 자신이 어떠한 상황에 있더라도 의리로 되갚아 주는 것이 진정한 야쿠자라고 하는데, 회사 내에서도 직원들의 관혼상제에 열심히 쫓아 다니는 사람들을 보면 야쿠자의 의리가 떠오른다.

다섯째, 철저한 피라미드 조직을 견지하고 있는 것이다. 야쿠자 조직은 본부의 리더를 정점으로 2차, 3차 하부조직을 포괄하는 명확한 이등변삼각형의 위계 조직으로써 소수의 최고 간부에 의해 결정된 사항은 명령이라는 형태로 전 조직원들에게 전달된다. 또한 명령을 어기는 사람에게는 물리적인 폭력을 수반한 응분의 처벌이 준비되어 있는 가장 원시적인 지배 형태(공포에 의한 지배)가 지극히 노골적으로 이루어지고 있다. 이 점은 아이팟의 신화를 통해 시대의 총아가 된 애플에서도 찾아 볼 수 있다.

2001년 아이팟을 세상에 내놓을 당시, 애플은 수장인 스티브 잡스 이외에 사업부장인 존 루빈스테인, 엔지니어링을 맡은 토니 파델, 수석 디자이너 조나단 아이브, 마케팅을 담당한 필립 실러 등 다섯 명의 코어 팀이 거의 모든 의사결정을 했다. 물론 애플이 공포에 의한 지배를 하고 있었다고는 할 수 없지만 야쿠자의 조직과 비슷한 조직 구성이라는 사실은 충분히 흥미롭다.

  여섯째, 휴대전화의 보급으로 야쿠자의 일상이 크게 변화했다는 점이다. 이전의 야쿠자 사무소는 사령실, 정보발신기지, 연락중계 거점 기능을 수행했기 때문에 조직에 따라서는 조직원들에게 사무소에서 15분 이내의 거리에 상주하도록 하면서 하루 세 번 연락을 의무화하는 경우도 있었다. 그러던 중 야쿠자들이 휴대전화를 앞장서 사용하기 시작하면서 이러한 사무소가 일반인들의 눈에서 사라짐과 동시에 야쿠자의 잠행화, 마피아화가 진행되었다. 이 역시 IT 산업의 발달로 본사의 위치 여부에 관계없이 글로벌 현장 어디서든 경영 정보의 전달 및 의사 결정이 가능하게 된 오늘날의 기업 관리와 유사한 측면이 있다고 볼 수 있다.

### 야마구치구미의 성장 비결

  한편, 일본 최대의 야쿠자 조직은 '야마구치구미(山口組)'라고 하는데, 홋카이도에서 규슈에 이르기까지 직할 조직을 두고 산하에 3만 5000명이나 되는 조직원을 거느리고 있다고 한다. 야마구치구미는 1915년 고베의 항만 노동자 쉰여 명이 모여 시작했다고 하는데, 3대째인 다오카 카즈오(田岡一雄)는 1946년에 겨우 서른 명 남짓의 로컬 조직을 물려받아 순식간에 1만 명 이상의 조직으로 성장시킨 전설적인 인물로 알려져 있다. 다오카는 스스로 비즈니스 세계에 들어가 전국항만하역진흥협회 부회장, 고베예능사(神戶藝能社) 사장이 되어 항만과 예능 분야의 일본 제일이 되기도 했다. 우리나라의 김두한과 비견될 만한 인물이 아닐까 싶다.

야마구치구미가 일본 제일의 조직으로 성장한 이유는 다오카가 일본 야쿠자계에서 처음으로 피라미드 조직, 분업체계 등 근대 조직의 원리를 도입했기 때문이라고 한다. 야마구치구미가 전국의 야쿠자 조직의 제패를 향해 약진에 약진을 거듭하던 1963년 당시, 기본 방침으로 내건 것은 '합법적인 사업 경영 촉진', '마약 엄금', '철(鐵)의 단결'이었다. 야마구치구미는 '사업가 집단'과 '무장투쟁 집단'을 구별하는 양파(兩派)노선을 걸었으며, 사업가 집단에게는 직할 부대를 거느리지 못하게 하고 사업에 전념하게 했는데, 덕분에 무장투쟁 집단이 자금 문제에 신경 쓰지 않고 투쟁에만 전념할 수 있어 세를 불릴 수 있었다고 한다. 즉, 야마구치구미는 비행기를 전세 내어 이동하는 등의 압도적인 기동력과 대량의 조직원을 재빠르게 동원하는 특유의 전술로 다른 조직을 평정해 나갔으며, 이는 분명 경제력의 뒷받침 없이는 있을 수 없는 일이었다.

중요한 것은, 야마구치구미의 양파 사이에는 서로를 존중하는 분위기가 존재했다는 점이다. 즉, '저것들은 싸움질로 돈만 쓰고 다니는데, 우리의 고생도 조금은 생각해 주라."라든지, '이쪽은 조직을 위해 피를 흘리고 있는데, 저것들은 돈 버는 것밖에는 생각하지 않는다.'는 등의 이야기는 적어도 야마구치구미에서는 나오지 않았다. 기업 내에서도 만약 마케팅, 연구개발, 생산, 영업, 스탭 등 각 부문에서 회사에 대한 공헌도의 경중을 따지며 서로를 비방하는 사례가 있다면, 그야말로 잘나가는 폭력배 조직보다도 못한 행태가 아닌가 하는 생각이 든다.

### 야쿠자 리더십의 핵심은 인간적인 매력

야쿠자 사회에서는 '오야붕을 위해서 언제라도 죽을 수 있는 꼬붕을 세 명만 데리고 있다면 일본 제일의 오야붕이 될 것이다.'라는 이야기가 전해 내려오고 있다고 한다. 꼬붕들이 오야붕을 위해 자신의 목숨을 바치게 하는 게 무엇인지에 대해서 야마다이라는 '리더의 인간적인 매력'을 들고 있는데, 이 역시 갈수록 삭막해지고 있는 조직내 인간관계를 위해 다시 한 번 새겨 볼 필요가 있다. 부하가 상사를 신뢰하고 따른다면 평가의 공정성 같은 것은 문제도 되지 않는다는 이야기를 이에 대비시켜 볼 수 있을 것이다. 야마구치구미의 리더인 다오카의 인간적인 매력에 대해서는 그의 딸이 쓴 글 「아버지의 비누곽」이라는 글에서 엿볼 수 있다.

"중국의 고사에 따르면, 매력 있는 인간에는 세 가지 등급이 있다고 한다. 그 세 번째는 '두뇌명석(頭腦名晣)', 두 번째는 '호방뇌락(豪放磊落)', 첫째는 '깊은 호수 앞에 멈춰선 것처럼 그저 이유도 없이 빨려 들어가는 것 같은 사람'이다. 내가 보아온 사람들 가운데에는 두뇌가 명석한 사람도 있었고, 호방뇌락의 타입도 많았으나, 넘버원의 타입은 아버지 이외에는 볼 수 없었다."

### 우리 시대가 기대하는 리더

전에 우연히 만나 들었던 일본의 기간노조(基幹勞組, 철강, 조선, 항공 등이 연합한 노조) 사무국 관계자의 말이 대단히 인상적이었다. 언젠가 산업현장 작업자가 사고로 사망해 장례식장에 참석할 일이 있었는데, 미망인이 문상을 온 그 회사 부사장에게 "당신 입장에서는 우리 남편이 거대한 톱니바퀴의 이빨 하나에 불과하겠지만, 내게는 전부인 사람이었습니다."라고 한마디를 했다고 한다. 그 말을 들은 부사장이 숙연한 표정으로 잠자코 있다가 돌아가는 길에 정신을 잃고 쓰러지는 것을 보고, 이 사람이라면 믿고 따를 만하다는 생각을 했다는 것이다. 야마구치구미의 다오카도 그런 사람이지 않았을까. 옛날 같으면 대중연설이나 선동을 잘 하는 사람이 리더가 되었으나, 언제부터인가 그런 사람보다는 인간적인 모습을 찾을 수 있는 사람이 많은 사람들에게 리더로 인정을 받게 되었다는 것이다. 우리나라의 경우는 어떨까. 짧다면 짧고 길다면 긴 지난 이십수년간의 조직 생활에서 만난 많은 단위 조직의 리더들을 돌이켜 생각해보니, 시간이 지날수록 중국 고사에 나오는 리더상과는 거꾸로 가고 있는 듯하다. 원래 드물기도 했지만 저절로 마음이 끌리는 리더는 더욱 더 찾아보기 어렵게 되었고, 서로 방해받거나 방해하고 싶지 않아서인지는 모르겠으나 호방뇌락형도 많이 줄어든 것 같다. 그리고 자, 타칭 박사들이 많아서인지 두뇌명석형의 리더들만 급증한 듯한 느낌이 들기도 한다. 시대가 요구하는 리더상이 변했다고 해도 어떤 형태로든 구성원이 로열티를 요구해야 하는 상황이 아직 많다고 생각되므로 야쿠자의 오야붕과 같은 인간적인 매력을 갖춘 리더도 분명 필요할 것이다.

# 오케스트라 지휘자의 리더십과 조직혁신

야마가타 교향악단에게서 배우는 혁신 비법

**사람의 마음을 움직이는 지휘자의 리더십**

오케스트라의 지휘자는 가끔 조직의 이상적인 리더로 칭송받곤 한다. 지휘자가 휘두르는 지휘봉에 맞춰 단원들이 일사불란하게 아름다운 화음을 만들어 내는 모습은 리더가 모든 것을 장악하고 있는 듯 보여 모든 매니저의 꿈 그 자체라고 할 수 있다. 그러나 지휘자의 그런 모습에서 리더의 이상을 찾는 것은 환상에 지나지 않는다고 세계적인 경영학자 헨리 민츠버그는 지적한다. 오케스트라에서 모든 것을 조종하는 사람은 작곡가이며, 지휘자는 악보에 따라 행동할 뿐이기 때문에 오케스트라에서 객원지휘자 제도는 가능하지만 객원매니저라는 것은 있을 수 없다고 한다. 심지어 어느 지휘자는 자신이 서커스단의 동물 조련사와 같다는 말을 하기도 했다. 그런데도 오케스트라의 지휘자는 또 다른 유형의 리더십을 우리에게 제시한다. 단원들에게 뭔가를 요구하는 리더십이 아니라 스스로 행동하는 리더십이라는 측면에서 그러하다. 민츠버그도 인정하듯이 지휘자는 템포나 완급 등을 통합하여 연주의 질을 높이려는 목적을 가지고 하나의 프로젝트를 추진한다는 자세로 리허설의 프로세스를 직접적으로 매니지먼트 하기 때문이다. 실제로 오케스트라는 일반 기업에도 응용이 가능한, 계층이 적은 플랫한 조직의 모델이라고 할 수 있는데, 이는 미국 경영학자인 피터 드러커가 남긴 다음과 같은 이야기를 통해서도 엿볼 수 있다.

"지식을 기반으로 하는 기업과 가장 유사한 조직이 오케스트라이다. 오케스트라는 서른 종류 이상의 악기가 같은 악보를 가지고 팀으로 연주한다. 위대한 솔리스트들을 모아 놓았다고 최고의 오케스트라가 아니다. 우수한 악단원들이 최고의 연주를 하는 것이 최고의 오케스트라이다. 오케스트라의 재건을 위촉받은 지휘자는 제대로 연주를 못하는 사람이나 지나치게 나이가 많은 사람 말고는 교체하기 어렵다. 새로운 악단원을 대거 집어넣기도 어렵다. 인계받은 상태를 최고가 되도록 바꾸지 않으면 안 된다. 그래서 우수한 지휘자는 각 연주자, 각 파트와의 접촉을 강화한다. 고용관계는 주어진 여건이므로 악단원을 바꿀 수는 없다. 따라서 성과를 올릴 수 있게 만드는 것은 지휘자의 대인능력이다."

비올라 주자로 오케스트라에서 연주를 하다가 경영학자로 변신한 오오키 유코(大木裕子)도 『오케스트라의 경영학』이라는 책에서 드러커의 말과 유사한 맥락의 이야기를 한다.

"조직 속에서 지위와 권위를 가진 채 종업원의 급여도 어느 정도 컨트롤할 수 있는 경영자와 달리, 지휘자는 조직의 외부자로 인사권을 갖고 있지 않으므로 금전적인 인센티브를 가지고 사람을 움직일 수 없다. 이러한 환경에서 지휘봉 하나로 프로페셔널들을 자유자재로 컨트롤해야 하므로 지휘자의 리더십에는 배울 점이 많다. 또한 연주를 하는 것은 지휘자가 아니라 숙련된 악단원 개인이므로 악단원의 기술과 마인드가 오케스트라의 생명이다. 기업이든 오케스트라든, 조직의 리더에게 요구되는 것은 개개인이 갖고 있는 잠재력을 충분히 발휘할 수 있도록 힘을 불어넣고 구성원들의 실력을 키워 주는 것이다."

즉, 오케스트라의 지휘자는 기업의 매니저가 전범으로 삼아야 할 이상적인 리더상은 아닐지 몰라도, 참고는 할 수 있는 리더십의 유형 중 하나라고 할 수 있다. 비즈니스 세계나 예술의 세계나 사람의 마음을 움직여야 인정을 받을 수 있는 본질적인 측면은 그다지 차이가 없기 때문이다. 다만, 예술의 경우 당대에 평가를 받지 못하더라도 후세에 높이 평가되는 경우가 왕왕 있지만 기업경영은 당대에 사람들의 마음을 움직이지 못하면 그 존재가 소멸되어 버릴 가능성이 크다는 점을 굳이 차이라면 차이로 꼽을 수 있다. 기업조직에게 오케스트라 리더십이 참고가 되는 것과 마찬가지로, 오케스트라 조직에게도 경영 현장의 이슈가 매우 유용할 수 있다. 일례로, 한때 존폐의 위기까지 내몰렸던 일본의 야마가타(山形) 교향악단은 한 젊은 지휘자의 혁신적인 경영 활동을 통해 비즈니스적으로 성공을 하기도 했다.

### 지휘자 이이모리 노리치카와 야마가타 교향악단

 야마가타 교향악단은 1972년, 야마가타 현 출신의 지휘자에 의해 탄생한 일본 도호쿠(東北)지방 최초의 프로 오케스트라로, 악단원이 50여 명밖에 되지 않는, 일본 내 28개의 프로 오케스트라 중 가장 작은 규모이다. 참고로 일본에는 아마추어 오케스트라도 700여 개나 있으며, 그 수준도 세계 최고라고 할 수 있다. 상식적으로 인구 약 25만 명이 살고 있는, 한국의 춘천보다도 작은 도시인 야마가타에 프로 오케스트라가 거점을 두고 있다는 사실 자체가 신기할 정도다. 재정 상태나 운영 면에서 특이할 것도 없고, 존폐의 위기까지 겪은 중소도시의 무명 오케스트라의 음악감독이 된 이이모리 노리치카(飯森範親)는 오케스트라 내부에 많은 변화를 일으키고, 4년여의 노력 끝에 일본에서 가장 성공적인 오케스트라 재건 스토리의 주역으로 각광받게 된다. 상세한 이야기가 그가 감수하여 펴낸 『마에스트로, 그건 무리에요』라는 책으로 나오기도 했다.

 지휘자 이이모리는 고교시절의 어느 날 TV에서 오자와 세이지가 지휘하는 모습을 보고, 반드시 그에게 지휘를 배우고 싶다는 열망을 갖게 되었다고 한다. 각고의 노력 끝에 그가 가르치고 있다는 도호대학교 지휘과에 가까스로 합격한 뒤 그 후로도 3년 동안 매일 세 시간 정도밖에 잠을 자지 못하는 강행군을 계속하여 인정을 받게 된다. 졸업 후에는 독일로 가서 지휘자가 되기 위한 수업을 계속하다가 일본에 돌아와 성공적인 지휘자의 길을 걷게 되는데, 지금부터의 이야기는 그가 야마가타 교향악단의 상임지휘자가 된 2004년부터의 활동 스토리이다. 그가 시도한 변화 내용을 하나하나 살펴보다 보면, 제대로 된 오케스트라라면 응당 해야 할 것을 하게 한 것 아니냐고 반문할지도 모르지만 그렇다면 그렇게 당연한 것을 왜 이이모리 이전에는 제대로 하지 않았는지 하는 의문이 생긴다. 이이모리에 의한 구체적인 변화는 네 가지 정도로 압축할 수 있는데, 네 가지 모두 경영의 기본과 일맥상통한다.

**야마가타 교향악단의 혁신 비결**

첫째는 '업의 개념'의 확립이다. '음악가는 서비스업이다.'라는 것이 이이모리의 지론으로, 아무리 훌륭한 연주를 해도 콘서트홀에 사람이 모이지 않으면 아무런 의미가 없다는 것을 강조하고, 청중이 원하는 것이 무엇인지를 항상 생각하고 행동하도록 했다. 예를 들어, 연주회 시작 전에 '프리콘서트 토크'라는 이벤트를 통해 지휘자 자신이 직접 무대에 올라 당일 연주할 곡의 배경이나 역사, 에피소드를 소개했으며, 연주회가 끝난 후에는 악단원과 지휘자 모두 로비로 나가 청중들과 직접 만나 이야기를 나눴다. 무대와 객석이라는 거리를 극복하고 청중과 직접 대화함으로써 그들의 니즈를 파악한 것이다. 또한 관객 동원에 효과적인 협주곡 연주를 위해 유명 솔리스트들을 가능한 한 많이 초청하기도 하고, 재원 마련을 위해서 스폰서를 찾아 필요한 곳이라면 어디든 얼굴을 내밀고 청탁을 하는 일에도 앞장서 예산 타령을 하는 사무국의 불만을 잠재웠다.

둘째는 고정관념의 타파와 의식의 개혁이다. 야마가타에는 2001년에 완성된, 음향시설이 훌륭한 800석 규모의 콘서트홀이 있는데, 악단으로서는 재정 형편상 실제로 자리가 텅텅 비고 음향시설은 나쁠지언정 1000명 이상이 앉을 수 있는 시민회관을 선호했다. 이이모리는 음향이 좋아서 연주 효과가 있고, 청중과 악단원이 만족할 수 있는 곳에서의 연주 기회를 늘려야 고정관객이 는다는 생각으로 대부분의 정기연주회를 콘서트홀에서 개최해 성공을 거둔다. 또한, A3용지를 접어서 흑백으로 대충 만들었던 정기연주회 안내책자도 20페이지가 넘는 올컬러로 제작해 배포하도록 했다. 팜플렛의 효과가 기대 이상으로 크자, 사무국도 예산집행에 대한 의식을 바꾸기 시작했다. 한편 지휘자가 원하는 소리를 이끌어내기 위해서는 연공서열에 관계없이 악기 및 연주자의 개별적인 특성에 따라 연주자들의 좌석을 재배치할 필요가 있었는데, 그때마다 그는 적절한 소통을 통해 자존심이 센 연주자들을 잘 구슬려 협조를 받아내곤 했다.

셋째는, 비전 및 목표에 대한 매니지먼트이다. 이이모리는 지휘자로 취임할 당시부터 야마가타 교향악단이 도쿄에 있는 오케스트라의 흉내를 내서는 안 된다고 생각했다. 그에게는 야마가타에서만 들을 수 있는 음악을 지향해야 한다는 목표가 있었다. 목표를 이루기 위한 도전 중 하나가 부르크너 연주였다. 제1바이올린 열 명, 제2바이올린 여덟 명, 비올라 여섯 명, 첼로 여섯 명, 콘트라베이스 네 명으로 구성된 최소 규모의 심포니 오케스트라에서, 일반적으로 대편성 교향악단을 필요로 하는 부르크너의 도입은 무리라는 의견이 당시 지배적이었다. 그러나 이이모리는 소편성의 앙상블로 부르크너의 매력을 충분히 살릴 수 있다고 주장하고, 훌륭하게 실현해 내 호평을 받았으며 새로운 레파토리에 대한 악단원들의 자신감도 이끌어 냈다.

또한 악단의 오리지널 음반 출시라는 눈에 보이는 구체적인 목표를 제시한 뒤 모두가 반신반의하는 사이에 음반제작사와 협의를 추진해 결국 일본 굴지의 오케스트라도 갖고 있지 못한 독자적인 레이블을 만들어 음반을 제작한다. 음반 제작이라는 목표를 달성하는 과정에서 악단원들의 연주 실력이 크게 향상되었음을 두말할 필요도 없다. 이 밖에도 모차르트 탄생 250주년을 기념하여, 어느 교향악단도 도전한 적이 없는 모차르트 교향곡 47개 전곡을 8년간에 걸쳐 연주하겠다는 기획을 하기도 했으며, 온천과 요리가 뛰어난 지역의 특성을 살려 연주 프로그램과 연계한 이벤트를 기획하거나, 인근 지역의 프로 축구단과 협력이벤트를 개최하는 등 신선하고 새로운 활동을 통해, 지역은 물론 일본 전역에 교향악단을 알리는 노력을 멈추지 않았다.

넷째는, 긍정적인 사고이다. 애초부터 안 된다는 생각을 하지 않는 것이다. 이이모리는 단 1퍼센트의 가능성만 있더라도 절대로 '아니오'라고 하지 않고, 이리저리 머리를 굴려 어떤 일이라도 차례차례 실현시켰다. '청중들을 어떻게 만족시킬 것인가, 어떻게 하면 악단을 알릴 수 있을까'라는 물음으로 연결시켜 진행했던 일 중 대표적인 사례가 영화「굿바이」에 출연한 일이라고 할 수 있다. 첼로 주자인 주인공이 교향악단이 파산하자 고향으로 돌아가 납관사(納棺師, 죽은 사람을 생전의 모습으로 복원해 입관을 시키는 역할을 하는 사람)가 된다는 스토리도 내키지 않을뿐더러 파산하는 오케스트라의 역할로 등장해야 한다는 것, 그리고 무엇보다 촬영 두 달 전에야 들어온 요청이라 스케줄이 맞지 않는다는 것 등을 이유로 들어 사무국은 출연을 거절하자고 했으나 이이모리는 결국 일정을 조정하여 출연을 했다. 결과적으로는 악단의 연주에 감명을 받은 영화감독이 교향악단의 연주 장면을 당초 계획보다 많이 포함시켰고, 영화가 2009년 2월 미국에서 아카데미상을 받아 주목을 받으면서 영화에 출연한 야마가타 교향악단의 지명도도 크게 올랐다.

### 혁신의 리더에게 요구되는 것

이와 같은 야마가타 교향악단의 성공 배경에는 이이모리의 대단히 긍정적인 마인드가 결정적인 역할을 했다. 무슨 일에나 '고맙다'라는 생각을 한다는 이이모리는, 비록 나쁜 일이라 하더라도 그 일이 다른 스텝으로 나아가는 밑거름일 수 있으니 고맙게 느낀다는 것이다. 그러다 보니 그의 주위에 긍정적인 마인드를 가진 사람들이 모이고, 그런 사람들이 모여 성과를 올릴 수 있는 아이디어를 많이 내다 보니 다소 몸을 빼던 사람들까지 점차 긍정적인 행동을 하게 된다고 한다. 마치 파문이 퍼져 나가듯이 그의 주위가 긍정적으로 변하는 것이다.

그렇다면 오케스트라 지휘자라는 자리의 리더는 과연 어떠해야 할까. 악단 자체의 실력이나 조직능력이 탁월하여 예술성이 뛰어난 지휘자를 스스로 선택할 수 있을 정도라면 모르지만, 야마가타 교향악단과 같은 군소 오케스트라의 경우에는 철저한 비즈니스 마인드를 겸비한 전천후 리더로서의 지휘자를 필요로 한다. 실제로 이이모리는 악단원들 앞에서 약한 모습을 좀처럼 보이지 않았으며, 육체적으로 아무리 힘이 들어도 본인의 일은 아무렇지도 않은 듯이 해냈다고 한다. 이이모리 본인이 의식하든 아니든 그의 비즈니스 감각과 리더로서의 초인적인 자기관리가 야마가타 교향악단의 실력과 예술성을 한 차원 높였다는 사실은 분명하다. 조직의 특성에 따라 요구되는 리더의 자질이 각기 다르다는 것을 깨닫게 하는 사례가 아닌가 싶다.

# 일본의 근대화와 획일화 지수

변해야 할 것과 변하지 말아야 할 것

**단발령으로 시작된 일본의 근대화**

1868년 메이지유신 이후에 일본의 근대화가 이루어지기 시작했다는 사실에 이의를 달 사람은 없을 것이다. 그렇다면 과연 일본인들은 근대화를 어떻게 받아들였을까. 아무리 그럴듯한 비전이나 이상이라 하더라도 그것을 받아들이기 위해서는 사람들이 몸으로 느낄 수 있는 무엇인가가 필요하다. 1990년대 초 삼성그룹의 신경영을 일반 사원들은 7·4제(7시 출근, 4시 퇴근)를 통해서 체감했다고 해도 과언이 아니듯이, 메이지유신 당시의 일본 국민들이 본격적으로 근대화라는 사회적 변화를 체감하게 된 것은 헤어스타일 때문이었다. 이론의 여지는 있겠으나, 1873년 3월 20일 메이지 천황이 스스로 자신의 머리 꼭대기에 있던 촌마게(丁髷, 조선시대 양반들의 상투와 비슷한 사무라이들의 헤어스타일)를 잘라 낸 날이야말로 일본 국민들이 단발령에 대한 저항을 중지하고, 메이지 정부의 근대화를 위한 개혁정책을 몸으로 받아들이기 시작한 날이라 할 수 있다.

일본인들의 헤어스타일에 극적인 변화를 유도한 주인공은 기도 다카요시(木戶孝允, 급진개혁그룹의 리더이며, 국가통일전략으로 '정한론'을 주장한 정치가) 였다. 일본을 하루빨리 서구열강과 같은 나라로 만들어야 한다는 사명감으로 여러 가지 개혁정책을 급진적으로 추진했던 기도는 촌마게 문제로 생각지도 못했던 벽에 부딪쳤다. 당시 영국인들이 중국인의 변발(弁髮)을 조소와 경멸의 대상으로 삼아 미개인의 기묘한 풍습으로 모욕을 한다는 사실을 알고, 다른 것이 아무리 서구화되어도 사람들의 헤어스타일이 달라지지 않으면 서구인들로부터 미개인 취급을 받는다는 사실을 깨달은 것이다. 따라서 기도는 단발령의 제정을 추진하는 한편, 스스로 단발을 함으로써 모범을 보였는데, 이에 대해서 메이지 신정부의 구성원들 사이에서도 반발이 많았다고 한다. 메이지 개혁에 동참했던 사람들마저 촌마게를 없애는 것에 저항을 하게 된 이유는 700여 년 이상을 유지해 온 전통을 지키려는 표면적인 이유 말고도 좀 더 복잡한 사정이 있었던 듯하다. 촌마게는 우리로 따지자면 양반의 상투와 같은 것인데, 우리와는 달리 직업과 신분에 따라 조금씩 형태를 달리하며 전 계층에 스며들어 있었던 만큼 더욱 바꾸기가 어려웠을지도 모른다. 촌마게는 일본에서 12세기에 처음 등장한 헤어스타일로, 투구를 써도 머리가 짓무르거나 하지 않는 이점이 있었다. 따라서 촌마게가 점차 전쟁터에 나가는 무사의 혼(魂)을 상징하게 되었다고 한다. 에도시대가 되어 전쟁이 없어지자, 신분이나 직업에 따라 무려 60여 종류의 다양한 촌마게 헤어스타일이 등장했다. 에도막부 말기에 이르러서는 촌마게야말로 타인에게 자신의 존재를 나타내는 필수불가결한 것이 되었으며, 그 형태에 의해 신분의 추측이 가능했으므로 일종의 면허장 같은 역할도 했다고 한다. 즉, 당시 일본 사회에서 촌마게는 단순한 헤어스타일이 아니라, 일본인들의 정신적인 지주(支柱)로 머리 위에 자리잡고 있었던 것이라 그것을 자르는 데 그토록 반발이 심했다고 생각된다. 우리나라에서도 1895년에 김홍집(金弘集) 내각이 단발령을 선포한 바 있는데, '신체발부(身體髮膚)는 부모로부터 받은 것이라 불감훼상(不敢毁傷)이 효(孝)의 시작'이라며, 머리는 자를 수 있어도 머리카락은 못 자른다고 저항했던 역사가 있다.

　메이지 정부는 외국인의 눈에 자주 띄는 정부기관의 직원들부터 단발을 강제하다가 1871년에 단발령을 법제화했는데, 이를 계기로 일본 전역에서 대단한 소동이 일어난다. 단발을 한 남편의 스님과 같은 머리를 본 아내가 남편의 얼굴을 쳐다볼 때마다 기분이 나빠져 도저히 같이 살 수 없다며 이혼을 하는 사례가 속출했으며, 어떤 마을에서는 법령을 지키기 위해 촌장이 마을 사람의 촌마게를 강제로 자르자, 촌장의 집에 불을 지르는 폭동이 일어나 주모자가 사형을 당하기도 했다. 이렇게 단발령에 대한 국민들의 저항이 극심하자, 예사 방법으로는 안 되겠다고 생각한 기도는 당시 사람들이 새롭게 등장한 천황에게 열광하는 모습에 착안해 어떻게 하면 천황의 촌마게를 잘라낼 수 있을까 고민했다고 한다. 그 즈음 메이지 신정부의 부총재이던 이와쿠라 도모미(岩倉具視)를 단장으로 한 대규모의 사절단이 미국을 향해 출발했는데, 당시의 사진을 보면 이와쿠라만이 촌마게 스타일을 하고 있는 것을 알 수 있다. 샌프란시스코에 도착한 사절단 일행은 워싱턴에 가서 대대적인 환영을 받았고 그

가운데 특히 이와쿠라가 많은 주목을 받았다. 이와쿠라는 이러한 환대가 일본의 전통을 이해한 미국인들이 자신들을 대등하게 대해 나온 것이라 생각했으나, 미국에서 유학 중이던 아들과 만나면서 그게 아니라는 사실을 알게 되었다. 사절단이 환영을 받은 이유는 부친의 이상한 머리모양과 복장 때문이며, 그것은 환영이 아니라 구경거리일 뿐이라는 이야기를 들은 것이다. 아들의 말을 듣고서야, 일본에서는 자랑거리로 여길 법한 전통이 미국에서 보면 미개인의 진귀한 풍속에 불과할 뿐이라는 사실을 알게 된 이와쿠라는 결국 단발을 했고 그 모습을 담은 사진을 메이지 신정부에 보낸다. 사진과 함께 이와쿠라가 단발하게 된 사연을 전해 들은 신정부 멤버들이 차례차례 단발을 하고, 마침내 천황도 단발을 선언함으로써, 천황이 근대화의 모범이 되기를 기대하는 이와쿠라의 희망이 실현되어 촌마게를 자르는 움직임이 전국에 확산되었다. 고종이 단발을 함으로써 오히려 역효과를 일으킨 우리나라와는 사뭇 다른 이야기라고 할 수 있다.

  이와 같은 일본의 촌마게와 단발령 이야기는, 끊임없이 변화와 혁신을 추진해야 하는 조직에 몸담고 있는 사람들에게 많은 교훈과 생각할 거리를 던져 준다. 강력한 개혁 의지를 가진 리더, 보수와 개혁, 충격요법, 상징성의 활용 등 관점에 따라 다양한 해설이 가능하겠으나, 변해야 할 것과 변하지 말아야 할 것이 무엇인가 하는 것이 핵심이라 할 수 있다. 오랜 세월 동안 조직 내에 뿌리내린 전통이나 관습의 무게는 변화를 추진하는 이에게는 대단히 큰 짐으로 느껴지며 쉽게 버리기도 어렵고 유지하기도 어렵다. 전통이나 관습 또는 오랫동안 유지되어 온 제도를 변화시키려고 할 때 중요한 것은, 겉으로 나타난 형식에 집착하지 않고, 그 형식이 의미하는 본질에 대한 통찰력과 분별력을 갖추는 일이다. 새로운 시대, 새로운 정부의 부총재로서 동료들과 함께 여러 가지 혁신적인 정책을 추진했으면서도 촌마게를 자르는 일만은 강하게 반대를 하다가 결국 미국에 건너가 상당한 충격을 받고 나서야 변화에 앞장섰던 이와쿠라처럼, 머리가 트인 상당한 인물이라 하더라도 변화에 대한 분별력을 가지는 일은 쉽지 않다. 언젠가 마츠시타 전기(현 파나소닉)의 전 사장인 나카무라(中村)가 TV에 출연하여, 자신은 마츠시타 고노스케(松下幸之助)의 철저한 계승자라는 이야기를 한 적이 있다. 그는 사장으로 취임한 뒤 창조적인 변혁을 선언하고, 인력 구조조정을 비롯하여 마츠시타 내에서는 금기로 여겨지던 많은 제도의 개혁을 실시한 장본인으로, 주변에서는 창업자가 이루어 놓은 많은 업적을 파괴한 사람이라는 평판이 있었다. 그러나 본인은 전혀 그렇게 생각하지 않았으며, 오히려 창업자인 마츠시타 고노스케가 살아 있다면 자신과 똑같은 일을 했을 것이라고 당당하게 정면돌파를 했다. 위대한 인물이 남긴 것일수록 후인들이 그것을 고치거나 변형시키는 일에는 많은 어려움이 따르는 법이기에, 그만큼 나카무라 사장의 언행이 빛이 난다고 하겠다.

  변화와 관해 보다 근본적인 문제는 사람들의 의식과 관련이 있다. 미국에 가서 개인적으로 충격을 받고 나서야 헤어스타일에 대한 의식을 바꿀 수 있었던 이와쿠라처럼, 아무리 제도와 시스템을 바꾼다 하더라도 이미 고정된 사람들의 의식을 바꾸기란 좀처럼 어렵기 때문이다.

## 의식 변화의 어려움과 획일화 지수

수년전 NHK방송문화연구소에서 과거 30년간 일본인의 의식이 어떻게 변해 왔는지를 분석한 보고서를 발표했다. 보고서에는 사람들의 의식 변화와 관련하여 재미있는 사실 두 가지가 나타나 있었다. 첫째는, 같은 세대에 속하는 사람들의 의식은 거의 변하지 않았다는 것이다. 다양한 분야의 질문을 통해 알아본 출생 시기가 비슷한 사람들의 의식은 30년이 지났어도 그다지 변하지 않고, 젊은 시절에 가지고 있던 생각을 그대로 유지하고 있었다면서 이를 바탕으로 같은 시대에 태어난 사람들은 사회적인 경험을 공유하며 성장함으로써 사고방식이나 행동양식이 비슷해진다고 분석하고 있다. 즉, 한 사람 한 사람의 사고방식에는 차이가 있을 수 있으나 크게 보면 동시대인으로서 공통되는 의식구조를 가진 집단(세대)으로 구분이 가능하며, 따라서 세대교체를 통해야 조직 전체적인 사고방식, 행동양식의 변화가 일어난다는 것이다. 사람들은 시대의 영향을 받거나, 결혼해서 아이를 갖는 등 삶의 큰 변화에 의해 사고방식이나 가치관을 변화시키는 경향이 있지만, 한편으로는 시대나 삶의 모양이 주는 영향을 초월하여 동세대가 갖는 공통된 의식이 존재하므로 세대의 교체가 전체 집단의 의식변화 요인이라는 지적이다.

둘째는, 사람들의 의식이 다양해졌다기보다는 오히려 획일화되고 있다는 것이다. 1973년부터 2003년까지 일곱 차례에 걸쳐 실시된 조사에 공통으로 사용된 같은 질문 54개를 가지고 각각 분포가 가장 큰 선택항목의 값에서 두 번째로 큰 선택항목의 값을 빼고, 그것을 다시 54로 나눈 수치를 각 해당 년도의 '획일화 지수'라고 하면, 이 획일화 지수가 작으면 작을수록 사람들의 의식이 다양화되고 있다고 할 수 있으며, 거꾸로 크면 클수록 획일화되고 있다고 할 수 있다. 과거 30년간의 획일화 지수 추이를 나타낸 것이 아래의 그래프이다.

몇 가지의 가치관이 같은 정도의 비율로 존재하고 있으면 다양화, 하나의 가치관이 돌출되어 있으면 획일화라고 할 수 있는데, 지난 30년간의 변화를 살펴보면, 사람들의 의식은 획일화 방향으로 움직이고 있다고 판단할 수 있다. 시간이 지날수록 '다양화', '개별화'라는 방향으로의 이동을 당연한 변화로 생각해 왔다면, 이러한 결과는 다소 의외로 받아들여질 수 있다. 일본이라는, 어찌 보면 특수하다고 할 수 있는 역사적 경험을 가진 나라에서 이루어진 연구 결과를 확대 해석하는 것이 일반화의 오류를 초래할 위험이 없지는 않으나, 기업조직의 조직관리에 적용 가능한 부분은 분명히 존재한다.

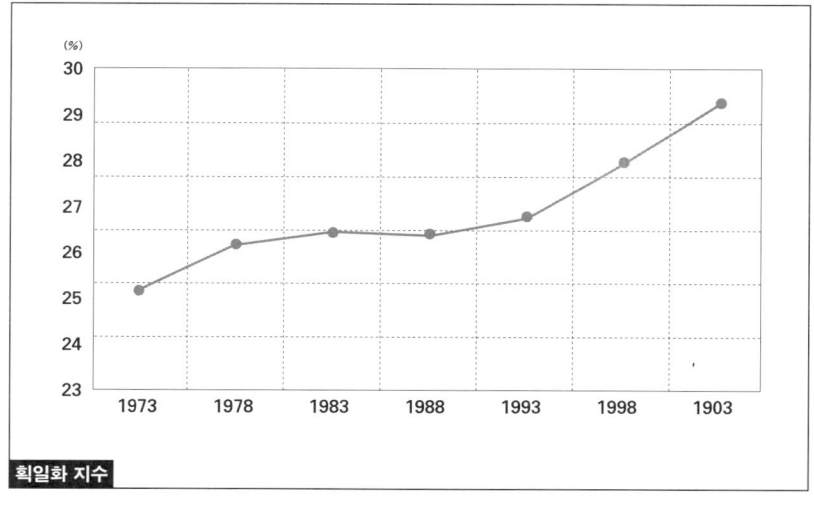

**획일화 지수**

**조직 내 세대 통합은 가능하다**

먼저 조직 분위기 변화의 가장 큰 요인으로 '세대'에 주목해 볼 필요가 있다. 조직 내에도 각각 다른 사회적 경험과 조직 내 경험을 축적해 온 다양한 계층이 존재하고 있으므로, 각 계층별 구성의 변화에 따라 전체 조직 구성원의 평균적인 의식이 달라진다는 것, 또한 적어도 어떤 특별한 차별을 경험한 세대들의 의식에 차이가 있다는 사실은 인정해야 한다. 물론 조직 내 세대의 구분은, 의식구조 조사와 같은 누적된 조사결과가 있다면 정확한 분석이 가능하겠지만 현실적으로는 쉽지 않기 때문에 조직 및 그 조직이 속한 사회의 과거사를 살펴보고 유추해 거꾸로 검증해 나가는 방법을 생각해 볼 수 있다. 예를 들면, 삼성그룹의 경우 1993년의 신경영이 그룹의 역사상 가장 큰 분수령이 되었음은 부정할 수 없는 사실이나, 현재의 구성원 중 신경영 당시의 다양하고 혁신적인 조치들을 경험한 사람이 과연 얼마나 있는지 생각해 보아야 한다. 특히 7·4제를 실제로 체험한 계층과 그렇지 못한 계층의 차이는 의외로 클 수 있다. 또한 1997년 말 아시아 경제위기를 기점으로 생각해 보아도 마찬가지다. 많은 회사가 무너지고 주변의 많은 사람들이 실직을 당하는 사태를 경험한 계층과 그렇지 못한 계층의 의식 차이는 엄연히 존재한다. 이때 중요한 것은, 조직 내 세대는 인위적으로 교체가 가능하다는 사실이다. 물론 이것은 물리적으로 특정 세대를 조직 내에서 강제로 축출하거나 새로운 세대를 집어넣는 일에 의해서도 가능하지만, 7·4제나 단발령과 같이 조직 전체가 새로운 경험을 시도하게끔 만드는 방법에 의해서도 가능한 일이다. 조직개발 목적의 사내 교육도 여기에 해당한다고 볼 수 있다. 이와 같은 활동을 통해 오직 세대교체를 해야만 변화를 가져올 수 있는 일반 사회에서와는 달리 기업조직 내에서는 단시간에 변화를 가져오는 일이 가능하다.

또 한 가지, 조직 내 구성원의 의식이 획일화되고 있는지에 대한 경계와, 이와는 다른 차원에서 바람직한 방향으로의 의도적인 변화의 연출이 중요하다. '성공 체험의 함정'이라는 측면에서 종종 논의되고 있는 바와 같이, 어떠한 배경에서든 조직 구성원의 획일적인 의식은 새로운 발상을 낳기 어렵기 때문에 상당히 위험하다. 물론 일반적인 의식의 획일화는 경계해야 할 대상이지만, 조직 전체가 한 방향으로 나아가는 것도 조직이라면 당연히 추구해야 할 부분이다. 따라서 개인적 다양성을 인정하는 시스템과 조직 내 벡터를 통일시키는 의도적인 '커뮤니케이션' 노력이 중요하다. 아무리 구성원들의 세대가 변한다고 하더라도 조직 내 커뮤니케이션 수단을 적절히 활용한다면, 적어도 특정 부분에 대해서는 조직 구성원 전체가 공통의 가치관을 지니도록 만들 수 있을 것이다.

# 돌연변이의 매니지먼트에 달려 있는 미래

20세기 배 이야기에서 핵심인재 관리를 배운다

**돌연변이야말로 진화의 원동력**

'모난 돌이 정을 맞는다'는 말이 있다. 조직이 만들어진 지 오래 되면 조직문화라는 것이 형성되면서 획일화가 자연히 이루어져 돌출행동을 하는 사람들을 이단시하거나 기피하는 경향이 생긴다. 그런 사람들이 나타나면 두드려서라도 조직의 대다수가 요구하는 수준에 맞추거나, 아니면 조직에서 쫓아내 버린다. 조직의 이단아란 쉽게 말하면 생태학에서 이야기하는 돌연변이에 해당한다고 할 수 있는데, 과연 이러한 돌연변이들이 언제나 조직에 해를 끼치는 존재인지 생각해 보아야 한다. 언젠가 회사 내 한 연구회에서 '우리가 먹고 있는 식품은 거의 100퍼센트 돌연변이의 결과물이며, 원래의 모습을 유지하고 있는 것을 찾기 어렵다."라는 이야기를 들은 적이 있다. 즉, 원래의 품종은 그다지 맛이 있거나 먹기 좋은 형태가 아니었을 확률이 높아, 돌연변이를 통해 인간의 입에 맞는 것을 우연히 발하고 개량을 거듭해 오늘날 우리가 먹는 식품이 되었다는 이야기다. 듣고 보니, 우리가 몸담고 있는 기업의 생리도 이와 비슷하다는 생각이 든다. 조직 내에서 다른 사람들과는 차별화된 생각을 가진 돌연변이와 같은 사람들이 했던 많은 시도가 조직의 발전을 가져 왔다고 생각할 수 있기 때문이다.

### 녹색 껍질의 멍청이 배

일본에는 '20세기 배'라는 맛있는 배가 있다. 약 100년 전에 세상에 나온 과일로 보통 배와는 달리 껍질이 녹색을 띠고 있으며, 도쿄보다는 관서지방에서 인기가 높다. 사진으로 보면 청사과가 아닌가 하는 생각이 든다. 일본의 국민작가라 할 수 있는 시바 료타로(司馬遼太郎)에 따르면, 20세기 배의 원목은 1888년 치바현 마츠도시(千葉県松戸市)의 이시이 사헤이(石井佐平)라는 사람의 쓰레기장에서 발견되었다고 하는데, 이것을 마츠도 가쿠노스케(松戸覚之助)라는 사람이 자신의 과수원에 옮겨 심어 성공했다고 한다. 그때까지 주종이던 갈색의 배와는 달리 이 배의 껍질은 녹색이었기 때문에 주변 사람들은 '아호 나시(멍청이 배)'라고 불렀다는 이야기도 있다.

마츠도 가쿠노스케의 과수원에 이식된 20세기 배는 흑반병(黑斑病)에 대단히 취약했기 때문에 돌연변이 발견 이후 10년이 지나 20세기를 3년 앞둔 1898년에 처음으로 성숙된 과일의 형태가 되었다고 한다. 치바라는 도시 근교에서 과수원을 경영하면서 일찍이 상업적인 이해관계에 밝았던 마츠도는 이 신품종에 대해 세간의 평가를 받고자 노력했는데, 그 결과 와세다대학의 창립자인 오오쿠마 시게노부(大隈重信), 식물학자 다나카 요시오(田中芳男)에게 가져가서 칭찬을 받고, 당시 종묘상으로 이름이 높았던 와타세 토라지로(渡瀬寅次郎)가 '20세기'라는 이름을 붙여 주었다고 한다.

1903년에는 기타와키 에이지(北脇永治)라는 돗토리 현의 어느 원예가가 마츠도로부터 묘목 열 그루를 구입하여 자신의 과수원에 옮겨 심은 다음 지방신문에 묘목을 분양한다는 광고를 냈다. 그는 이 신품종의 배를 가지고 가난에 허덕이고 있는 돗토리 현의 농가를 구제하자고 호소를 했고 결국 현립 농사시험장의 지원을 받게 되어 재배농가가 크게 늘어났다. 그러나 흑반병으로 인해 피해를 입는 재배농가가 속출한다는 문제가 발생하자, 돗토리 현은 이 문제의 해결을 위해 현립 농사시험장에 병리부(病理部)를 신설하고 도쿄의 국립 농사시험장에서 사람을 불러 병의 원인을 규명하려 노력했고, 그 결과 과일 하나 하나에 봉지를 씌우는 대책을 생각해 냈다. 그리고 나라 현에서 이미 봉지 씌우기를 하고 있다는 정보를 입수해 나라 현에 가서 구체적인 방법을 배워 온다.

즉, '20세기 배'는 치바 현에서 발견되어 나라 현에서 안정적으로 과수 재배로서 성공시켰으며, 돗토리 현에서 과학적으로 재배 방법을 규명하고 대규모로 보급시켰다는 이야기다. 그렇다면 20세기 배를 처음으로 발견하지도 않았고, 또 안정적으로 수확을 거둘 수 있는 방법을 먼저 개발하지도 못한 돗토리 현이 어떻게 일본 제일의 20세기 배의 산지가 되었을까? 인구가 약 60만 명에 불과하여 일본의 47개 지방자치단체 가운데 가장 적은 인구의 돗토리 현이 일본산 배의 주된 종류 중 하나인 20세기 배 산출량의 48퍼센트를 차지하게 된 것은 단순히 기후조건 때문만은 아니다.

### 20세기 배의 성공 비결과 핵심인재의 매니지먼트

돌연변이라 할 수 있는 20세기 배가 세상에 나와 많은 사람들에게 알려지고, 어느 지방의 경제를 뒷받침하게 되기까지의 과정을 하나하나 살펴보면, 기업조직에서 창조적인 핵심인재의 발견과 관리에 참고할 만한 측면이 적지 않다. 가장 중요한 것은 핵심인재를 알아볼 수 있는 눈을 가진 사람의 존재이다. 새로운 것에 대한 왕성한 호기심과 탐구심을 가진 선각자와 같은 사람들이 있어 20세기 배도 세상에 알려질 수 있었다. 기업조직 내에도 그러한 사람들이 있어야 핵심인재가 세상에 드러날 수 있다. 쓰레기장에 있던 20세기 배를 알아본 마츠도 가쿠노스케와 같은 인물이 있어야 한다는 이야기다. 그렇다면 누가 그러한 역할을 할 수 있을까. 우연이나 기회라는 것은 준비하고 기다리는 사람에게만 찾아온다는 말이 있다. 평소에 핵심인재에 대한 열정을 가지고 늘 주변을 살피는 사람이 창조적인 핵심인재도 발견할 수 있다고 생각한다.

이러한 사람들은 대개 미래에 대한 위기의식을 지니고 있다. 돗토리현에 20세기 배를 가져 온 기타와키 에이지라는 선각자도 당시 돗토리현의 농민들이 가난으로부터 탈출하기 어렵다는 위기의식을 느끼고 미래의 과수산업을 형성할 수 있는 새로운 종자를 도입했던 것이다. 20세기 배를 돗토리 현보다 먼저 발견하고, 또 안정적인 재배에도 성공했던 치바 현이나 나라 현에서 돗토리 현과 같은 성공을 거두지 못했던 것은 바로 미래에 대한 위기의식의 결여가 아니었을까. 마찬가지로, 앞으로 펼쳐지는 창조의 시대에는 핵심인재의 확보와 유지가 기업의 생존을 좌우할 수 있다는 절체절명의 위기의식을 갖지 못하고 있는 조직에게 20세기 배와 같은 핵심인재가 발견될 리 만무하고, 설사 찾게 되었다 하더라도 성공적으로 육성하고 정착시켜 활용하기도 어려울 것이다. 물론 위기의식만 있다고 되는 일은 아니다. 기본부터 파고드는 탐구심을 지니고 핵심인재의 확보 및 유지 전략을 체계적으로 실행에 옮길 수 있어야 한다. 돗토리 현의 농사시험장에서 20세기 배에 생기는 흑반병의 원인을 병리학적으로 규명하고 과학적인 대처 방법을 고안해 낸 것과 마찬가지로, 조직 내에서도 어떤 현상에 대한 인과관계를 치밀하게 밝히려는 노력이 중요하다. 나라 현에서 과일에 봉지를 씌우는 기법을 개발해 과수의 재배에 성공했지만, 이는 돗토리 현과 같은 과학적인 연구에 기반한 것이 아니었기 때문에 결국 지역성에 머물고 말았을지 모른다. 조직 내에서 핵심인재라고 생각되는 사람들이 정착하지 못하고 있다는 생각이 든다면, 근본적으로 그 원인을 탐구하고 대안을 강구하려는 노력이 필요하다.

또 한 가지는, 벤치마킹의 중요성이다. 돗토리 현에서 20세기 배를 보급시키는 과정에서 흑반병이라는 문제에 부딪치자, 재배에 성공한 지역으로부터 철저한 벤치마킹을 했다는 사실은 물론이거니와 20세기 배에 주목하고 그것을 도입한 자체도 훌륭한 벤치마킹이라고 할 수 있다. 오늘날 많은 기업들이 다른 업종을 포함한 다양한 분야의 제품이나 경영혁신 활동에 눈을 돌리고 있는 것도 같은 맥락이다. 도시바의 니시다(西田) 전 사장이 '미래에 대비한 벤치마킹에 의해 형성되는 위기의식이야말로 혁신에 있어서 불가결한 요소'라는 이야기를 한 바 있는데, 위기의식과 벤치마킹은 떼려야 뗄 수 없는 관계에 있는 것이 아닌가 하는 생각을 해 본다. 니시다 사장은 일본경제단체연합회로부터 '기업홍보 경영자상'을 수상했는데, 수상 기념 인터뷰에서 다음과 같은 이야기를 했다.

"혁신을 창출하기 위해서는 '위기의식'이 필요하며, 위기의식을 창출하는 것이 바로 '벤치마킹'이다. 고정관념에 얽매이지 않고 시야를 넓혀 경쟁사 상황을 파악하고 이를 기반으로 '장래의 벤치마킹'을 하는 것이 중요하다. 현상의 벤치마킹은 어려운 일이 아니지만 장래의 벤치마킹은 매우 어려우므로, 독점 사업이라도 3년 후에는 타사에게 빼앗길지도 모른다는 위기의식을 가져야 한다. 벤치마킹을 통해 자사 사업에 대한 긴장감과 위기의식을 창출하면, 그것이 혁신의 기본이 되는 것이다."

마지막으로 지적할 수 있는 것은 동조자의 확보이다. 아무리 좋은 아이디어를 가지고 있다고 해도 그것에 동조해 주는 세력을 만들지 못하면 비주류 내지는 일과성의 해프닝으로 끝날 가능성이 많다. 기타와키 에이지가 지방신문을 통해 종묘를 분양한다는 광고를 하고, 관청에도 종자를 들고 가서 설득함으로써 결국 공공기관인 농사시험장의 전면적인 협력을 이끌어 낸 일 역시 이런 맥락에서 필수적인 활동이었다. 모처럼 핵심인재를 발견, 또는 확보했다면 그 핵심인재의 가치를 적극적으로 알리고 가능한 한 많은 사람들이 그를 보호하려는 노력을 해야 한다.

# 조직, 정치, 정치가

부분최적과 전체최적의 조화

## 조직인가 개인인가

도쿄대학 법학부에 조직윤리 관련 강의를 나간다는 도시바의 어느 부장으로부터 조직윤리에 대한 학생들의 사고방식을 전해 듣고 놀란 적이 있다. 몇몇 학생들로부터 '불가피하게 잘못된 일을 하게 되더라도 조직이 지켜 준다면 조직을 위해 충성할 것'이라는 의견을 들었다는 것이다. 조직이 자신을 지켜 주기 때문에, 또는 지켜 줄 것이므로 잘못된 일이라도 할 수 있다는 것은 야쿠자의 논리와 다름없다. 이런 논리가 일본 최고의 학부 학생들에게 아직까지 존재한다는 것은, 한국과 마찬가지로 일본도 여전히 패거리 문화에서 벗어나지 못하고 있음을 말해 주는 증거이자, 서구에서 이야기하는 '개인의 성립'이라는 '근대화'의 본질과도 한참 떨어진 모습이라고 할 수 있다. 조직과 개인의 문제와 관련해 조직이 우선인지, 개인이 우선인지를 판단하는 이슈는 해묵은 논쟁이긴 하나, 부분최적과 전체최적이라는 관점에서 생각해 볼 만하다. 예를 들어, 혹자는 조직 구성원 개개인에게 좋은 것이 모이면 조직 전체적으로 보아도 좋지 않겠냐는 이야기를 한다. 조직 구성원 개개인이 만족한다면, 조직 전체로 보아도 만족도가 증가되므로 좋은 일이라는 것이다. 또 어떤 사람은 조직 전체의 이익을 위해서는 일부 구성원의 만족도를 해치거나, 다소의 희생을 요구할 수도 있다고 주장한다. 이러한 문제와 관련해서는 경제학에서 이야기하는 '파레토 최적Pareto Optimum'이라는 개념을 생각해 볼 필요가 있다.

### 파레토 최적과 공평성의 문제

파레토 최적이란 이탈리아의 경제학자인 파레토가 제시한 개념으로, 자원 배분이 가장 효율적으로 이루어진 경제학적으로 완벽한 균형 상태를 지칭하는 말로 사용되고 있다. 파레토 최적은 다른 사람에게 손해를 끼치지 않고는 누구도 추가적인 이익을 기대할 수 없는 상태를 말하며, 이는 보통 '이해관계자의 한계대체율marginal rate of substitution'이 같다는 조건으로 이야기되는 경우가 많다. 한계대체율이란 주관적으로 평가한 두 재화 간의 중요성 또는 두 재화 간의 주관적인 교환비율을 의미하므로, 한계대체율이 다르다는 것은 두 재화 간의 교환비율이 다르다는 것을 의미한다. 개인과 조직의 한계대체율이 일치한다는 것은, 개인이 자신의 이익을 추구하여 생활하다 보면 조직 전체도 자동적으로 파레토 최적이 되어 조화를 이룬다는 의미로, 이는 아담 스미스의 '보이지 않는 손'이 작용하는 자본주의 시장경제에서 언급되는 일반균형이론의 연장선상에 있는 내용이다. 그러나 이러한 파레토 최적의 개념은, 효율성에만 의미가 있을 뿐 공평성의 문제는 전혀 고려하지 않는다는 맹점이 있다. 즉, 경제 내의 자원이 한 사람에게만 집중되어 있을 경우에도 그 한 사람에게 손해를 끼치지 않고는 다른 사람의 만족도를 증가시킬 수 없다는 관점에서 보면 파레토 최적 상태가 될 수 있는 것이다. 이러한 문제는 초기 부존자원을 재분배함으로써 바람직한 파레토 최적 상태를 달성할 수 있다는 대안이 제시되기도 했다.

예를 들어 한 사회가 공평한 분배를 바랄 경우, 부자에게 세금을 걷어서 가난한 사람에게 나누어 준 다음 다시 시장경제를 통해 생산과 거래가 이루어지게 한다면, 원하는 공평성과 효율성을 동시에 달성할 수 있다. 사실상 대부분의 국가에서 이러한 원리에 따라 소득이 많은 사람에게 더 많은 세금을 부과하는 누진세 제도를 도입하여 공평성의 문제를 어느 정도 해결하고 나서 시장경제에 의해 생산과 교환이 이루어지도록 하고 있다. 문제는 과연 사회가 바라는 공평한 분배라는 목적이 어떻게 결정되는가 하는 것인데, 현실경제에서 이러한 선택은 정치가와 관료를 통하여 정치적으로 이루어진다고 볼 수 있다. 최근 수년 동안 성장과 분배라는 문제가 첨예하게 대립하고 있는 우리나라 역시 현재의 한국 사회가 바라는 공평한 분배 수준의 결정을 위한 정치적 과정을 겪고 있다고 할 수 있다.

### 부분최적과 전체최적을 이끌어 내야 할 정치적 과정

부분최적과 전체최적의 문제는 개인이 아닌 집단과 집단 간에도 적용된다. 개인 이기주의가 집단 이기주의로 변한 경우라고도 할 수 있는데, 정도의 차이는 있겠지만 국가적인 규모에서라면 이익 단체화된 정당, 조직 내에서라면 부문이기주의Sectionalism의 만연 등이 이에 해당한다고 볼 수 있다. 선거에 의한 정당의 재편, 조직개편 및 인력조정에 의한 부서의 책임과 권한의 조정 등은 파레토 최적에서 이야기하는 초기 부존자원의 재분배에 해당한다고도 볼 수 있다. 이 과정에서 필연적으로 정치라는 과정과 정치가라는 사람들이 등장하게 되는데, 이와 관련해서는 막스 베버가 『직업으로서의 정치』에서 이야기하는 내용을 살펴볼 필요가 있다.

먼저, '정치란 무엇인가'라는 물음에 대해, 베버는 정치단체(국가)의 지도 또는 그러한 지도에 영향을 주는 행위, 즉 국가 내부, 국가 간 또는 인간집단 사이에서 권력에 참여하거나 권력배분에 영향력을 미치고자 하는 노력이라는 정의를 내리고 있다. 정치는 폭력(물리적 강제력)에 의해서만 해결될 수 있는 과제를 지니고 있으므로, 정치가는 수단으로서의 권력 및 폭력성과 관계가 있는 사람이며 악마의 힘과 계약을 맺은 사람이라고도 한다. 만약 수단으로서의 폭력 행사와 전혀 관계없는 사회조직만 존재한다면, 국가의 개념은 소멸하고 무정부상태가 되므로, 국가야말로 폭력을 행사할 수 있는 권리의 유일한 원천이라는 것이다. 흔히 우리가 이야기하는 '정치적'이라는 말은, 권력의 배분, 유지, 변동에 대한 이해와 관심을 말하며, '정치적 지배 권력'을 지속적으로 유지하기 위해서는 '전통적 지배, 카리스마적 지배, 합법성 및 권한에 의한 지배' 등 피지배자가 복종을 하게 되는 내적인 정당성의 근거와 외적인 수단으로서의 인적 행정관료 및 물적 행정수단이 필요하다고 한다. 재미있는 것은, 베버가 관료와 정치가를 구분하고 있다는 점인데, 진정한 관료는 정치를 해야 하는 것이 아니라 비 당파적으로 행정을 해야 하며, 투쟁에 휘말리지 않고, 분노와 편견이 없이 자기 직무를 처리해야 한다고 주장한다. 관료의 명예는 상급기관이 자신의 견해와는 다르거나 잘못된 명령을 고집하더라도, 마치 그 명령이 자신의 확신과 일치하는 듯 정확하게 수행하는 능력에 있으며, 관료들의 이와 같은 도덕적 규율과 극기(자제)가 없다면 시스템 자체가 무너질 것이라고 이야기한다. 관료로서 윤리적으로 뛰어난 사람은 정치가로는 적합하지 않으며, 정치적인 의미에서는 무책임한 인간이라는 점에서 도덕적으로도 열등한 정치가가 되기 쉽고, 그런 인간이 오랫동안 지도적인 지위에 있는 상태를 '관료정치'라고 부른다.

베버는 또한, 정치란 정열과 판단력을 가지고 힘을 모아서 단단한 판자에 서서히 구멍을 뚫어 나가는 작업과 같으므로, 정치가에게 가장 중요한 자질은 정열, 책임감, 판단력이며, 정치가에게 가장 중요한 것은 장래에 대한 책임이고, 정치가의 가장 큰 적은 천박한 허영심이라는 이야기도 하고 있다. 정치의 본질이 폭력이라는 이름의 악마와 손을 잡고 있는 이상, 수단을 문제 삼는 기독교 윤리와 같이 낭만적인 감상에 빠지는 심정윤리(心情倫理)보다는 예상되는 결과에 대해 책임을 질 각오로 책임윤리(責任倫理)에 따라 행동하는 성숙한 인간이 정치가로서 적합하다는 것이다. 이러한 정치가의 유형과 관련해 사다카 마코토(佐高信)는 '청렴이냐 부패냐', '매파(강경파)냐 비둘기파(온건파)냐'의 두 가지 축을 교차시켜 나타나는 네 가지로 나누어 판단해 볼 필요가 있다고 한다. 일본의 과거 사례로 보아 가장 문제로 삼을 만한 정치가는 부패한 매파 정치가로, 나카소네(中曾根) 전 수상이 대표적인 예라고 하며, 다음으로 문제가 되는 것은 청렴한 매파로, 고이즈미(小泉) 전 수상을 거론하고 있다. 고이즈미는 사고방식이 매파라서 누가 뭐라 해도 열심히 야스쿠니 신사 참배를 하는 등, 청렴한 이미지를 전면에 내세우면서도 행동은 강경하다는 것이다. 따라서 고이즈미는 대중이 알기 쉬운 단순한 사람이라고 할 수 있으며, 인기몰이 측면에서는 좋을지 모르나 외교적인 지도자로서는 바람직하지 않은 인물이라고 한다.

대개 매파들은 이데올로기에 집착한 나머지, 경제나 생활, 다른 사람과의 교제 방법 등 외교적인 문제에는 관심이 없으며, 예를 들어 빨갱이들하고는 상대하지 말라는 등의 자신의 신념대로만 행동한다. 코드가 맞지 않는 이는 상대하지 않는 것과 같다고나 할까. 이에 비해 비둘기파는 매파의 이데올로기를 초월하여 행동한다고 볼 수 있다. 일본에서 초등학교 학력을 가지고도 수상이 된 다나카 가쿠에이(田中角榮)는 공산권 국가라고 하더라도 경제를 통해서 교제를 하자는 논리를 가지고 중일 국교 회

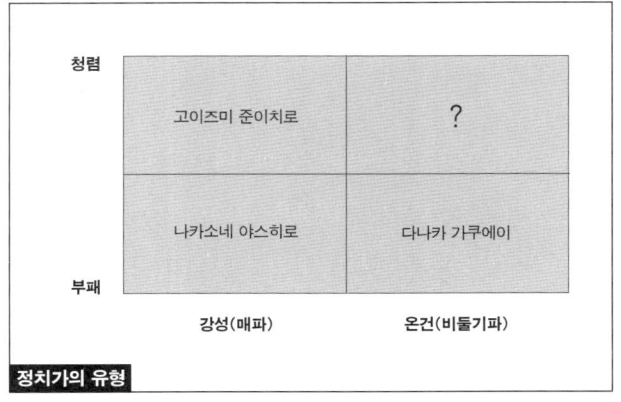

정치가의 유형

복을 위해 노력한 바 있다.

### 기업조직 내 파레토 최적과 정치

기업조직 내에서도 시장경제의 논리에 입각한 경쟁의 원리만을 강조하다 보면 파레토 최적에서와 같은 공평성의 문제가 제기될 가능성이 있다. 각자 역량이 모두 다른 사람들을 동일한 출발선에 놓고 운영하는 성과주의나 실력주의 시스템은 조직의 입장에서는 대단히 효율적인 대안이 될 수 있으나, 디지털 디바이드 등으로 지칭되는 것처럼, 그에 따른 분배의 공평성 문제가 조직 내에서 심각하게 대두할 소지도 없지 않기 때문이다. 공평성과 공정성은 다른 것이므로 배분의 프로세스가 공정하다면, 분배의 공평성 문제는 그다지 크지 않다는 시각이 있을 수도 있으나, 분배의 편차가 커져 일정 수준의 임계점을 넘어선다면 문제가 다를 수도 있다. 파레토 최적에서 이야기하는 대안에 빗대어 조직 내에서 공평성의 문제를 해결한다고 하면, 개인이 가진 능력이나 자원에 차이가 있음을 인정하고, 유능한 사람들에게 다소의 양보를 이끌어 내고 부족한 사람들에게 각기 역량을 개발할 수 있는 기회를 부여하는 방법을 생각해 볼 수 있다. 예를 들면, 누진세 같은 방식을 도입하여 조직 내에 '역량 개발 보험' 제도 같은 것을 설계하여, 필요한 조직 구성원들의 능력 개발을 돕는 것도 하나의 방법이다. 다만 바람직한 공평성의 수준은 해당 조직의 특성에 따라 다를 수 있으므로 성과주의 시스템을 어느 정도로 운영하고, 공평성의 문제를 어떻게 해결해 나갈 것인지에 관해서는 조직 내 합의를 이끌어 낼 수 있는 정치적 과정이 필요하다.

회사 조직의 경우 통상의 정치 단체와 직접 비교는 곤란하지만, 그렇다고 회사 내에 정치적인 요소가 전혀 없다고는 이야기하기 어렵다. 회사 조직도 사람들이 모여 있는 '인간집단'의 측면을 가지고 있는 만큼, 소위 권력의 배분, 유지, 변동에 대해 상당한 이해와 관심을 가지고 있는 사람들이 당연히 존재하기 때문이다. 최소한 회사 내 각 조직의 관리자들은 조직 구성원들에게 영향을 미칠 수 있다는 의미에서는 '정치가'라고 할 수 있으며, 그렇다면 그들에게도 베버가 말하는 책임윤리가 작용해야 한다. 관리자들은 좋든 싫든 부하들의 현재 직장 생활이나 남은 인생에 일정 부분 영향력을 갖고 있으므로, 그만큼의 책임이 있다고 할 수 있다. 베버의 시대와는 다른 의미에서 현재는 앞으로 무슨 일이 일어날지 모르는 격변의 시대라고 할 수 있으며, 그러므로 베버가 말하는 책임 있는 정치가적 자질을 지닌 관리자가 필요하다. 장래에 대한 책임이 정치가에게 가장 중요한 이슈인 것과 마찬가지로, 미래가 불확실할수록 부하나 자신이 맡고 있는 조직의 장래, 나아가서는 회사의 장래를 위해 책임 있는 행동을 하는 정치가적 자질을 지닌 관리자가 요구되는 것이다. 조직 관리자들 모두에게 장래에 대한 책임을 요구할 경우, 부문이기주의의 충돌을 어떻게 극복할 것인지 등의 과제는 있으나 경우에 따라서는 다소 이중적으로 행동하더라도 강성은 아닌, 온건한 스타일의 정치가적 자질을 지닌 다나카 가쿠에이 같은 관리자가 필요한 때도 있다.

# 시장주의와 사회안전망

신자유주의 시장경제를 통해 기업안전망을 진단한다

## 일본 경제 시스템의 한계

1990년대 말, 당시 히토츠바시대학의 교수였던 나카다니 이와오(中谷 嚴)는, 일본 경제 시스템의 특징을 장기적 관계(종신고용, 계열회사, 메인 뱅크 제도, 관(官)과 민(民)의 협조적인 관계 등)로 보고, 일본 경제 시스템이 전후 일본 기업 경쟁력의 원천이었다고 평가하면서도, 세계적인 경쟁 시대에 들어서면서 통용되지 않는 시스템이 되어 버렸다고 지적하여 많은 호응을 얻은 바 있다. 과거의 캐치 업 시대는 경제가 상승 기조에 있으면서 지향해야 할 목표가 명확했으므로 경영자가 어떤 비즈니스를 추구해야 할 것인가에 대해서도 비교적 간단한 '확정적(確定的) 패러다임'이 적용되는 시기였으나, 1985년 프라자 합의 이후 일본의 소득 수준이 세계 최고 수준에 도달함으로써 경영자들은 지향해야 할 목표를 잃어버리고 말았다. 또한 기업의 경영자는 구미를 모방하는 것이 아니라 스스로 신규 비즈니스를 개척해 나가지 않으면 안 될 상황을 마주함에 따라 실패의 위험도 커지게 되어, 하이 리스크 하이 리턴의 '확률적 패러다임'이 적용되는 시대가 되었다는 것이다.

  도쿄대학의 이토 마사나오(伊藤正直) 교수에 따르면, 일본은 1970년대와 1980년대를 거치면서, 경쟁과 효율을 중시하는 기업주의 원리가 전 사회에 확산, 정착되어 다른 어떤 아시아 국가보다 일찍이 선진국 대열에 합류할 수 있었다고 한다. 그러나 1990년대에 들어서면서 일본적 고용 시스템의 핵심이라고 할 수 있는 장기고용 관행에 지각변동이 일어나는 등 일본의 기업사회가 흔들리기 시작했다. 기업들의 개선 노력 및 체질 개선의 부작용으로, 매년 1000명 이상이 업무상의 이유를 들어 자살을 하는 등 기업주의 원리의 사회적 통합 기능에 파탄이 일어났다. 따라서 새로운 사회통합의 좌표가 필요하게 되었는데, 그 대안으로 제시된 것이 시장의 효율성과 합리성을 전제로 경쟁사회 구축을 지향하는 신자유주의 정책을 기조로 한 1996년의 '하시모토(橋本) 6대 개혁'이며, 이것을 전면적으로 계승한 것이 2001년부터 시작된 '고이즈미(小泉) 구조개혁'이다. 이처럼 일본에서 신자유주의 정책들이 힘을 얻게 된 데는 장기적인 경제 침체에 의한 경제기반의 약체화, 기업경영 기반의 약화에 따른 대응이라는 측면이 강하지만, 그 배경에는 글로벌화, 무경계화로 급격하게 진행된 국제 경쟁에서 일본이 패배한 결과 '일본 경제의 잃어버린 10년'을 초래했다는 공통적인 인식이 있었기 때문이라는 주장도 있다.

## 신자유주의 정책기조는 어떻게 등장했나

신자유주의 정책기조는 아담 스미스의 '보이지 않는 손'처럼 역사상 전혀 새로운 것이 아닌 시대적 산물로서, 역사는 반복된다는 이야기를 상기시켜 주는 사례에 불과할 수 있다. 재정정책을 통한 정부의 시장 개입을 주장했던 케인즈는, 1926년 『자유방임의 종언』이라는 책을 통해, 18세기 말부터 19세기 중반에 걸쳐 유럽에서 사적이익(私的利益)과 공공선(公共善)과의 사이에 신의 섭리에 의한 조화가 작용한다'는 사상, 즉 자유방임의 사상이 석권하게 된 데에 다음과 같은 세 가지 이유가 있다고 지적했다.

- 18세기 정부의 부패와 무능으로 인해 실무가들이 자유방임을 선호하려는 편견을 갖게 된 점
- 18세기 중반 이후 19세기 중반에 걸쳐 이루어진 물질적인 진보는 문자 그대로 개인의 창의와 연구의 성과로써, 정부의 공헌은 거의 인정되지 않았다는 점
- '자유경쟁이 인간을 만들었다.'는 다위니즘과 '자유경쟁이 런던을 만들었다.'는 경제학자들의 주장이 공감을 얻었다는 점

이와 같은 배경에서, 19세기 중반 이후에는 국가의 활동은 극히 일부분의 한정된 범위에서 이루어져야 하며 경제생활은 가능한 한 규제하지 않고, 시민 개개인의 수완과 양식에 맡겨야 한다는 논리가 주류가 되었다는 것이다. 이에 대해 사와 다카미츠(佐和隆光)는, '시장주의'로 이름을 바꾼 자유방임의 사상이 복권된 것은 1970년대 말이며, 케인즈 식으로

그 배경을 살펴보면 다음과 같다고 한다.

- 1973년의 오일쇼크로 인해 선진국의 고도성장이 종지부를 찍음과 동시에 비대한 복지 예산의 삭감이 곤란해 재정 적자가 만성병이 되었기 때문에, 지나치게 커진 정부를 작은 정부로 해야 한다는 주장이 설득력을 얻었다는 점
- 오일쇼크가 정부의 힘이 아니라 시장의 힘, 즉 민간기업과 소비자의 합리적인 행동으로 극복되었다는 인식이 공유된 점
- 중국 문화혁명, 중소관계의 악화, 베트남의 공산화, 소련군의 아프간 침공 등 1970년대에 일어난 일련의 사건들로 인해 사회주의에 큰 환멸을 느끼게 한 것이 케인즈 주의에 대한 환멸로 연결되었다는 점
- 학생운동이 잠잠해진 1970년대 후반의 일본에서는 공공성, 공정, 평등 등의 고전적인 정의의 관념이 엷어지고 윤리적 공백기가 도래하여, 개개인에게 사리사욕을 추구하도록 맡겨 놓으면 사회 전체의 복리는 최대한으로 달성된다는 시장주의의 테제가 정당화되었다는 점

### 시장경제의 한계와 사회안전망

경제학의 일반균형 모델은 복잡한 비시장적 제도를 가능한 한 배제하고 있으며, 개별 경제주체가 다른 주체를 전혀 신경 쓰지 않고 자기의 이익을 추구하면 경쟁시장의 매커니즘에 의해 자동으로 균형에 도달한다고 한다. 가네코(金子) 교수에 따르면 일반균형 이론은 적어도 자본주의적인 시장경제가 성립된 이래 어느 시대, 어떤 사회에도 들어맞는 보편적인 모델인 것처럼 적용되어 왔으며, 그런 의미에서는 역사성이나 개별

적인 사회의 배경을 갖지 않는 모델이기도 하다는 것이다. 그러나 사실은 일반균형 모델로부터 배제된 제반 제도가 복잡하게 상호작용을 하면서 시장을 제어하고 있으며, 더욱이 그 구조는 시대와 함께 진화하고 있다고 한다. 즉, 시장은 '제도들의 묶음'이며, 제어 조절에 의한 다중 피드백 기능에 의해 유지되고 있다고 생각해야 한다는 것이다.

"시장이 가족이나 공동체를 해체하면 할수록, 시장은 보다 복잡한 제어조절 시스템을 필요로 하게 된다. 예를 들어 노동시장을 보자. 직인들이 집에서 물건을 만들어 시장에 내다 파는 상황과 달리 대량의 노동자를 공장에서 고용하게 되면 근로기준법이나 노동조합을 법적으로 인정하는 시스템이 등장하며 그때그때의 교섭이나 모니터링도 필요하게 된다. 또는 가족이나 공동체의 공동부양 기능이 떨어지면 실업보험이나 사회보장 제도가 없을 경우, 사회를 유지하기 어렵게 된다. 또한 자본주의적인 시장경제는 부익부 빈익빈의 경향을 지니고 있으므로 소득분배의 악화는 사회의 치안을 악화시키는 한편, 소비를 감소시켜 불황을 심화시키고, 세제나 소득보조 등 다양한 소득재분배 제도를 형성시킨다. 지금까지 사회는 공동체 등을 통해서 화폐적인 거래 외에도 증여(贈與)나 호수(互酬) 등의 행위가 유지되어 왔는데, 오늘날에는 그것이 비영리 조직, 비정부 조직의 활동으로 나타나고 있다. 이처럼 시장이 사회 전체에 확산될수록 제어조절 시스템도 진화하고 복잡해지고 있는 것이다."

가네코 교수는, 이러한 제어조절 기능의 중심축을 사회안전망으로 보고 있다. 사회안전망은 노동시장에서는 사회보장 제도나 노동기준법 등의 형태로, 금융시장에서는 중앙은행의 기능으로, 토지시장에서는 임차권 보호나 공영주택, 임차보조 등의 형태로 나타나는데, 이들은 일반적인 재화나 서비스처럼 공급자가 생산하여 시장에서의 소비를 통해 사라지는 것이 아니기 때문에, 역설적으로 시장이 가장 필요로 하고 있다는 것이다. 즉, 본래 시장화되기 어려운 재화나 서비스에 사적 소유권을 부여함으로써 시장경제를 사회 전체에 확산시키는 것이 가능했으므로, 시장이 안전망을 필요로 한다는 것이다. 유감스럽게도 지금까지 경제학에서 사회안전망은 경제 분석 모델의 밖에 존재하고 있었으며, 어쩔 수 없이 시장에서 탈락한 약자를 구원하는 예외적인 제도로 간주되었다. 그러나 시장이라는 것을 제어조절 제도의 묶음으로 생각하면 사회안전망은 결코 시장의 외부에 있지 않다. 오히려 사회안전망이 없으면 제어조절 기능이 무너져 시장경제의 기능이 마비되어 버린다는 것이 가네코 교수의 주장이다.

　예를 들어, 노동시장에서 새로운 고용의 룰을 만들지 않은 채 구조조정이나 비정규고용을 늘리는 움직임을 강화하면 사람들은 고용불안으로 소비를 하기 어렵게 되고, 연금 제도나 의료보험 제도의 동요를 방치해 두면 사람들은 장래에 대한 불안으로 소비를 망설이므로 디플레가 악화된다. 앞으로 일어날 수 있는 리스크에 대응할 수 있는 사회안전망이 있음으로써 비로소 사람들은 과감한 행동을 하게 되기 때문에 어떠한 환경에서도 적응할 수 있는 사회안전망을 중심축으로 제어조절 기능이 존재해야 비로소 개별 경제주체의 활성화가 가능하다는 것이다. 한편, 사회안전망 시스템은 법이나 사회문화 등에 어울리는 형태로 진화해 왔으므로 각 나라별로 고유의 조건에 맞는 다양성을 지니고 있다고 한다. 예를 들어 많은 선진국에서 연금 제도나 의료보험 제도를 운영하고 있으나 구체적인 내용은 서로 다르다.

### 신자유주의 시장경제와 인적자원관리

신자유주의 사장경제의 정책기조는 성과주의 인사관리와 대비해 생각해 볼 수 있다. 각종 규정을 간소화한 자율 존중, 인사권을 위양함으로써 하부조직 또는 현업의 인사관리 기능을 강화하는 등의 제도적인 차원의 정비, 개인의 능력 중시, 차별적인 보상을 강조하는 분위기 조성 등이다. 사실 1997년 경제위기 이후, 한국에서도 시가주의 인사(時價主義 人事) 등의 이름으로 기업들이 시장원리를 조직 내에 도입하기 위해 많은 노력을 기울여 왔다. 이는 조직 내 경쟁을 강화해 건전한 긴장감을 조성하고, 우수 인재들의 의욕을 제고시켰다는 점에서는 높이 평가할 수 있으나, 단기성과에 매달려 장기적인 차원의 접근을 회피하고, 조직 전체보다는 개인 및 소조직 단위의 성과를 우선하게 되는 경향을 초래한 것도 무시할 수 없다. 시가(時價)라는 것을 주로 '승진과 급여보상'에 대비시켜 개인에게 적용하게 되면서, 결과적으로는 경제적 성공이 조직생활에서 최선의 가치가 되어 버렸다. 정보 격차, 노동 격차 등으로 일컬어지듯이 대내외적으로 경제적 불평등이 심화되고, 다양한 분야에서 양극화 현상이 확산되고 있는 것과 마찬가지로, 기업조직 내에서도 비슷한 현상이 일어나고 있는 것이다. 그 결과 조직을 관리하는 입장에서 경제적 차별화를 어떻게 조직 구성원들에게 납득시킬 것인가 하는 문제가 대단히 중요해졌다. 더불어 앞으로도 경제적인 성공만을 조직 내 개인의 비전, 목표로 계속 강조할 것인지를 둘러싼 문제가 골치 아픈 숙제가 되고 있다. 이와 관련해서는, 노벨경제학상 수상자인 아마르티아 센의 『불평등의 재검토』라는 책에서 해결의 방향을 찾아 볼 수 있다.

센은 인간의 다양성에 주목하여, 사람들이 추구하는 복리Wellbeing 를 재는 척도로서 '역량'과 '기능'이라는 컨셉을 제안하고 있다. 역량은 기능들의 집합이라고 할 수 있다. '기능'이란 사람들이 추구하는 복리를 표현하는 다양한 상태, 즉 '적절한 영양을 섭취하고 있다, 건강하다, 교육을 받고 있다' 등을 가리킨다. 센의 말에 따르면, 소득이나 효용, 자원 등의 경제적인 가치는, 복리의 수단이나 결과를 나타내므로, 사람들의 복리 그 자체와는 차이가 생기게 된다는 것이다. 기능이야말로 사람들의 복리를 직접적으로 표현하는 것이라 할 수 있으며, 이러한 기능의 집합체인 역량이 클수록 가치 있는 선택을 할 수 있는 여지가 많아지게 되므로, 행

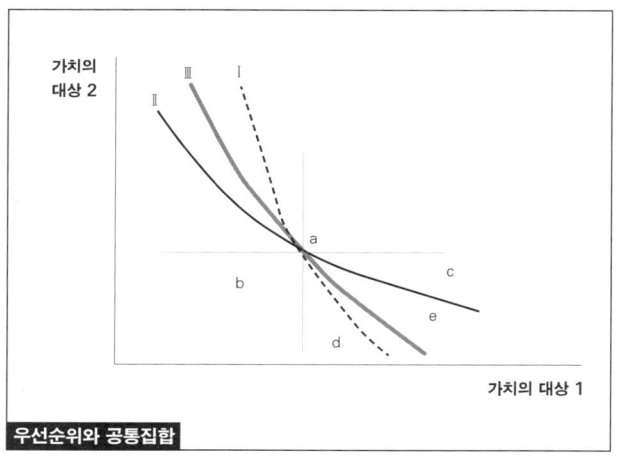

동의 자유가 확대된다는 센의 이야기를 바탕으로 향후 개개인의 역량 확대에 주목해 볼 필요가 있다. 또한 센은 경제학에서 이야기하는 '무차별 곡선'을 가지고, 각 개인이 추구하는 복리의 공통부분을 강조하거나, 서로 다른 선택의 우선순위를 매기는 것은 매우 불완전하다고 설명한다. 예를 들어, 어떤 사람이 추구하는 가치의 대상들을 선택한 점 a는, b나 d 보다는 우위에 있다고 볼 수 있으나 c, e 등과 순위를 가리는 것은 곤란하다는 뜻이다.

이 그래프는, 지금까지는 공통부분 a에 주목하여 모든 정책들을 펼쳐 왔다고 하면, 향후에는 부분적인 b, c, d, e에도 주목할 필요가 있다는 사실을 시사한다. 조직 내에서 지금까지 최선의 목표이자 조직생활을 하는 가치라고 생각되던 '승진과 급여'라는 것을 'a'라고 한다면, 개인적 능력의 개발, 사회공헌 활동을 통한 조직에 대한 기여, 적성과 흥미에 맞는 일을 할 수 있는 기쁨, 성취감, 인적 네트워크를 통한 소속과 존재감의 확인, 주변 사람들로부터의 인정 등이 b, c, d, e에 해당한다고 볼 수 있다. 이것은 사람들이 저마다 조직생활을 하는 이유가 다양하다는 것과 같은 이야기가 되겠다. 이러한 개개인의 다양성을 기반으로 추구할 수 있는 다양한 복리를 상정하고, 이를 개발, 지원하는 인사정책이 필요하다는 관점에서 보면 지금이야말로 시장주의적 인사정책의 기조에 발전적 조정이 필요한 시점이 아닌가 한다.

### 인적자원관리와 기업안전망

신자유주의 시장경제 정책기조와 유사한 맥락의 성과주의 인사정책기조의 수정과 관련해서는 사회안전망 관점의 사고방식이 유용할 수 있다. 예를 들면, 급여제도 중에서 기본급 등 고정급에 해당되는 부분이나, 각종 복리후생 제도들이 기업 내의 안전망에 해당될 것이다. 즉, 조직의 성과, 또는 개인의 능력이나 업적에 대한 평가 결과에 관계없이 어느 정도의 생활 및 품위 유지가 가능한 기본 급여를 고정적, 정기적으로 받을 수 있다는 것, 또는 사장이나 평사원이나 어느 정도까지는 비슷한 복리후생제도의 혜택을 누릴 수 있다는 것 등이 직장생활의 안전망 역할이라고 할 수 있다. 만약 성과주의를 강화한다는 명목으로 이러한 기본급여 부분을 없애고, 전액을 변동급여로 한다면 어떤 문제가 발생할까? 또는 현재의 복리후생 제도에 대해 규모의 경제성 등을 생각하지 않고 전부 현금급여화하거나 모든 복리후생을 개인별로 차등화한다고 생각해 보면, 안전망의 효용을 다시 생각해 볼 수 있지 않을까? 물론 업무의 성격에 따라서는 '0'이냐 '100'이냐에 대한 도박을 요구해야 하는 경우도 가정할 수는 있으나, 이 경우에도 외부에서 어떤 형태로든 제공되는 안전망을 전제로 하지 않을 경우 생산적인 경쟁이 아닌 파괴적 경쟁을 유발할 수 있다는 점에서 주의가 필요하다. 안전망에 대한 논의는 어느 수준까지, 어느 범위까지, 무엇까지를 안전망으로 간주하고 설정할 것인가에 대한 답은 제공해 주고 있지 않기 때문에, 각 나라별 고유한 조건에 맞는 안전망이 필요하듯이, 각 기업 역시 고유한 문화와 시스템을 고려한 나름대로의 연구와 조직내 합의가 필요할 것이다.

3부

일본의 경쟁력을 묻다

# 기업 경쟁력과 조직능력

위기를 극복하는 전략이 곧 조직의 능력이다

**전략적 의도와 위기의 재구축**

2010년 일본에서 공전의 히트를 기록한 책이 있다. 『만약 고교야구 여자 매니저가 피터 드러커를 읽는다면』이라는 꽤 긴 제목의 소설로, 2009년 12월에 출간되어 1년 사이에 무려 200만 부가 팔렸다고 한다. 스토리는 단순하다. 별 볼일 없는 지방의 고교야구 팀 매니저가 된 여학생이 그 팀을 고시엔(甲子園, 효고현 니시노미야시에 있는 한신고시엔 야구장을 지칭하는 말로 매년 8월에 일본 전국 고교야구 선수권 대회가 열리는 곳이다.)에 출전시킨다는 목표를 세우고, 우연히 서점에서 손에 쥔 피터 드러커의 『매니지먼트』라는 책의 가르침대로 팀을 이끌어 꿈을 이룬다는 것이다. 일본의 고교야구 팀은 2010년 기준 4620개인데, 90년 이상의 역사를 자랑하는 고시엔 대회에는 매년 단 1패도 허용이 되지 않는 녹아웃토너먼트 방식으로 지방예선을 거쳐서, 각 지방을 대표하는 49개 팀만이 본선에 진출해 고시엔 구장을 밟을 수 있기 때문에 53개 팀에 불과한 우리나라의 고교야구 대회와는 비교가 안 될 정도로 그 열기가 대단하며, 매년 많은 드라마가 탄생하는 현장이기도 하다. 소설의 주인공 미나미가 다니는 학교의 야구 팀은 20년 전에 딱 한 번 지방예선 5회전(16강)에 진출한 기록이 최고 성적이고, 항상 잘해야 3회전 정도에서 그치고 마는 그저 그런 팀에 불과했다. 이런 팀이 그야말로 꿈과 같은 목표인 고시엔 진출을 경영학 교과서의 가르침대로 실천하여 이루었다는 이야기다.

꿈과 같은 목표를 구체화하는 것은 기업조직에게도 대단히 중요한 문제이다. 일찍이 프라하라드와 게리 하멜이 제시했던 '전략적 의도Strategic Intent'는 이와 같은 이슈에 대해 충분한 설득력이 있다. 전략적 의도란 삼성전자가 몇 년 전 휴대전화 시장에서 '타도 노키아'를 외쳤던 것처럼 자사가 바라는 지도적인 지위를 상정하고 그 위치에 서기 위해 노력하는 것을 말한다. 이러한 전략적 의도는 전 고려대 경영학과 김인수 교수가 지적했던 '위기의 재구축crisis construction'과 일맥상통하는 측면이 있다. 회사가 끊임없이 위기의식을 강조해야 직원들이 긴장감을 유지하고 노력을 한다는 주장으로, 거의 불가능에 가까운 목표를 제시하고 그것을 달성하지 못할 경우 미래는 없다는 등의 좋지 않은 내용을 철저히 인식시키는 것도 이에 해당한다. 특히 후발 국가의 기업이 선진국의 기업과 기술 격차를 줄이기 위해서는 위기의 조장(재구축)을 통해 조직능력을 향상시키는 수밖에 없다는 김인수 교수의 논리로 봤을 때 일본은 패전으로 인해 위기의식이 한국보다 높았고, 그만큼 위기를 극복하려는 노력의 강도도 높았으리라 생각할 수 있다. 한국은 6·25 전쟁 및 이념논쟁 등의

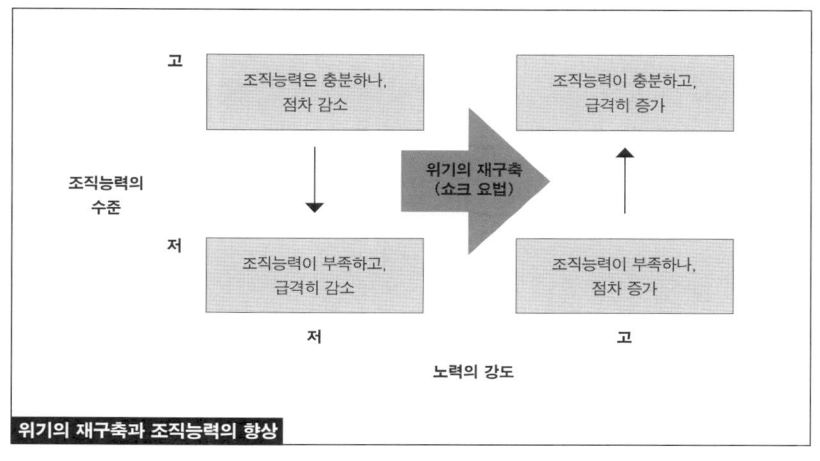

**위기의 재구축과 조직능력의 향상**

정쟁으로 인해, 일본보다는 십 수년 정도 늦게 국가적인 역량을 결집하고 위기를 재구축(새마을 운동)해 본격적인 산업화를 추진한 결과 오늘날과 같은 위치를 차지하게 되었다고 볼 수 있다.

조직 내 위기를 재구축하는 방식은 대부분 달성하기 쉽지 않은 높은 목표를 결정하고, 배수의 진을 치는 형태로 나타나며 교육을 통한 의식개혁, 제도에 의한 서포트도 중요하다. 회사 내에서 이루어지는 변화를 유도하기 위한 교육, 성과주의 인사제도로의 전환, 권한과 책임을 명확히 하는 조직체제의 변혁 등 각종 개혁 작업 역시, 조직능력을 높이기 위한 효과적인 방법이 될 수 있다. 삼성그룹이 해외에서 거의 존재감이 없던 무렵인 1993년, 신경영을 통해 '21세기 초일류기업'을 비전으로 설정하고, 변신을 위해 노력하지 않으면 망한다는 정신을 사원들에게 불어넣으며 노력한 것도 위기의 재구축에 해당한다고 볼 수 있다. 의도적인 위기이든 아니든, 기업은 내외부의 경영환경에 따라 직면하는 다양한 위기를 극복하고 성장해 나가지 않으면 안 된다. 특히 외부로부터 찾아오는 위기는 기업 경쟁력을 평가해 볼 수 있는 대단히 중요한 기회이다. 어떤 기업은 위기를 찬스로 활용하여 더욱 강해지지만, 어떤 기업은 순식간에 사라져 버리기도 하기 때문이다. 모든 경제주체를 엄습하는 경제위기는 다소의 차이는 있지만 각 기업이 처해 있는 외부환경적인 요소를 평준화시켜 버린다. 따라서 위기 시에 각 기업이 취한 행동을 다양한 각도에서 분석해 보면 각 기업이 가진 경쟁력의 전체 상을 볼 수 있을 것이다. 위기(危機)란 위험(危險)과 기회(機會)로 풀이되기도 하듯이 상호작용의 측면이 있으므로, 경쟁력을 지닌 기업이라면 위기를 찬스로 바꿀 가능성이 크다. 그렇다면 기업조직이 내외부의 위기를 극복하기 위해서는 어떻게 해야 하는가. 또는 기업의 경쟁력이란 과연 무엇인가.

### 경쟁전략과 조직능력

고전적인 정의에 따르면 기업에서 전략이란 하나의 기업 전체의 기본적인 장기목표를 설정하고 그 목적을 수행하기 위해 필요한 행동양식을 채택하여 제반 자원을 배분하는 것이며, 자원이라는 것은 자금과 공장, 기계, 건물, 사무소, 창고, 판매 및 구매자 시설, 원재료, 연구·기술 실험장치 등의 물적 설비, 그리고 가장 중요한 요소로 배치되어 있는 인원의 기술, 판매, 관리상의 능력을 포함한다. 전통적, 역사적인 관점에서 전략이라는 말은 군사적인 함의가 있다. 군사전략에서 기본적인 전제는 패배시켜야 할 적의 존재이다. 군의 세계에서 사령관의 전략적인 책임은 자신의 군대가 가진 강점에는 유리하고 적에게는 불리한 전장(戰場)을 선택하는 일이다. 예를 들어 기마대의 경우에는 그들이 가진 속도와 기동성을 살릴 수 있는 평탄하고 개방된 장소를 선택해야 한다. 기업의 경쟁전략도 마찬가지다. 단지 전쟁과 다른 것은 경쟁의 결과가 반드시 승패의 형태로 갈라지지 않는다는 점이다. 산업에서의 경쟁자는 경쟁을 통해 강점과 스킬을 연마할 수 있는 기회를 얻는다. 따라서 비즈니스 경쟁에서는 새로운 기회를 발견하는 것이 중요하며, 잠재적인 위협을 피해 현재의 약점을 극복하고 강점을 유지하면서 그 강점을 새로운 분야에 적용시켜야 한다(SWOT분석). 비즈니스 경쟁에서 살아남기 위해서는 경쟁전략, 즉 어떠한 경쟁터battle field에서 싸울지를 정하는 것이 대단히 중요하며, 그때 자신이 가진 메리트(강점, 핵심역량)을 충분히 활용할 수 있는 장소(분야)를 선택하고 동시에 경쟁력의 문제를 고민해야 한다.

그렇다면 절대우위 또는 비교우위를 얻을 수 있는 기업 경쟁력의 요소는 무엇인가. 이와 관한 논의를 단순화하자면 최종제품의 관점에서 보는 산업조직론의 주장과, 해당 기업이 가진 자원의 관점에서 보는 자원준거론의 주장을 생각해 볼 수 있다. 산업조직론에서는 어떤 기업의 성과란 그 기업이 참가하고 있는 산업의 구조적인 매력도에 의해 결정된다. 즉, 구조적으로 매력이 있는 산업에 진출을 하면 성공한다는 것인데, 그 구조적인 매력도를 결정하는 요소에 대해서는 마이클 포터의 '5요인 five forces 모델'이 잘 알려져 있다. 이에 따르면, 공급자의 교섭력, 구매자의 교섭력, 현재의 경쟁자, 신규 진입자의 위협, 대체서비스나 제품의 위협 등의 다섯 가지 요소가 그 산업에서의 경쟁력을 결정한다. 그러나 실제로는 같은 산업 내에서도 기업에 따라 성과에 커다란 차이가 있다. 이러한 관점에서 워너펠트 등은 기업에게 자원과 제품은 동전의 양면과 같으며, 어떤 기업의 경쟁력은 산업조직론의 관점과는 달리 그 기업이 특정의 비즈니스를 성공적으로 수행하기 위해 필요로 하는 핵심적인 자원과 능력을 어느 정도 갖추고 있는지에 따라 결정된다고 한다. 특정 사업부문의 경쟁력은 그 비즈니스가 속해 있는 산업이 구조적으로 매력적일수록, 그리고 그 사업부가 가진 핵심적인 자원과 능력이 경쟁 기업에 비해 강하면 강할수록 높아진다. 또한 몇 개의 사업부로 구성되어 있는 기업의 경쟁력은 비즈니스 단위별로 요구되는 핵심적인 자원과 능력의 상호연관성이 높을 때에, 그리고 자원과 능력의 사업부 공유나 이전을 원활하게 조정하는 능력이 높을 때에 커진다.

5요인 이론을 제기한 마이클 포터도 인정하고 있는 바와 같이, 산업조직론에서는 기업 외부의 환경에 초점을 두고 있고, 자원준거론은 기업 내부의 핵심적인 역량을 중시한다. 따라서 경쟁자가 없는 경우에는 산업조직론의 입장이 유리하고, 경쟁이 극심한 상황에서는 자원준거론이 유용하다. 그러므로 글로벌 초경쟁 시대라고 일컬어지는 요즘은 자원준거론이 더 유용하다 할 것이다. 사실 외부환경적 요인에 포커스를 맞추게 되면 기업조직 내에서 이루어지는 다양한 노력들은 평가받기 어렵기 때문에, 기업에 몸담고 있는 필자는 자원준거론에 손을 들어주고 싶은 마음이 더 크다. 자원준거론에서는 경쟁우위를 지속적으로 유지할 수 있는 핵심적인 자원과 능력의 특성에 대해 네 가지의 구분 기준을 제시하고 있다. 바로 'VRIO Value, Rarity, Inimitability, Organization 모델'이라고 하는 것인데, '가치가 있어야 하고, 희소성이 있어야 하며, 모방하기 어려워야 하고, 그러한 자원을 활용할 수 있는 조직체제가 갖춰져 있어야 한다'라는 의미다. 이러한 특성을 가진 자원의 핵심 개념을 달리 표현하자면 '조직능력Organizational Capability'이라고 할 수 있는데, 조직능력은 앞서 논의했던 '사람'이나 '조직, 제도, 시스템' 등과 달리 눈에 보이지 않는 자원이라고 할 수 있다.

### 기업의 핵심 경쟁력으로서의 조직능력

도쿄대학의 후지모토 교수에 따르면, 기업의 조직능력이란 그 기업 조직 전체가 지닌 특유의 행동력이나 지식의 체계이며, 기업의 경쟁력이나 수익에 영향을 미쳐 장기적으로 기업 간의 차이를 낳는, 경쟁사가 모방하기 어려우며, 꾸준히 구축해 나갈 필요가 있는 것이다. 얼리치와 스몰우드는 조직능력을 핵심역량과 능력의 두 가지로 구분하여 설명하고 있다. 프라할라드와 게리 해멀에 의해 경쟁우위의 원천이라고 지적된 '코어 컴피턴스'는 조직의 테크니컬한 측면만을 강조한 개념이며, 스톡 등에 의한 '통합 케이퍼빌리티'는 사회적 관계를 강조한 개념이라는 것이다. 실제로 스톡, 에반스, 슐만은 자신들이 주장하는 케이퍼빌리티와 코어 컴피턴스의 차이에 대해, 코어 컴피턴스는 가치연쇄상의 특정 지점에서의 기술과 생산의 전문능력을 강조하고 있지만, 케이퍼빌리티는 보다 넓은 범위의 이야기로, 가치연쇄의 전체를 포함한다는 주장한다. 케이퍼빌리티란 조직을 꿰뚫는 DNA, 기업문화, 개성이라고도 할 수 있는데, 초기의 자원준거론이 기업이 가진 자원의 스톡으로서의 측면에 착안했다면, 1990년대 이후에는 그들 자원을 활용해서 구축한 기술적인 지식, 나아가서는 그것을 형성해 활용하는 케이퍼빌리티라는 것에 착안했다고 할 수 있다. 즉, 블랙박스라고 생각되던 기업의 가치창조 프로세스에 있어서 독자적인 지식체계와 그것을 구축하고 강화하기 위한 학습이라는 개념을 도입하여 자원의 활용이라는 관점에 주목하게 된 것이다.

### 코어 리지디티와 다이나믹 케이퍼빌리티

그러나 지식체계의 구축에 성공했다고 해도 우위성을 상실하는 경우가 발생한다. 레너드 바튼은 과거의 성공을 창출하여 경쟁우위의 원천이 된 코어 케이퍼빌리티가 유연성을 잃어버려 환경변화에 적응을 못하고 역으로 약점으로 변해 버리는 현상인 '코어 리지디티core rigidity'의 개념을 제시하고 있다. 이에 대한 해법으로 티스는 기술적 적합도와 진화적 적합도라는 기준을 구분하여 다이나믹 케이퍼빌리티론을 제시했다. 기술적 적합도란 기업을 어떻게 생존시킬지는 관계없이 케이퍼빌리티가 어떻게 효과적으로 기능을 수행할 것인가를 나타내며, 진화적 적합도란 그 케이퍼빌리티가 어떻게 기업을 생존시킬 것인가를 나타내는 것이라고 한다. 아무리 모방이 곤란한 기업 독자의 케이퍼빌리티나 컴피턴스를 축적하고 강화했다고 하더라도 그러한 강점이 시장에 적합한 것이 되지 못할 경우 기업은 우위성을 상실하게 되고, 기업 생태계 내의 외부자원을 이용해서 이노베이션을 실현시킬 수 있다면 그 우위성을 유지할 수 있다. 즉, 기업 외부에 존재하는 자원이나 케이퍼빌리티를 코디네이트하는 것과 관계 있는 스킬인 다이나믹 케이퍼빌리티를 구축함으로써 기술적 적합도와 진화적 적합도라는 두 가지 기준을 만족시킬 수 있다면 기업은 지속적인 경쟁 우위를 획득할 수 있다는 말이다.

이상에서 살펴 본 바와 같이, 기업 경쟁력의 요인을 외부에서 찾는 산업조직론에 대한 반론으로 발전해 온 자원준거론이긴 하지만, 티스에 이르러서는 결국 기업생태계라는 이름으로 외부와의 연관성이 강조되었다는 사실을 알 수 있다. 물론 다이나믹 케이퍼빌리티론은 5요인 모델로 대표되는 산업구조론의 관점과 다르긴 하지만, 경영의 현장에서 요구되는 것은 외부정합성external fit과 내부정합성internal fit 두 가지 모두라는 사실을 알 수 있는 내용이라 하겠다. 오늘의 일본, 일본 기업이 있기까지 수차례 있었을 내외부의 위기를 극복하기 위해 일본 내 각 경제주체들도 외부적합성과 내부적합성을 높이는 조직능력을 구축해 왔다고 생각해 볼 수 있다. 이하에서는 이처럼 일본에서 눈에 보이지 않게 작용하는 일본의 힘이라 할 수 있는, 일본의 조직능력과 관계 있는 것을 다양한 관점에서 찾아보고자 한다.

# 1985년, 그리고 잃어버린 10년의 진실

새로운 비전 설정이 중요하다

**야스쿠니 신사 참배와 1985년**

고이즈미 수상 시절의 이야기지만, 그는 우리나라와 중국으로부터 거센 비난을 받으면서도 때만 되면 일본의 A급 전범(戰犯)들이 봉안되어 있는 야스쿠니 신사에 참배를 계속한 적이 있다. 당시 일본 현지에서 매년 8월 15일을 전후하여 그 문제로 시끄러워지는 모습을 보면서, 문득 제2차 세계대전에서 패한 뒤 그야말로 폐허 위에서 먹고살기조차 급급했던 일본이 언제부터 이렇게 주변국과의 이해관계를 도외시하면서까지 국제무대에서 당당하게 자기주장을 하기 시작했는지 궁금했다. 일본의 수상이 야스쿠니 신사를 참배하기 시작한 것은 기록상으로 보면 1985년 나카소네 야스히로(中曾根康弘) 수상 때부터이다. 1956년 경제백서에 등장한 '더 이상 패전의 트라우마를 지니고 있을 시기는 아니다(もはや戦後ではない).'라는 말이 상징하는 바와 같이, 고도 성장기를 구가하던 일본

이 정치 분야에서도 '전후정치의 총결산'을 내걸고 1985년 8월 15일 나카소네 수상이 야스쿠니 신사에 참배를 한 것이다. 이를 계기로 중국에서는 9월 18일에 반일(反日) 데모가 일어나고, 이러한 대일(對日)관계가 원인이 되어 중국의 호요방(胡耀邦) 총서기가 1987년 1월에 실각하게 되었으며, 1989년 4월 15일에 그가 사망한 것이 천안문 사태로 이어졌다고 하니, 중국으로서는 일본 총리의 야스쿠니 신사 참배를 당연히 잊기 어려울 법하다.

### 플라자 합의와 일본 경제의 변화

나카소네 수상이 처음으로 야스쿠니 신사 참배를 시도한 1985년은 경제적으로도 일본에게 아주 중요한 의미가 있는 해이다. 일본의 1990년대 버블경제 붕괴를 초래한 계기가 된 것으로 많은 사람들이 지적하고 있는 '플라자 합의'가 이루어진 해이기 때문이다. 플라자 합의는, 1985년 9월 22일 뉴욕의 플라자 호텔에 선진 5개국 재무담당 장관 및 중앙은행 총재들이 모여서, 세계의 기축통화로 기능하고 있던 미국의 달러화에 대해 자국의 통화를 10~20퍼센트 정도 일률적으로 평가절상을 시키기 위해 외환시장에 개입하겠다고 합의한 것을 말한다. 플라자 합의 직전 달러의 엔 환율은 '1달러 = 242엔'이었으나, 1985년 말에는 200엔 이하로 내려가고, 1988년 초에는 128엔까지 내려가는 등 불과 1년 남짓한 기간 동안 엔화의 가치가 거의 두 배가 되는 일이 벌어지게 된다. 그러나 플라자 합의가 일본의 버블경제를 가속화시키는 계기를 제공했는지에 대해서는 그렇지 않다는 주장도 있으므로 각각의 논점을 살펴보는 것도 의미 있는 일이겠으나, 여기서는 플라자 합의가 이루어진 1985년이야말로 일본의 일반국민에게 자국이 대국이라는 것을 자각시킨 해였다는 요시자키 다츠히코(吉崎達彦, 소지츠 총연 부연구소장)의 견해를 소개하고자 한다. 요시자키에 따르면, 엔고에 의해 구매력이 향상되고, 계속된 낮은 인플레이션 현상으로 인해 일반 국민들의 생활 수준이 비약적으로 향상됨으로써 해외여행이 급증하는 등, 그때까지 자기비하에 빠져 고개를 숙이고 묵묵히 일만 하던 일본인들이 어깨를 펴고 세계의 거리를 활보하게 되었다는 것이다. 또한 이때를 기점으로 일본 기업들은 아시아로 생산거점의 재배치를 진행하고 제품의 고부가가치화를 위해 노력함으로써 엔고에 대응했는데, 이러한 과정을 통해 일본의 제조업이 단련되고 아시아에 성장의 씨앗이 뿌려지게 되었다 한다. 만약 엔고가 없었더라면, 일본 기업의 국제경쟁력은 높아지지 않았을 것이며 동아시아의 경제가 이렇게까지 급성장하는 일도 없었으라는 지적도 하고 있다.

**1985년 이후 일본의 20년**

| 구분 | | 1985 | 2004 |
|---|---|---|---|
| 작은 변화 | 인구 | 1억 2천 105만 명(10.3퍼센트) | 1억 2천 769만 명(19.5퍼센트) |
| | GDP | 329조 9790억 엔 | 505조 4,895억 엔 |
| | 주가 | 1만 3113엔 | 1만 3606엔 |
| | 경상수지 | 12조 5731억 엔 흑자 | 18조 2924억 엔 흑자 |
| 큰 변화 | 일반회계 | 세출 52조 4996억 엔<br>국채의존도 22.2퍼센트 | 세출 82조 1109억 엔<br>국채의존도 44.6퍼센트 |
| | 노동인구 | 5963만 명(실업률 2.6퍼센트) | 6642만 명(실업률 4.7퍼센트) |
| | 달러환율 | 연평균 200.6엔 | 103.78엔 |

| 놀랄<br>만한<br>변화 | 금리 | 콜금리 9.0625퍼센트<br>장기금리(10년 국채) 6.582퍼센트 | 콜금리 0.001퍼센트<br>장기금리 1.4퍼센트 |
|---|---|---|---|
| | 외화준비 | 279억 달러 | 8425억 달러 |
| | 개인<br>금융자산 | 495조 7385억 엔(85.3) | 1407조 2906억 엔(04.9)<br>(정기예금, 보험) |

이렇듯 1985년은, 정치적으로나 경제적으로 일본이 자신감을 회복한 원년으로 기억할 수 있다. 1985년 이후 20년간 무엇이 어떻게 달라졌는지 요시자키가 정리한 내용을 인용해 보면 위의 표와 같다. 참고로 우리나라의 1985년을 살펴보았더니, 총 인구 4080만 명에, GDP가 84조 610억 원으로 달러베이스 인당 국민소득이 2309달러였다.

**잃어버린 10년의 진실**

한편 전 게이오대학 교수이자 고이즈미 내각의 특명고문으로 활동했던 시마다 하루오(島田晴雄)는 2005년의 어느 날 일본삼성에서 초청한 강연회에서, 일본의 1990년대는 결코 잃어버린 10년이 아니었으며 역사상 가장 혁신적이었던 10년이라는 이야기를 남긴 바 있다. 실제로 1990년대의 연구개발 투자를 보면 일본은 세계에서 가장 높은 수준의 투자를 지속해 왔으며, 그 결과 2004년 이후에는 지적재산 무역까지 흑자를 내는 원년이 될 수 있었다. 다음의 그래프에서 나타난 2000년 이후 10여 년간 일본의 수출 증가세를 보면 시마다 교수의 이야기가 맞다는 생각을 하게 된다. 즉, 일본 기업들은 1990년대의 뼈를 깎는 쇄신을 통해 2000년대의 황금기를 맞게 되었다는 이야기다. 다만 이 시기를 견인한 주체

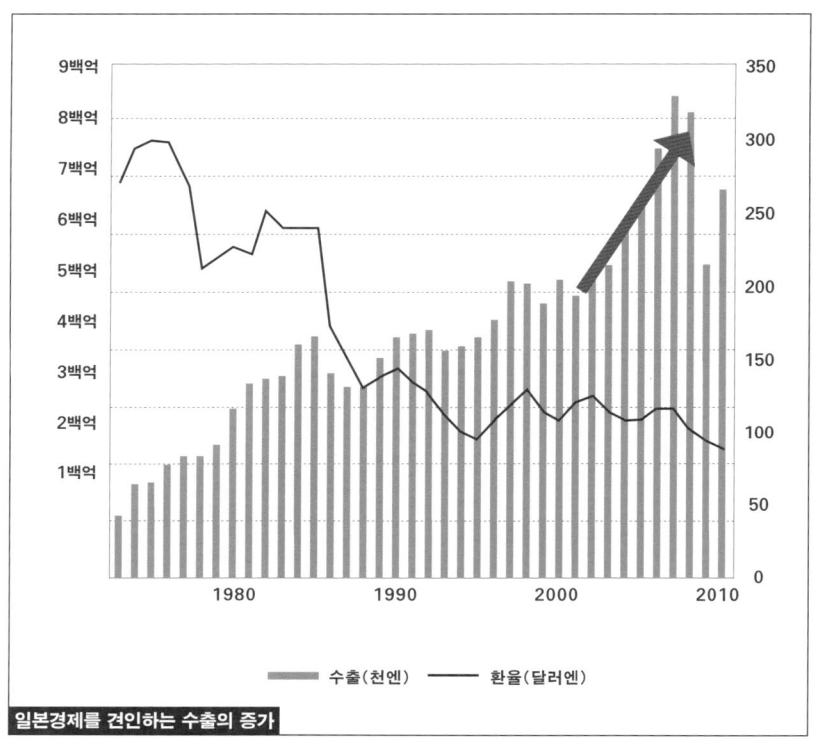

일본경제를 견인하는 수출의 증가

는 우리가 알고 있는 완성품 메이커인 대기업이 아니라 부품, 소재, 장비 등의 강중, 강소기업들의 역할이 컸다.

**일본의 국운 주기설**

누구의 설인지 모른다는 것을 전제로, 일본의 국운에 대한 40년 주기설을 논하는 요시자키의 주장은 일본 사람이라면 누가 보아도 수긍할 만한 구분이라고 한다. 먼저 1868년 메이지유신부터 1904년 러일전쟁까지

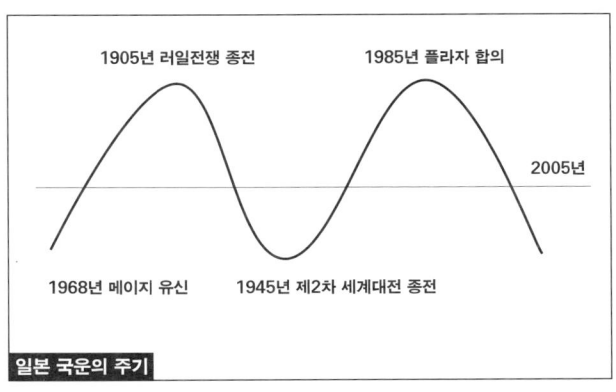

**일본 국운의 주기**

를 말하는데, 구미열강의 아시아 진출에 위기감을 느낀 일본이 메이지유신을 통해 부국강병에 주력하여 마지막에는 러시아와의 전쟁에서 승리를 거두고 열강의 일각을 차지하게 되는 국운의 상승기에 해당한다. 다음으로는 1905년 러일전쟁 이후부터 1945년 제2차 세계대전 종전까지를 말하는데, 이때는 목표를 잃어버린 일본이 대외관계를 악화시키고 중국전선의 진흙탕에 뛰어들어 마지막에는 미국과의 전쟁에서 패하기까지 하는 시기로, 국토가 황폐해지고 광대했던 영토를 잃어버려 문자 그대로 제로부터 시작하지 않으면 안 될 만큼 후퇴국면이었다.

다음은, 1946년 종전 이후부터 1985년의 '플라자 합의'까지의 기간을 말하며, 패전으로 수렁에 빠진 일본이 경제의 부흥에 전념하여 보기 좋게 선진국의 대열에 복귀하기까지의 재상승기이다. 마지막은 1985년 플라자 합의 이후 엔고에 대응하는 과정에서 버블이 발생하고, 또 다른 하강기를 맞게 된 시기로, 이에 따르면 2005년은 하강국면의 반을 지난 셈이 된다. 일본국운의 주기에 대한 이러한 내용이 사실이라면, 일본은 앞으로도 20년간 하강국면이 계속된다는 이야기인데, 최근 10년간의 일본 경제 부활 움직임으로 보아서는 예측이 다소 어긋나고 있다는 생각이 든다. 다만 역사는 반복되는 점을 감안하면, 이번 도호쿠 지방의 지진 및 원전사태로 인해 경제적 기반이 무너지고, 정치가 제대로 리더십을 발휘하지 못해 40년 주기설대로 더욱 수렁으로 빠져들 수도 있을 것 같기도 하다.

### 비전 매니지먼트가 중요하다

경제학에서는 쿠즈네츠 사이클(건설투자관점), 쥬글라 사이클(설비투자관점), 콘트라티에프 사이클(정책, 혁신관점) 등, 경기의 주기에 관한 이론이 심심치 않게 등장해 왔다. 이는 모두 지나간 결과를 가지고 불확실한 미래를 예측해 보려는 노력의 산물이라고 할 수 있다. 각각의 경제주체가 처해 있는 상황에 따라서 예측의 타당도는 차이가 있을 수 있겠으나, 그냥 무시하고 지내기에는 미래가 너무나 불확실하므로 뭔가 기댈 곳이 필요하다는 생각도 든다. 우리가 살아가면서 부딪치는 여러 가지 상황들은 개개인이 인지를 하든 못하든, 국가나 경제 등 우리가 소속되어 있는 매크로한 부분과 아주 밀접한 관계를 맺고 있는 게 사실이지만, 그렇다고 하여 거기에 너무 얽매일 필요는 없다. 기업의 경우에도 일본의 캐논이나 도요타와 같이, 남들이 다 어렵다고 할 때에도 사상 최고의 성과를 올리는 경우는 얼마든지 가능하며, 어려운 때일수록 남들이 보기에 도저히 불가능하다고 생각되는 일을 해내는 사람들도 있기 때문이다. 돌이켜 보면, 일본은 메이지유신을 계기로 '탈아입구(脫亞入歐)'의 슬로건을 걸

고 40여 년간의 노력을 통해 러일전쟁의 승리를 거둠으로써 그토록 바라던 구미열강의 대열에 합류하게 되었으며, 제2차 세계대전에서 패한 다음에는 관민일체가 되어 '뒤쫓고 따라잡자(追いつき追い越せ)' 정신으로 40년간 노력한 결과 경제대국의 꿈을 달성했다고 생각한다. 위의 40년 주기설에서 보면, 그러한 꿈이 실현된 순간이 새로운 꿈을 찾지 못해 추락하는 결과를 가져오게 된 것이라는 해석도 가능하므로, 변화하는 환경 속에서 조직의 새로운 비전 설정의 중요성을 다시 한 번 생각해 보게 된다.

# 일본적 경영을 생각하다

도요타와 캐논의 사례에서 보는 일본적 경영

## 일본적 경영과 가장 일본적인 기업

'일본적 경영'이라는 이야기를 들을 때마다 과연 그런 것이 있을까 싶다. 일본보다 경제 규모가 훨씬 작고, 기업의 숫자에서도 비교가 되지 않는 한국적 경영을 이야기하려 해도, 당장 현대와 삼성의 경영을 한국적 경영이라는 이름으로 묶어서 이야기할 수 없다는 생각이 들기 때문이다. 그렇지만 가장 일본적인 기업과 가장 한국적인 기업이 어디인지에 대한 이야기는 가능하다고 생각한다. 일본인들에게 가장 일본적인 기업은 어디일까. 실제로 필자가 일본인 지인들에게 물어보니, 이구동성으로 도요타 자동차라는 답이 돌아왔다. 전자업계 중에서 고르라고 했더니, 의견이 다소 엇갈리기는 했지만 마츠시타(현 파나소닉)나 캐논을 꼽는 사람들이 많았다. 1990년대 일본의 잃어버린 10년의 진실은 잃어버린 것이 아니라는 취지의 앞서 언급한 내용 중에도 가장 일본적인 기업이라고 하는 도요타 자동차의 과거 20년의 업적을 돌아보면 역시 일본적인 경영의 실패라고 이야기하기 어렵다. 또한 변화가 극심하다고 하는 전자업계에서도 종신고용 등 일본적 경영의 특성을 가장 잘 유지하고 있다고 생각되는 캐논은 다른 전자회사들과 달리 경영의 위기라는 것을 겪지 않고 승승장구해 왔다. 즉, 도요타와 캐논은 1990년대 이후 수많은 일본 기업들이 소위 '일본적 경영'으로는 안 되겠다며 구조조정을 실시하는 와중에서도, 종신고용 등 지극히 일본적인 경영방식을 고수하면서 높은 수익을 올려 온, 불황을 모르는 기업이라는 점에서 주목할 만하다. 캐논의 대표인 미타라이(御手洗)는 오랫동안 미국에서 주재 생활을 하면서, 일본적 경영을 더욱 철저히 강조한 바 있다.

"캐논은 종신고용제를 채택하여 인간을 존중하고 사원을 중시하는 동시에 경쟁원리를 도입하여 활력을 유지해 왔다고 할 수 있다. 내가 사장으로 있는 동안에 종신고용은 절대적으로 지켜질 것이다. 이것은 창업 이래 캐논의 문화이다. 고용불안이 없으므로 마음이 안정된 사원은 회사를 신뢰하게 된다. 따라서 경영진의 의사를 전달하기 쉽고, 곧 행동으로 옮길 수 있다. 경영의 스피드가 대단히 빠르다. 무엇보다 신뢰관계 그 자체가 기업지배 구조로써 기능하고 있다."

### 고부가가치화와 효율화

전 히토츠바시대학 교수인 이타미 히로유키(伊丹敬之)를 비롯한 연구 그룹에 따르면, 기업이 지속적으로 우수한 업적을 내기 위해서는 고부가가치화뿐 아니라, 본업에서의 효율화를 지속적으로 도모해야 한다고 한다. 얼핏 들으면 매우 당연한 이야기지만, 자칫하면 어느 한 쪽에 치우치기 쉽다는 현실적인 문제가 존재한다. 이타미 교수의 주장을 요약해 보면 다음과 같다.

대부분 산업의 공통적인 경향은, 자사의 강점을 확실히 인식하고 경영자원을 특정 사업에 집중하고 있는 기업이 퍼포먼스에서 우위를 차지하고 있다는 점이다. 결과적으로는 전업회사(專業會社)라는 이미지가 강한 기업, 또는 종합제조업체이면서도 특정의 강한 제품을 가진 기업이 업적 매트릭스 상에서 높은 평가를 받고 있으며, 당연히 높은 업적을 올리고 있는 이들 기업이 고부가가치제품에 집중을 하고 있다는 것을 지적할 수 있다. 고객이 장기적으로 수익을 올리기 위해서는 고객이 구매할 만하다고 생각할 수 있는 가치를 해당 제품에 부여하지 않으면 안 된다. 이를 위해서는, 같은 성능이라면 판매가격을 내리기 위해 제품 코스트를 삭감하는 노력을 계속하든가, 혹은 끊임없는 성능 향상이나 새로운 기능 추가 등의 제품 개선을 위한 노력, 또는 소비자 만족도를 높일 수 있는 브랜드 구축을 위한 노력이 필요하다. 즉, 주력사업의 경쟁력을 확보하고 유지하기 위해서는, 코스트다운 등의 효율화와 제품 개선, 브랜드 구축 등과 같은 고부가가치화가 불가결하다. 우수한 업적을 올리고 있는 기업의 사례를 보면, 효율화와 고부가가치화가 이율배반적인 방향으로 움직이지 않고, 앞서거니 뒤서거니 하면서 서로를 촉진시키고 있음을 알 수 있다. 구체적으로는, 효율화 추진으로 정보자원을 집약시키고, 그것을 기본으로 하여 고부가가치화를 추진해 나가게 된다는 점에서 그런 설명이 가능하다. 또한, 경영자는 고부가가치화의 성공에 만족하지 않고, 조직을 한 차원 높은 효율화 단계로 이끌어 나가는 역할을 하지 않으면 안 된다. 이러한 한 차원 높은 효율화가 다시 한 차원 높은 고부가가치의 기반이 된다.

## 고부가가치화와 효율화를 동시에 추구하다

그렇다면 다른 많은 일본 기업들이 모두 어렵다고 하던 1990년대에도 지속적인 성장을 계속해 온 도요타나 캐논의 경우는 어떤가. 도요타 생산방식에 정통한 이와키(岩城) 생산시스템연구소의 이와키 사장에 따르면, 도요타는 이타미 교수가 이야기하는 고부가가치화와 효율화를 동시에 추구함으로써 지속적인 성공을 이끌어 내고 있는 기업이라고 한다. 이와키는 도요타 경영사상의 근간에는 시장은 유한하다는 시장관(市場觀)이 있다고 한다. 시장이 무한이라고 생각하면 기업은 매출 확대를 통해 이익을 추구하게 되는데, 매출은 자신의 노력뿐만 아니라 경기에도 크게 좌우되므로 경영이 불안정해질 수도 있으나, 반대로 시장을 유한하다고 생각하면 매출 확대보다 경비절약을 위한 노력을 중요시하게 되므로 경영이 안정된다는 이야기다. 도쿄대학 신타쿠(新宅) 교수 등의 연구 결과에 따르면, 도요타는 1990년대 중반부터 2000년 중반까지 매년 약 1000억 엔 정도의 원가절감에 성공해 왔다고 한다. 2000년대 중반 도요타의 이익이 1조 엔을 넘어서고 있는 것을 보면 렉서스와 같은 고부가가치 차량의 개발에만 의존한 것이 아니라 십 수년간의 효율화 노력에 힘입은 바 크다는 사실을 알 수 있다.

캐논 역시 비슷한 이야기를 할 수 있을 것 같다. 언젠가 캐논의 경영기획 담당자가 나온 세미나에 참석한 적이 있는데, 그가 발표한 내용에 따르면 캐논의 경우 미타라이 사장이 취임하고 난 1996년부터 '글로벌우량기업그룹구상'이라는 캐치프레이즈를 내걸고, 2005년까지 10년 계획을 세우고 실천해 왔다고 한다. 캐논이 10여 년간 추진해 온 여러 가지 일 가운데, 고부가가치화와 관련이 크다고 생각할 수 있는 연구개발 부문을 보면, 개발혁신위원회를 구성하여 개발효율 향상을 위한 노력을 했다는 사실을 알 수 있다. 3D 캐드를 전사적으로 운영하고, 측정, 시뮬레이션, 해석 등의 개발 관련 기초기술을 강화한 결과, 매출액에서 차지하는 신제품(최근 2년 내 출시 제품)의 비중이 비약적으로 증가했다고 한다. 2000년에는 44.1퍼센트에 불과했으나, 2004년 말을 기준으로 64.8퍼센트까지 늘어난 것이다. 즉, 오늘날 캐논의 성공은 효율화를 통해 고부가가치화를 달성한 좋은 예라고 할 수 있다. 캐논은 또한, 셀 생산방식에 의한 다기능공화 혁신으로 생산기술 측면에서도 엄청난 혁신을 이루어 냈다. 처음에는 기존의 벨트컨베이어 시스템보다 효율이 좋지 못했으나, 생산현장에서 의욕을 갖고 자발적으로 추진한 결과, 다기능공화에 성공해 컬러 레이저 프린터를 처음부터 끝까지 혼자서 만들어 낼 수 있는 사람도 상당수 나오게 되었다고 한다. 이러한 생산혁신에 의한 구체적인 개선 효과를 보면, 1999년부터 2003년까지 5년간 인력이 3만 5976명 축소된 점을 꼽을 수 있다. 물론 종신고용을 표방하고 있는 회사이니 밖으로 내 보낸 것은 아니며, 신규사업 부문으로 배치전환이 이루어졌다. 생산라인에서는 벨트컨베이어의 길이가 2만 207미터 단축되었으며, 약 13만 5356평방미터에 달하는 외부 창고 공간이 줄어들게 되었고, 이에 따라 생산원가도 많이 줄어들어 1995년도에 61.3퍼센트였던 것이 2003년에는 49.7퍼센트로 낮아지고 50퍼센트대 전후를 지속적으로 유지할 수 있는 기반이 만들어졌다고 한다.

한편 사원들에 대한 도요타와 캐논의 사고방식에서도 유사한 점을 찾을 수 있다. 이와키는 도요타 경영사상의 또 다른 근간으로서 '자율적인 사원'을 들고 있다. 도요타 생산방식은 자율관리를 전제로 하고 있으며, 도요타 본사의 역할은 자유롭게 일을 할 수 있는 환경을 정비하고, 필요한 것만을 관리하는 데 있다는 것이다. 사람은 일하기가 싫은 것이 아니라 관리 받는 것을 싫어하므로 상사가 부하를 부리기만 한다면 직장 분위기가 정체되는 것은 당연하기 때문에, 현장의 리더에게는 마라톤 코치처럼 사원들을 격려하고 필요할 때 조언하거나 지원해 주는 역할이 중요하다. 일을 시키는 것이 아니라 일을 활성화시키는 것이 리더의 역할이라는 것이다. 또한, 업무는 표준화(매뉴얼화)가 가능한 것과 항상 바꾸어야 하는 것으로 나누어서 생각해 볼 수 있다며, 표준화가 가능한 일은 매뉴얼을 정비하여 활용하고, 매뉴얼화하지 못하는 부분은 각 사원이 개성을 발휘하여 업무를 추진하게 만들어야 한다고 주장한다. 사람들이 자유롭게 일하기 위해서는 미리 결정되어 있어야 하는 내용이 별로 많지 않아야 하지만, 대부분 기업의 경영 계획에는 관리를 위한 내용이 많이 포함되어 있다는 것이다. 도요타와 마찬가지로 종신고용을 표방하고 있는 캐논의 기획 담당자도 비슷한 이야기를 하고 있다. 목표관리가 문제가 아니라 목표를 어떻게 설정할 것인가가 중요하며 업무 목표는 위에서 정해 주는 것이 아니라 자신들이 정한다는 것이다. 목표에 납득할 수 있으면 누구라도 노력하게 되므로 기술자 출신으로서 해외법인 영업을 거쳐

경영기획을 담당하고 있는 본인도 지금까지 평가를 받기 위해 일을 한다는 생각을 한 번도 해 본 적이 없다는 것이다.

### 캐논의 실력종신주의

그러나 이와 같은 일본적 경영의 성공 뒤에는 성과주의의 또 다른 모습이 숨어 있다는 사실을 간과해서는 안 된다. 이는 캐논에서 이야기하는 '실력종신주의'라는 말에서도 엿볼 수 있다. 캐논도 과거에는 연공에 의한 정기승급 제도를 유지하고 있었으나 2001년에 관리직을 대상으로, 2002년에는 일반사원들에게까지 '직능등급'을 폐지하고, 새로운 '직무평가'를 통해 등급을 결정하는 제도를 도입했으며, 목표관리 제도를 도입하여 경험년수와는 관계없이 업무의 성과에 따라 연봉을 결정하게 되었다. 그 결과 40대 사원의 연봉이 두 배 이상 차이가 나기도 했다는데, 이와 같은 성과주의 인사는 오히려 종신고용을 지키기 위하여 도입했다는 이야기가 있다.

성과주의 인사의 실현에는 평가의 문제가 따르는데, 이에 대해 '고과자 교육'이 아닌 '피고과자 교육'에서 해법을 찾고 있다는 것이야말로 일본 기업답다. 캐논은 2003년 9월부터 12월까지 넉 달 간, 약 1만 2000명의 일반사원에게 450여 회에 걸친 '피고과자 교육'을 실시했는데, 이는 캐논이 실시하고 있는 인사, 임금 제도의 중요성을 젊은 사원들에게 철저히 교육시키고 납득시키기 위한 것이었다. 이 교육에서 피고과자들은 자신이 상사의 입장이 되어 스스로를 평가해 보는 프로그램 등을 통해 자기 자신을 되돌아보고 분발하게 되었으며, 이에 따라 사내에 신제도에 대한 공감이 이루어지고, 자기 계발에 노력하는 자립형 사원들이 급증했다고 한다. 캐논의 인사부에 따르면, 이러한 제도의 도입 목적은 결코 고정비로서의 인건비를 줄이는 것에 있지 않았다고 한다. 오히려 인당 인건비는 제도 도입 이전에 비해 14퍼센트 정도가 늘었다. 이는, 캐논의 신인사, 임금 제도가 사원들을 성장시키기 위한 투자라는 이야기를 뒷받침하는 부분이라고 할 수 있겠다.

### 고부가가치화, 효율화와 인적자원관리

고부가치화와 효율화의 논리를 인적관리 분야에 적용시켜 보면, 고부가가치화는 소위 말하는 우수, 핵심인력에 비유할 수 있고, 효율화는 구조조정이나 '고임금저인건비'의 실현을 위한 노력이라 할 수 있다. 물론 여기서 말하는 구조조정이란 부진사원을 밖으로 내보내는 것도 포함되겠지만, 그보다는 캐논의 경우처럼 신규, 고수익 사업 분야로 인력을 재배치하는 방법을 생각해 볼 수 있다. 삼성전자의 경우에도, 1998년부터 2000년까지 3년 간 약 30퍼센트에 해당하는 2만여 명이 구조조정되었다고 알려져 있으나, 실제로 사내에서 배치전환이 이루어진 인력을 포함하면 훨씬 많은 숫자의 효율화가 이루어졌다고 추측해 볼 수 있다. 인적관리 부서가 지속적으로 고성과 조직의 유지에 공헌할 수 있기 위해서는, 핵심인력의 확보 및 활용과 기존 인력에 대한 구조조정 노력이 고부가가치화의 함정이나 효율화의 함정에 빠지고 있는 것은 아닌지 스스로 끊임없이 자문해 볼 필요가 있다. 다음 문제는, 어떻게 하면 자율적인 사원을 만들 수 있을지에 관한 것인데, 도요타나 캐논과는 달리 종신고용을 유지하지 않기 때문에 자율적인 문화가 만들어지기 어렵다는 의견에는 동의하기 어려우며, 각 사가 처한 여건이나, 조직풍토 등에 따라 해법이 얼마든지 달라질 수 있는 문제라는 것만은 부언해 두고자 한다.

　언젠가 '인사제도는 패션과 같아서 그때그때의 상황에 따라 달라져야 한다.'라는 이야기를 들은 적이 있다. 유행을 선도한다고 하는 패션도 단순한 복고풍이어서는 한계가 있다. 일본에서 다시 조명되고 있는 '일본적 경영'이라는 것도 단순한 과거의 재탕이 아니다. 캐논의 사례에서 보는 바와 같이 전혀 새로운 내용을 가진 '겉모습만의 일본적 경영'일 수 있다. 즉, 제도의 겉모습이 일본적이냐 아니냐가 중요한 것이 아니라, 그 내용이나 사상이 조직 구성원들에게 받아들여지고, 조직문화의 하나로 형성될 수 있느냐가 문제인 것이다. 캐논의 '피고과자 교육'이나 '종신고용을 지키기 위한 과감한 성과주의 인사 도입'과 같은 발상의 전환을 통한 자기 조직만의 독특한 '이즘'을 관철해 나가는 세련된 활동이 '변화주도자'로서의 인사부문에 요구된다.

# 4장
## 시스템과 전략적 사고가 조직을 살린다

도요타 자동차와 기후차체를 통해 본 조직능력 구축 경쟁

**표층 경쟁력과 심층 경쟁력**

도쿄대학의 후지모토 다카히로(藤本隆宏) 교수는, 주로 도요타 자동차의 사례를 가지고, 20세기 후반 일본 제조업의 발전, 특히 제조부문에서 경쟁우위를 확립하게 된 프로세스를 명확히 한 연구자이다. 그는 어떤 기업이 다른 회사보다 우월한 안정적인 경쟁력이나 업적을 지속적으로 유지하고 있다면, 배후에는 그 기업 특유의 경영자원이나 지식의 축적, 또는 직원의 행동을 규율하는 일상적인 규범이나 관행인 '조직루틴'이 존재한다고 추정할 수 있다고 한다. 이러한 기업 특유의 조직루틴이 라이벌 기업을 능가하는 성과를 가져올 경우, 이 루틴의 체계를 조직능력이라고 할 수 있다. 또한 기업이 개발이나 생산현장의 조직능력을 갈고 닦아서 생산성이나 불량률, 개발 리드타임 등 고객이 직접적으로 평가하지 않는 이면적인 경쟁력 지표에서의 우열을 놓고 성실하고 끈기 있

게 경쟁하는 것은, 가격경쟁과 같이 고객이 구매를 할 때에 평가하는 지표에 대해 직접적으로 경쟁하는 것과는 차원이 다른, 장기적이고 동태적인 기업 간의 조직능력 구축 경쟁이라는 사실을 지적하고 있다. '제품 = 정보 + 매체'라는 발상도 재미있다. 즉, 기업이 만들어 내는 제품을, '제품설계 정보가 소재나 매체 속에 투입된 것'으로 생각하는 것이다. 이 경우 고객과의 접점에서 어떤 제품의 경쟁력은 기업 측이 발신하는 그 제품에 관한 정보들이 고객을 납득시키고, 설득시키는 힘이라고 정의할 수 있다. 즉, 기업이 어떤 제품에 관해 발신하는 정보들이 소비자에게 미치는 영향력이야말로 경쟁력이라는 것이다. 이것을 후지모토 교수는 '표층(表層) 경쟁력(소비자와의 접점에서 파악되는 겉으로 나타나는 성과)'이라고 부른다. 한편, 그 배후의 정보 발생 장치로써 제조, 개발 시스템이 발휘하는 심층 레벨의 성과를 '심층 경쟁력'이라고 한다. 후지모토 교수가 제시하고 있는 능력 구축 경쟁의 대상 영역을 구체화한 것이 다음 페이지의 그림이다.

### 아키텍쳐와 스리아와세

아키텍쳐Architecture란 어떠한 기능을 어떤 부품으로 실현하고, 그것을 어떠한 인터페이스로 연결시킬 것인가에 관한 설계 사상으로, 어떤 제품을 놓고 보았을 때 기능과 구조의 연결 방식이나 부품과 부품 간의 연결 방식 등 설계 요소의 연결 방식에 관한 기본적인 사고방식이다. 제품 구성요소의 상호 연결 방식은 크게 폐쇄형과 모듈형 두 가지 방식으로 나누어 생각해 볼 수 있다. 폐쇄형은, 제품 기능과 부품 구조의 관계가 복

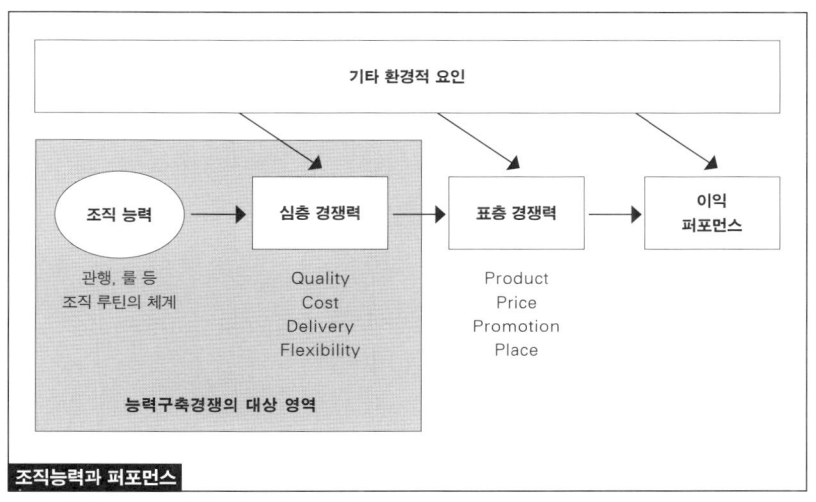

조직능력과 퍼포먼스

잡하게 얽혀 있어서 부품 설계의 상세를 상호 조정하고, 제품별로 부품이나 인터페이스의 최적화 설계를 하지 않으면 제품 전체의 성능이 나오지 않는 것을 말한다. 모듈형이란, 제품기능과 구조가 일대 일로 대응하고 있어서 인터페이스가 표준화되어 있으므로 미리 개별적으로 설계된 부품을 끌어 모아서 제품이 나오는 것을 말한다.

아키텍쳐는 이와 같은 통합형 대 모듈형, 그리고 부품 구성의 개방성(폐쇄성 대 개방형) 여부를 기준으로 그 유형을 구분하여 생각해 볼 수 있다. 모듈형이라는 것이 독자적 기능을 가진 교환 가능한 Open 구성요소라면, 통합형은 상호의존적 기능을 가진 교환이 불가능한 Closed 구성요소의 합이다. 교환 가능하면서 통합적인 패턴은 있을 수 없으므로, 결국 세 가지의 기본패턴이 나온다. 폐쇄 통합형은, 같은 통합형 제품이라고 하더라도 자신의 회사 안에서 기본 설계를 하여 사내에서만 통용되는 공용

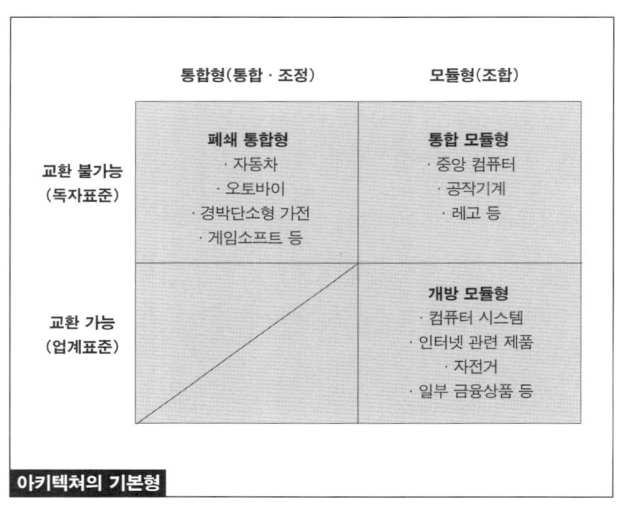

부품만을 모아서 제품을 만드는 경우로, 서로 다른 회사가 따로따로 기본설계를 한 업계 표준부품을 끌어 모아서 제품을 만드는 개방 모델형과는 차이가 있다.

후지모토 교수는 또 '통합. 조정형'의 싹은 일본의 풍토나 문화(특히 에도시대나 전쟁 전)에도 있었을지 모르나, 일본의 많은 산업, 많은 기업에서 일제히 그 싹을 틔우게 된 것은 역시 전후의 고도성장기, 즉 1950년부터 1980년경에 이루어진 공통의 경험에 기인한 것이라고 한다. 당시의 일본 기업들은 사람도, 물자도, 자금도 부족한 상황에서 경쟁을 하면서 성장을 해 나가지 않으면 안 되었으므로 한 번 채용한 사람을 중시하고 일단 확보한 협력업체를 중시하는 것이 경제합리성에 맞았다는 것이다. 따라서 장기고용, 장기거래가 지배적인 관행이 되었으며, 정보의 공유, 긴밀한 커뮤니케이션, 치밀한 연계조정 등이 자연스럽게 발달했다. 그 결과 많은 일본 기업이 적어도 외국 기업에 비해 소위 '정리 능력'이 우수해졌는데, 이처럼 전후 일본 기업들이 정리 능력, 팀력, 통합력 등을 축적해 왔다고 하면, 그러한 기업들과 궁합이 맞는 제품은 그저 여기 저기 있는 것을 모아서 만드는 모듈형이 아니라, 고객만족을 위해 하나에서 열까지 폐쇄적인 기업네트워크에 의존하는 통합. 조정형이 될 수밖에 없었다는 것이다.

한편, 아키텍쳐의 궁합 문제는 국가별로도 풀어 볼 수 있다고 한다. 예를 들어, 컴퓨터 주변기기, 패키지소프트, 인터넷 접속기기 등으로 구성되는 디지털 네트워크 시스템 계의 제품군과 같이, 기능완결적인 모듈을 업계 표준의 인터페이스로 연결하는 전형적인 개방 모듈형 아키텍쳐는 미국과 궁합이 잘 맞는다. 미국은 본질적으로 이민으로 구성된 나라이므로 건국 이래 200년 이상에 걸쳐 야심과 의욕, 능력이 있는 인재를 세계 각지에서 이민으로서 받아들여 정해진 룰에 의해 경쟁을 시켜 엄격한 선별이 이루어지게 하고, 능력이 있는 사람을 즉전력(卽戰力)으로 활용하는 것을 국시로 함으로써 세계 제일의 국력을 지니게 되었다. 야구의 이치로나 마츠이 등과 같이 미국이라는 나라는 전 세계에서 우수한 인재를 즉전력으로 모아, 룰만 지킨다면 바로 그날부터 활약하게 함으로써 발전해 온 것이며, 이와 같은 상황은 야구만이 아니라 학계나 비즈니스의 세계도 기본적으로 같았으므로 이민 1세대에 대부호가 되는 아메리칸 드림이 발생할 수 있었다고 한다. 물론 경쟁과 차별은 동전의 양면과 같은 것으로 이민사회의 빛과 그림자이기도 해 뒤에서는 차별에 의한 문제도 많이 발생했으나, 미국의 역사를 움직여 온 원동력은 어디까지나 규칙,

경쟁, 즉전력 등의 패턴이었다는 것이다.

이렇듯 후지모토 교수는 미국 사회의 발전사와 궁합이 잘 맞았던 것이 시장 메커니즘이고, 오픈 아키텍쳐라는 지적을 하고 있다. 즉, 미국은 룰이라는 인터페이스를 사전에 정해 놓고 그 룰을 지키면서 기능을 발휘할 수 있는 인재가 바로 자신의 포지션을 얻을 수 있는 사회라는 의미에서 '모듈러적'이라는 것이다. 이러한 모듈러 사회에서 필요로 하는 능력은, 개인이든 조직이든 우선 사전에 좋은 룰이나 시스템을 구상하고 그것을 밀어붙여 보급시키는 힘이라고 할 수 있으며, 또한 미리 룰에 따라 인재나 제품을 평가하는 능력이다. 나아가서는 주어진 룰을 재빨리 습득하고, 자신의 능력을 타인이 알기 쉽도록 표현할 수 있는 프레젠테이션 능력도 중요하다.

### 도요타 자동차의 조직능력

이와 같은 관점에서 후지모토 교수는, 특히 강한 경쟁력을 안정적으로 보여 주고 있는 도요타 자동차의 생산, 개발 시스템의 경우 전체가 일체화된 도요타 시스템으로써, 경쟁력을 발휘하는 능력을 갖추고 있으며, 그것은 '제작능력, 개선능력, 진화능력'으로 구성되는 '조직능력의 체계'로써 구체적으로 설명할 수 있다고 한다. 도요타 자동차의 하청회사인 기후차체에서 이루어지고 있는 '도요타 프로덕션 시스템' 연수과정에 다녀온 사람의 다음과 같은 이야기는 후지모토 교수의 지적을 실감나게 전해 준다.

도요타의 간판 시스템은 도요타 자동차 본사만이 아니라 모든 하청업체와 연결된 도요타 시스템으로, 부품의 종류별로 납품 시간과 장소가 정해져 있다. 납품을 받는 시간은 '한 시간 ± 삼십 분'이며, 즉 두 시간 이내로 정해져 있으므로, 결국 도로를 창고로 사용하고 있는 셈이다. 작업공간은 공구대가 작업자의 움직임에 따라서 이동하게 되어 있는 등, 작업자가 조금이라도 불필요한 동작을 하지 않도록 고안되어 있다. 도요타는 기후차체에 2퍼센트의 이익을 보장해주고 있는데, 기후차체가 생산성을 올려서 얻는 이익은 당해 연도에 한해서만 기후차체가 향유할 수 있으며, 이듬해부터는 도요타에 귀속된다. 수년 전, 현대자동차가 일본에 진출할 때에 도요타의 동급 자동차보다 가격을 30퍼센트 다운시켜 들어왔는데, 도요타에서는 성능 면에서 자신들과 별 차이가 없는 현대차가 잘 팔릴 경우, 자신들도 가격을 내릴 수밖에 없다고 보고, 협력업체와 함께 30퍼센트 코스트다운 운동을 펼쳐서 결국 성공했다. 결과적으로는 현대차가 잘 팔리지 않고, 따라서 가격도 내려가지 않아 2004년도에는 1조 4000억 엔의 대규모 이익을 실현할 수 있었다.

### 조직능력 구축 경쟁과 인적자원관리

후지모토 교수의 연구에서 다소 아쉬운 부분은, 능력구축 경쟁에서 상당한 역할을 담당할 것으로 생각되는 '직원'의 숙련 형성이나 인적자원 및 인적자원관리의 수준 또는 노사관계 등에 대한 고려가 별로 없다는 것이다. 예를 들어, 기후차체 등 도요타 자동차 하청업체의 노조들은 그들의 활동 목표를 생산성 향상에 두고 있다. 자신들이 도요타를 위해 생산성 향상에 노력하지 않을 경우, 도요타 자동차는 공장을 해외로 이전할 것이고, 그러면 자신들의 일터도 없어지게 되므로, 그 길만이 자신들의 고용을 보장해 준다고 생각하는 것이다. 이를 위해 상대적 저임금을 감수하며, 두 시간 근무 후 십 분 휴식, 식사 시간 사십 분, 일과 후 생산성 향상을 위한 서비스 잔업을 하기도 한다. 이러한 사실은 조직루틴의 일부로 간주하고 지나가기에는 비중이 큰 이야기다. 한국적 풍토로 보면 대기업의 착취라고 반발을 살 우려가 있는 시스템으로써, 대립적 노사관계에서는 있을 수 없는 이야기라 할 수 있다. 이들이 상대적 저임금에도 만족하는 이유는, 정년까지 고용이 보장되고 정년 후에도 회사에서 고금리로 퇴직금을 예치금으로 받아주는 등 죽을 때까지 회사가 편의를 봐주기 때문이라는 이야기도 있다. 다만 한 가지 간과할 수 없는 것은, 이러한 시스템을 뒷받침해 주는 2차적 고용 시스템이 존재한다는 사실이다. 옛날에는 임시공이나 여성 근로자의 활용이 그 역할을 담당했고, 현재는 인재파견회사를 통한 파견사원들이 훌륭한 버퍼 역할을 하고 있다. 기후차체의 경우에도 실제로 작업장에서 바쁘게 몸을 움직이는 사람들 대부분이 브라질인(과거 어려운 시기에 많은 일본인들이 브라질 사탕수수 농장으로 이주했는데, 오늘날 그 후손들이 일본에 건너와 제조현장의 인력 부족 상황을 메워 주고 있다.)이며, 어느 전자회사의 공장을 가 본 사람의 이야기로는 작업반장을 제외하고는 작업자 대부분이 브라질 사람이었다고 한다.

 기업의 조직능력 또는 능력구축 경쟁 상황은 그 조직을 구성하는 인재의 질적 수준에 따라 크게 달라질 수 있다. 일본에서 작업현장 노동에 관한 연구의 대가로 알려져 있는 고이케(小池) 교수는, 도요타 자동차의 현장 작업자들을 대상으로 숙련형성과 관련된 연구를 수행한 뒤, 현장감독자가 아닌 평작업자들의 수준을 다음과 같은 네 가지의 기능 레벨로 정의한 바 있다.

첫째는 열 개에서 열다섯 개의 조립직 업무 중 한 가지를 조립라인의 속도에 뒤떨어지지 않게 무난히 수행할 수 있으나, 품질상태를 판별할 능력은 없는 수준이며, 둘째는 세 개에서 다섯 개의 업무를 수행할 수 있고 품질상태를 판단하여 불량품에 식별 표시가 가능한 수준, 셋째는 직장 내 대부분의 업무를 수행할 수 있고 품질불량의 원인을 규명할 수 있으며 설비 불량에도 다소 대처가 가능한 수준, 넷째는 모델 체인지 등의 상황변화에 따른 새로운 기계의 도입, 배치, 직무 프로세스의 재설계 등이 가능하고 해외공장의 지원도 가능한 수준을 말한다. 예를 들어, 첫 번째 레벨의 작업자가 불량품에 대해 품질불량 여부를 판별할 수 없어 그냥 공정에 흘려 버렸을 경우, 거기에 새로운 부품이 자꾸 더해질 것이고, 그렇게 되면 품질불량의 검출이 더 어려워짐은 물론, 고치는 데도 더 많은 시간이 필요하게 되므로, 품질불량 여부를 즉석에서 판별할 수 있는 능력을 갖춘 두 번째 레벨의 작업자들로 구성된 조직에 비해 기회손실이 클 것이다.

한편, 기업의 전략적인 선택 여하에 따라서는 능력구축 경쟁이 불필요한 노력으로 한순간에 바뀔 수도 있다. 잘못된 전략을 선택하거나 해서 조직의 방향 설정을 잘못하게 되면, 많은 사람들의 노력이 헛수고로 끝날 가능성이 많다는 것을 그간의 사례들로 보아 인정하지 않을 수 없기 때문이다. 따라서 일반 작업자들만이 아니라 경영진의 전략설정 역량도 능력구축 경쟁과 결코 무관하지 않다. 경쟁이 극심하고 비즈니스 환경이 불확실할수록, 조직 내에 '과잉능력 구축'이 되는 것을 회피하면서 구축된 능력을 제대로 살릴 수 있는 전략적 사고가 필수적이다.

# 침묵의 나선과 일극집중 현상

소수의 개성을 존중하고 다양성을 매니지먼트하라

## 일본 사회의 2중 구조와 세켕

일본어에 '데루쿠이와 우타레루(出る杭は打たれる)'라는 말이 있다. 튀어나온 말뚝은 두드려 맞는다는 뜻인데, '모난 돌이 정 맞는다.'라는 말과 같다. 튀는 사람이나 주위에 맞추지 않는 사람은 미움을 받는다는 뜻으로 주로 사용되는 이 말의 기원은 오래 된 농경문화에 있다고 한다. 일본의 직장인들 사이에서 많이 사용되는 'KY'라는 말도 그 연장선상에 있다. KY란, 분위기 파악을 못하는 사람을 지칭하는 말로, '구키오 요메나이(空気を読めない)'라는 말에서 왔다고 한다. '무라하치부(村八分)'라는 말도 있다. 하치부는 10분의 8이라는 뜻으로, 옛날에 마을의 규칙이나 질서를 깬 사람들을, 공동으로 상부상조하는 열 가지의 활동 가운데 80퍼센트의 활동에서 왕따를 시킨다는 말이다. 구체적으로는 그대로 놓아두면 다른 사람들에게도 피해가 가는 장례와 화재라는 두 가지 활동을 제외한 여덟

가지 활동(결혼식, 출산, 집의 신개축, 병구완, 여행 등)을 할 때 일체 교류를 하지 않는 것이다. 오늘날에도 모난 돌이 정을 맞다 보면, 또는 KY라는 세켕(世間)의 평판이 심해지면 그런 취급을 받게 된다고도 볼 수 있다. 이와 관련해 일본의 사회는 메이지시대 이후 2중 구조를 형성하게 되었다는 이야기가 있다. 메이지 정부의 근대화 정책에 의해 각 관청이나 산업도 근대화, 서구화되었지만, 그 가운데 인간관계만은 근대화가 이루어지지 못했다는 것이다. 그 결과 오늘날과 같이 극도로 근대화된 관청이나 산업, 학교 안에서도 인간관계는 근대화되지 못하고, 메이지 이전의 세켕이라는 관계의 틀 안에 멈춰 있으며, 그것이 현재의 일본이 안고 있는 많은 문제 중 하나의 근원이 되고 있다는 말이다. 일본의 중세유럽 연구자로 히토츠바시대학 총장을 역임하기도 한 아베 긴야(阿部謹也)에 따르면, 현실적으로 일본의 개인은 세켕이라는 틀 안에서 살아온 것에 지나지 않으며, 사람들은 각자 서양인처럼 개인이라고 착각하고 살아왔다고 한다. 서양에서는 개인이 성립된 12세기 이후 국가와 교회의 압력을 억제하고 개인이 시민권을 얻게 되기까지 800년의 세월을 필요로 했으나, 일본에서는 메이지 이후에 성립된 '개인'이라는 개념이 국가나 사회로부터의 저항 없이 수용되었는데 그것은 일본의 '개인'이 세켕 안에 포섭되었기 때문이라는 것이다.

　세켕이라는 말은 '로우카'라는 산스크리트 어에서 유래한 불교 용어로, 일본에서는 『만요슈(萬葉集, 일본에서 가장 오래된 시가집)』에 등장한 이래 오늘날까지 다양한 의미로 사용되어 왔다. 굳이 정의를 하자면, 사람과 사람을 연결시키고 있는 인간관계의 끈과 같은 것이라고 할 수 있다. 세켕이라는 인간의 집합체에는 몇 가지 룰이 있다. 장유유서가 커다란 의미를 가지고 있고, 마르셀 모스 등이 이야기하는 증여호수(贈與互酬, 주고받는 일)의 관계가 유지되며, 관혼상제에 참가하는 것이 대단히 큰 위치를 차지하는 것이다. 증여호수의 관계를 예로 들면, 매년 백중날 선물로 3000엔 정도의 선물을 보내고 상대로부터 500엔 또는 1만 엔 정도의 선물을 답례로 받으면 모욕을 받았다고 느끼는 것처럼, 물건을 주고받는 데에도 일종의 절도가 있으며 그것이 인간의 평가와 관계가 있다는 것을, 일본의 세켕에 살고 있는 사람은 모두 알고 있고 또 그것이 원칙이 되고 있다.

증여호수 관계는 한국에도 뿌리 깊은 전통으로 남아 있다. 필자 역시, 예전에 결혼식이 끝나고 나서 아버지가 부조금을 보내 준 사람들의 명부를 보여 주며 어떤 관계에 있는 사람인지를 일일이 설명해 주고 언젠가는 그 자식에게라도 꼭 갚아야 한다고 당부했던 경험이 있다. 일본의 경우 관혼상제에 인사를 다녀 올 경우 며칠 지나지 않아 즉시 답례가 오는 것을 보면 농촌의 품앗이나 관혼상제의 부조금 관행에서 보는 바와 같이 인간관계에 관해서는 한국이 오히려 장기적인 관계를 선호하고 있는 듯하다.

### 패거리 문화와 개인의 공존

아베 긴야에 따르면, 인간 사회에는 눈에 보이지 않는 유대에 의해 엮여 있는 관계가 있는데, 여기서 눈에 보이지 않는 유대란 사랑, 사상, 신앙, 음악이 될 수 있다. 또한 언어를 매개로 한 관계도 생각해 볼 수 있는

데, 예를 들면 사투리의 경우 그 지역의 뉘앙스나 특성이 반영되어 있으므로 특정 지역의 사투리를 듣게 되면 그 지역의 풍경이나 인정 등이 떠오른다는 것이다. 즉, 사투리는 감정 이입이 되어 있는 언어이며, 해당 지역에서 나고 자란 사람이 아니면 100퍼센트 이해하기가 어렵기 때문에 그러한 사투리를 사용하는 사람들끼리 깊은 유대가 형성된다. 아베 긴야는 눈에 보이지 않는 유대와 사투리 등과 같이 어떤 것을 매개로 한 관계의 전체를 문화라고 정의하고 있다. 특정 집단에 속한 사람들 이외에는 그들의 문화를 완전히 이해하기 어렵다는 측면에서 문화는 비합리적이고 불합리한 요소를 지니고 있으나, 세계의 어디에나 문화는 있으며 그러한 문화에 우열이 있을 수는 없다는 말도 하고 있다.

문화에 우열은 없다는 관점에서 생각을 해 보면, 일본이나 한국 사회에 뿌리 깊게 남아 있는 패거리 문화도 그리 나쁘다고만 볼 수 없다. 일대 일로 싸워서는 도저히 상대가 안 되는 경우 집단으로 대항을 하게 되면 이길 수도 있듯이, 일찍이 산업화를 이루고 모든 면에서 거인이 된 서구 선진제국의 기업과 동양 후발국가의 기업은 애초에 싸움의 상대가 되지 않았기 때문에, 일본의 경우 선단경영(船團經營)이라는 말이 나올 정도로 국가 차원에서 총력을 기울여 이에 대항해 왔고, 그 과정에서 패거리 문화는 그야말로 핵심역량이었다. 마찬가지로 후발기업의 입장에서도 앞서가는 기업을 따라잡기 위해 개인기보다는 집단의 노력으로 대응하는 것이 보다 효과적일 수 있다. 물론 이제는 BRICs, ASEAN 등으로 대표되듯이 일본이나 한국은 앞에 서 있는 자보다 뒤에서 따라오는 국가가 더 많아지고 있고, 개인의 창조성이 요구되는 디지털 시대에는 집단적인 패거리 문화로부터 탈피해야 한다는 논의가 대세가 되어 가고는 있지만, 아직은 과거의 유산을 전부 부정해야 할 때가 아니다. 일부러 팀워크를 강조하지 않으면 안 되는 구미와 달리 자연스럽게 팀워크가 우러나는 우리로서는 패거리 문화를 무조건 부정할 것이 아니라 어떻게 하면 개인이 패거리 안에 매몰되지 않고 공존할 수 있을 것인가를 생각해야 하지 않을까 싶다.

### 침묵의 나선과 일극집중 현상

'침묵의 나선Spiral of Silence'이라는 말은 1966년 독일의 정치학자인 노이만이라는 사람이 제시한 개념으로, 동조를 요구하는 사회적 압력에 의해 소수파가 침묵하지 않을 수 없는 과정을 지칭한다. 정치의 세계에서는 우위에 서기 시작한 세력이 자신감을 가지고 견해를 표명하게 되는 반면, 소수파는 공공의 장소에서 의견을 표명하기를 주저하게 된다. 이러한 움직임이 가속도적으로 진행됨으로써 다수파는 가일층 동조 그룹을 확대시키게 되고, 소수파는 점차 그 수가 줄어드는 것이 마치 나선과 같다는 것에서 붙여진 이름이다.

어떤 문제에 대해 처음에는 강한 톤으로 자기주장을 하다가도 다수가 그렇지 않다고 하면 목소리를 낮추게 되고, 나중에는 자신의 입장을 번복하기도 하는 경우가 이에 해당한다. 인터넷상에서도 이와 같은 과정을 거쳐 네티즌들의 사고가 한 방향으로 유도되는 경향이 있다고 한다. 모리 켄(森健)에 따르면, 아키텍쳐에 의해 정보가 정리되고 제한되고 있는 구글 등의 검색엔진에서 대부분의 사람들은 검색 결과의 30개 항목 정도

밖에는 보지 않는다고 한다. 따라서 검색 결과에 의해 사람들의 생각이 일정한 방향으로 유도될 수 있다는 것이다. 실제로 2006년 8월 일본에서 핫이슈였던 '야스쿠니 신사 참배 문제'에 대한 구글 검색 결과 스무 개 항목을 보면, 보도기관 뉴스 세 건, 위키피디아 등의 중립적인 해설 페이지 다섯 건, 아마존 등의 서점 페이지 세 건을 제외한 나머지 가 아홉 건 중에서 야스쿠니 신사의 A급 전범합사의 정당성을 논한 것이나, 수상의 야스쿠니 신사 참배를 옹호하는 경향의 내용이 여덟 건이었으며, 반대 또는 회의적인 입장은 한 건에 불과했다. 이는 신문사 등에서 실시한 여론조사와는 크게 다른 결과로, 비슷한 시기의 《요미우리 신문》 조사에서는 당시 고이즈미 수상의 야스쿠니 신사 참배에 대해 반대 50퍼센트, 찬성 40퍼센트, 《마이니치 신문》의 조사에서는 반대 54퍼센트, 찬성 36퍼센트 등 반대가 찬성을 약간 웃도는 정도가 일본의 여론이었다. 만약 신문이나 TV를 보지 않고 구글 등의 인터넷 검색에만 의존하여 야스쿠니 신사 참배 문제를 생각할 경우, 그 사람은 여론의 태반이 참배를 옹호하고 있다고 생각하게 되어 의견이 다르더라도 침묵하게 될 것이다.

원래 일본에는 대립을 피하기 위해 주변의 공기를 읽고 의견을 이야기하는 풍조가 있다고 한다. 실제로는 백이 아닌가 하고 생각하고 있다가도 주변의 대다수가 흑이라고 하면, 흑일지도 모른다고 자신의 생각을 조정하는 경향이 있다는 것이다. 이러한 풍조에서는 때로 눈사태 같은 현상이 일어나기도 한다. 일반적으로 '사이버 캐스케이드Cyber Cascade' 또는 '집단 극단화Group Polarization'라고 불리는 의견의 급속한 일극집중이 이루어져, 반대 의견을 이야기하기가 대단히 어렵게 됨으로써 '침묵의 나선' 현상이 일어나게 된다는 것이다. 인터넷 뉴스에 대한 댓글 전쟁을 보면서도 느낄 수 있지만, 인터넷상에서는 주의주장이 편중된 방향으로 집약되는 경향이 있다. 자신들과 반대되는 입장은 무시되거나 배제되는 경향이 강하고, 극단적인 의견이 통용되기 쉽다. 그러한 과정을 통해 결국 인터넷상에는 극단화, 폐쇄화된 그룹들이 무수히 산재하게 되어 서로 간섭하지 않거나 중상과 비방을 반복하는 지극히 유동적이고 불안한 상태에 놓일 가능성이 있는데, 이를 비유적으로 표현한 것이 '사이버 캐스케이드'라는 말이다.

이러한 침묵의 나선 현상이나 다양한 의견들의 일극집중 현상은 지금까지 롱테일 현상의 이해에 사용되던 멱함수법칙(평균 주위에 정점이 없고 계속 감소하는 분포)이 작용하는 '척도 없는 네트워크Scale Free Network'로도 설명이 가능하다고 한다. 구글이나 아마존은 바로 이 '척도 없는 네트워크'를 가장 잘 살리고 있는 사례이다. 어떠한 분야에서건 네트워크적인 구조가 생기게 되는 과정에서 대다수의 결절점을 가진 허브(중심점)와 그와 연관된 스포크spoke라는 관계가 발생한다. 이러한 관계를 '척도 없는 네트워크'라고 하며, 이를 이론화한 미국 노틀담대 물리학 교수인 바라바시에 따르면 여기에는 몇 가지 특징이 있다.

첫째, 성장이 있다. 시간의 추이에 따라 노드가 증가하고 그 결과 네트워크가 생긴다. 둘째, 우선적 선택이 일어난다. 새로운 노드가 생길 때에는 당연히 기존 노드와 연결될 필요가 있지만 그때 새로운 노드는 이미 많은 링크를 가진 기존 노드를 우선적으로 선택한다. 따라서 기존 노드는 시간이 경과함에 따라서(성장함에 따라서) 많은 노드를 획득해 나간다.

이렇게 하여 소수의 링크를 받는 노드는 아주 많고 무수히 많은 링크를 받는 노드는 소수에 불과한, 다양화 속의 일극집중 현상이 생긴다. 문제는, 이러한 두 가지의 특징만으로는 선행자의 이익이 강조되어 아마존이나 야후보다 나중에 나타난 구글의 성공을 설명할 수 없다는 것인데, 이에 대해 바라바시 교수는 다음과 같은 이야기한다.

"경쟁적인 환경에서 노드는 각각 적응도를 지니고 있다. 여기서 적응도는 예를 들자면 친구를 만드는 능력이라고 할 수 있다. 노드가 회사라고 한다면 소비자를 매료시켜 끌어들이는 능력이다. 노드가 배우라면 사람들에게 사랑받고 기억을 하게 하는 능력이다. 웹 페이지라면 경쟁하고 있는 수십억의 페이지 중에서 특정 페이지를 매일 보러 오게 하는 능력이다. 적응도는 각각의 노드가 경쟁의 최전선에 있도록 하는 능력을 정량화한 것이다."

### 개성의 존중과 다양성의 매니지먼트가 필요하다

한편 구글과 아마존이 고객맞춤형 서비스를 개발하여 점점 개인화되어 가면서 그에 따른 부작용도 예상이 된다고 한다. 구글은 전 세계의 웹 페이지를 대상으로 통합 데이터베이스를 구축하고 정보를 수집, 체계화함과 동시에 애드센스, 애드워즈 방식으로 많은 돈을 벌어들이고 있고, 아마존도 구글과 유사한 협력 프로그램으로 고객을 확대해 왔다. 그러한 개인화가 진행되면 될수록 우연성 같은 것은 희생할 수밖에 없다고 한다. 즉, 개인화된 프로그램에 의해 관심이 있는 것만을 자동적으로 선택하게 되면 개인의 관심 강화나 전문화에는 유효하지만, 다른 다양한 것에는 눈을 돌리지 않게 되며 결과적으로 우연성에 의한 정보나 사람의 발견이 대폭 줄어들 수밖에 없다는 것이다.

    침묵의 나선현상과 일극집중 현상은 정치나 사이버 세계에서만의 문제는 아니다. 바라바시 교수가 말하는 적응도 높은 노드라는 것은 조직 내의 스타와도 같다. 본인이 지닌 인간적인 매력으로 주변의 사람들을 끌어들이는 노드가 있는가 하면, 창의적인 아이디어와 탁월한 기술력으로 많은 조직원들의 희망이 되고 있는 노드의 주변에 많은 다른 노드들이 모여들기도 한다. 조직 내에서도 스타들을 중심으로 한 일극집중은 피할 수 없는 것이다. 그렇다고는 해도 다른 평범한 노드들이 스타 노드에 기생하여 살아간다고 단정해서는 곤란하다. 그들이 없으면 스타 노드도 없다는 관점, 그리고 스타 노드도 결국 다른 노드들에 의해 어떤 형태로든 지원을 받고 있다는 관점에서 조직 내 많은 소수파들을 침묵의 나선에 빠지지 않게 하는 무언가가 필요하다. 패거리 문화나 침묵의 나선, 그리고 일극집중 현상도 경우에 따라서 조직의 핵심역량으로 기능하기도 하지만, 개인의 창의성과 그것을 기반으로 하는 집단 창조성이 요구되는 창조경영의 시대에는 역시 개성을 존중하고, 소수의 의견에 귀를 기울여 일극집중을 방지하는 다양성의 매니지먼트가 중요하다 하겠다.

# 장인정신과 온고지신

삶의 페이지를 접고 과거를 돌아보다

**Dog Year, Dog Ear**

한때 'Dog Year'라는 말이 회자되던 때가 있었다. 정보기술 분야의 혁신 스피드를 이야기할 때 많이 사용되는 말인데, 통상 7년 정도에 걸쳐 일어나는 변화가 1년 사이에 일어나는 것을 의미하며 이는 개의 1년이 인간의 7년에 해당한다는 말에서 유래했다고 한다. 'Dog Ear'라는 말도 있다. 늘어져 있는 개의 귀에 비유하여 생겼는지는 몰라도 모서리의 접힌 부분을 지칭하는 말이다. 한참 진행하던 프로젝트를 접고 갑자기 방향이 바뀌기도 한다는 뜻을 담고 있다는 점에서 이 용어 역시 변화가 빠른 IT업계에 적합한 말이라고 하는 사람도 있는데, 꼭 그렇게만 볼 것은 아니다. 우리가 책을 보다가 'Dog Ear' 표시를 해 놓는 것은 그 책을 읽는 것을 그만두고 다른 책을 읽겠다고 마음을 고쳐먹기 때문이 아니라 조금 쉬어 가기 위해서거나 또는 해당 페이지를 나중에 다시 한 번 보기 위해서가 더 적절한 이유이다. 개를 가지고 표현한 두 가지 말이 발음도 같으면서 철자 하나를 생략하면 의미가 이렇게 달라지니 참 재미있다.

개와 사람의 일생을 비유하는 말은 많은 것을 생각하게 한다. 잠깐 낮잠을 자는 사이에 꿈속에서 무릉도원에 가서 잠시 놀다 왔는데 도끼자루가 썩어 있었다는 옛 이야기도 마찬가지로 시간의 상대성을 상기시켜 준다. 시간뿐 아니라 공간도 그렇다. 높은 산에 올라가 아래를 내려다보거나 비행기를 타고 가다가 창밖에 펼쳐지는 시가지를 보면서 마치 소인국이나 개미들의 삶의 현장을 관조하고 있는 듯한 느낌을 가져 본 경험이 누구나 있을 것이다. 우리는 시공간 속에서 살아가고 있기 때문에 일상에서 조금 일탈해 보지 않고서는 좀처럼 시공간의 상대성을 인식하지 못한다. 바쁜 일상에서 속도와 효율이야말로 추구해야 할 지상과제가 되고 있는 현실이지만, 가끔은 진행시키던 일의 페이지 모서리를 잠시 접어 두고 다른 생각을 해 보는 것은 어떨까. 어쩌면 그런 생각이 하는 일을 보다 더 효율적이고, 속도가 나도록 만들어 줄지도 모른다. 그런 관점에서 'Dog Year'처럼 질주하는 현대사의 페이지를 'Dog Ear'로 접고, 과거로의 여행을 통한 온고지신(溫故知新)을 시도해 보는 일 또한 의미가 있을 것이다.

## 마츠리 다시의 복원과 장인정신

지난 2005년에 일본에서는 상당히 흥미로운 비디오가 출시되었다. '평성직인(平成職人)'이라는 제목이 붙은 것으로, 현대의 장인들에 의해 복원된 전통을 다룬 이야기를 담고 있다. 구체적으로는 사이타마(埼玉)현의 치치부요 마츠리(秩父夜祭), 교토의 아오이 마츠리(葵祭) 또는 기온 마츠리(祇園祭)와 더불어 일본에서 가장 아름다운 마츠리 중 하나라고 일컬어지는 기후 현의 히다다카야마 마츠리(飛騨高山祭)를 장식하는 호화로운 마츠리 다시 또는 마츠리 야타이(祭山車, 축제에 등장하는 화려하게 장식한 수레)의 제작 스토리가 담긴 것이었다. 마츠리 다시는 에도시대 무렵까지 정치적인 이유를 포함한 여러 가지 배경 때문에 많은 다이묘(大名, 영주)들이 제작을 지원했지만 메이지유신 이후에는 점차 후원자가 없어져 만들지 않게 되었다고 한다. 그렇게 100년 이상의 세월 동안 새로운 마츠리 다시가 제작되지 않았기에 관련 직인들은 기존 마츠리 다시의 수리 보수에만 관여를 할 수 있었고 따라서 마츠리 다시 제작을 위한 장인의 기술이 소실될 우려가 있다는 이야기까지 나오게 되었다. 이러한 상황에 주목한 어느 독지가가 히다다카야마 마츠리에 사용될 새로운 마츠리 다시의 제작을 지원하겠다고 나섰다. 그리고 수주를 받은 목공을 중심으로 한 열두 명의 명공들과 제자들이 힘을 모아 1년이라는 짧은 시간 안에 새로운 마츠리 다시를 완성해 낸다.

새롭게 만들어질 마츠리 다시의 본체에 사용할 목재를 고르는 장면으로 시작하는 이 다큐멘터리는, 마츠리 다시의 부분 부분을 그 방면에서 일본 제일이라는 여러 지역에 사는 명공들이 각각 만들어 최종적으로 한 곳에 모여 조립을 하는 프로세스로 진행이 된다. 마츠리 다시 본체는 마츠리가 끝난 뒤 분해를 하여 보관하게 되므로 못을 사용하지 않고 접합 부분을 요철 가공하여 조립한다. 따라서 한 치의 오차도 허용하지 않는 목재 가공 기술뿐만 아니라 본체에 붙이는 쇠 장식(장식용 또는 손상 방지용 금속공예품), 옻칠, 지붕의 처마 밑 장식을 위한 조각, 바퀴 등에 모든 요소에 장인의 기술이 필요하다. 특히 마츠리 다시의 바퀴를 만드는 공정이 인상 깊었다. 원형의 바퀴를 만들기 위해 커다란 목재를 4각, 8각, 16각, 32각으로 대패질을 하며 깎아 나가면서 완전한 원형을 만들어 가는 과정도 그렇지만, 만들어진 원형의 목재 바퀴가 굴러가면서 상하지 않도록 바퀴 둘레에 금속으로 만든 굴레(굴레라기보다는 굴렁쇠와 같이 생겼음)로 덧씌우는 장면이 있었는데, 신기(神技)란 바로 이런 것이 아닌가 하는 생각이 들 정도였다. 주조된 강재를 가지고 기계의 도움 없이 잣대 하나만을 사용하여 정원형의 굴레를 만들어 내는 과정도 물론이고, 목재로 된 바퀴에 못질을 하지 않고 강재를 붙이기 위해 쇠 굴레에 열을 가하여 다소 늘어나게 한 다음, 순식간에 목재 바퀴에 쇠 굴레를 씌우고 차가운 물로 식혀서 강재의 수축 작용에 의해 목재 바퀴와 굴레가 빈틈없이 접합이 되게 하는 단계에 이르러서는 벌어지는 입을 다물기 어려웠다.

완성된 마츠리 다시의 곳곳에 그것을 만든 장인의 숨결이 보이지 않는 형태로 남겨져 있다는 점이 흥미로운데, 그것을 해당 직인들은 '아소비고코로(遊び心, 놀이감각)', '직인의 도락(道樂)' 등으로 표현하고 있었다. 즉, 본인이 만든 마츠리 다시 각 부분의 보이지 않는 곳에 자신만이 아는 표식을 해 두었다는 것이다.

❙ 새롭게 만든 히다다카야마의 마츠리 다시

### 비단벌레 이야기

마츠리 다시의 복원과 비슷한 시기에 나라(奈良)현 호류지(法隆寺)에 소장되어 있는 아스카 시대(7세기)의 불교 공예품인 다마무시주시(玉虫厨子, 불상 등을 안치시키는 탑 모양의 공예품)의 복원이 이루어진 사례도 있다. 어느 실업가의 유지로 복각판과 헤이세이(平成)판이 만들어져 봉납되었다고 하는데, 대단한 것은 여기에 사용된 비단벌레의 날개이다. 비단벌레의 일본 이름인 다마무시(玉虫)는 보석처럼 아름다운 벌레라는 의미로, 비단벌레의 날개는 빛을 반사시켜 천적인 새들의 눈을 피하는 기능을 지니고 있다고 한다. 그래서인지 비단벌레의 날개는 옛날에는 왕을 상징하는 물건에 많이 사용되었다. 복각판의 경우 원래 사용되었던 날개의 위치를 충실하게 재현하여 약 6600개의 날개가 사용되었으며, 평성판에는 받침다리와 불화(佛畵)부분에도 사용, 총 3만 6000개의 날개가 사용되었다고 한다.

2006년에는 우리나라에서도 1600년 전의 비단벌레 관련 유물이 복원된 사례가 있다. 경주 황남대총에서 출토된 유물 가운데 복원기술이 없어서 박물관 암실에 장기간 수장되어 있던 고대 최고의

▌비단벌레와 다마무시주시

공예기법인 옥충장식(玉蟲裝飾, 비단벌레 날개를 활용한 장식) 마구(馬具)가 복원된 것이다. 이 복원 작업은 울산 MBC가 「천년 불사(不死)의 꿈, 비단벌레」라는 다큐멘터리를 제작하는 과정에서 이루어졌으며, 일본의 비단벌레 연구가인 아시자와 시치로(芦澤七郎)로부터 복원에 필요한 비단벌레 1000마리를 무상으로 제공받아 경주의 전통 금속공예가인 최광웅이 2년에 걸쳐 완성한 것이라고 한다.

**때로는 뒤를 돌아보는 것이 앞으로 나아가는 것일 수도 있다**

일곱 배로 빨리 살아가도 따라가기 어려울 정도로 변화가 극심하다는 현대에, 100년 전의 세계로 돌아가 마츠리 다시를 재현하고자 하는 프로젝트 관계자 및 직인들의 분투기는 그야말로 'Dog Ear'와 같은 이야기라 할 수 있다. 마츠리 다시 자체에도 'Dog Ear'에 해당되는 이야기가 들어있는데, 마츠리 다시를 구성하는 각 부분을 접합시키는 부위의 요철 부분에 조금 여유를 두어서, 울퉁불퉁한 길을 가면서 다시가 흔들릴 때의 충격을 흡수하게 하고, 다시에 매달린 등불이 흔들리는 아름다움을 느끼게 하는 것이 바로 그러하다. 수 년 전부터 불고 있는 웰빙 붐과 함께 최근 '슬로우 라이프' 이야기도 많이 들린다. '슬로우 라이프'라는 말은 원래 북이탈리아 지방에서 사용되기 시작한 '슬로우 푸드'라는 말이 계기가 되어 발전했다고 하는데, '슬로우 푸드'는 물론 '패스트 푸드'에 대응이 되는 말이다. 맥도널드 햄버거 등 세계의 어디에서나 볼 수 있는 규격화된 식품이 아니라 그 지방에서만 나는 식자재로 독특한 먹거리를 만들어서, 주민들과 함께 즐기면서 화제의 꽃을 피우는 생활을 즐기자는 취지에서 나왔다고 하니, 이 역시 'Dog Ear'와 같은 맥락이 아닌가 한다.

  심심하면 한 번씩 유행하는 복고풍이 세상을 즐겁게 하듯이, 기업이라는 조직도 앞만 보고 달리던 것을 멈추고 가끔은 뒤를 돌아보는 것도 의미가 있다. 'Dog Year'의 도그마가 지배하는 조직에서 'Dog Ear'와 같은 발상을 하기는 대단히 어려운 일이지만, 새로운 마츠리 다시 제작 스토리에서 보듯이 그런 과정을 통해 전통이라는 것의 현대적인 부활을 기대할 수 있다. 선진 사례 벤치마킹의 홍수 속에서도 답이 보이지 않을 때, 잠깐 쉰다는 기분으로 수십 년 전에 도입되었거나 시행되었던 수많은 제도들을 찾아내서 하나하나 음미하며 반추해 보다 보면, 의외로 거기에 오늘날 우리가 안고 있는 문제의 해답이 있을지도 모르는 일이다.

# 개선에 능한 일본, 개혁을 좋아하는 한국

귀태의 견제와 창조적 조직문화 구축

**스텝바이스텝의 나라 일본과 건너뛰기가 일상화된 한국**

일본에 처음으로 장기체류를 하는 한국 사람들은 답답함을 자주 토로한다. 한국에서는 당연한 일이 수월하게 처리되지 않기 때문이다. 어느 날 필자도 잘 쓰지 않던 은행의 캐시 카드를 어디에 두었는지 보이질 않아 분실 신고를 하고 재발급을 받으려 했다가 한국의 은행과는 달리 즉시 발급이 안 된다고 해 당혹스러웠던 기억이 있다. 회사와 같은 건물에 있는 은행이라서, 그렇다면 시간 절약을 위해 직접 은행에 와서 다시 찾아 가겠다 했더니 그것도 안 된다고 한다. 캐시 카드는 우편으로만 보낸다는 규정 때문이란다. 왜 그런가 물었더니 계좌를 개설할 때에 적어 놓은 주소에 실제로 본인이 살고 있는지를 확인하기 위해서라나.

일본은 개선의 나라이다. 카이젠(改善)이라는 일본어가 발음 그대로 영어사전에 등재되어 있을 정도이다. 개선이 일상화되어 있는 일본에서 왜 이러한 고객의 불편함은 개선되지 않고 있는 것일까. 그것은 리스크를 가능한 한 최소화하려는 일본인들의 일하는 방식과 무관하지 않다. 한쪽에서 보면 개선될 것처럼 보여도 전체적으로 봤을 때 그 결과가 나아진다고 생각되지 않으면 바꾸지 않는 게 낫다고 생각한다. 아마도 필자가 거래했던 은행의 경우 캐시 카드 소유자의 주소지에 실제 거주 여부를 묻지 않아서 일어났던 어떤 리스크가 있었기 때문에 그런 규정이 도입되었을 것이다. 아니면 초기에 여러 가지 벤치마킹을 통해 만들어진 규정이 개선의 실익이 없다고 판단해 그대로 유지하고 있을 가능성이 높다.

또한 일본 사람들은 대단히 사소하다고 생각할 수 있는 세밀한 부분까지 개선을 하려는 집착이 강해 전체적으로 답답해 보이고 변화가 느린 듯 생각된다. 일본 사람들 대부분은 프로세스 등 주어진 여건은 바꿀 수 없다고 생각하고 가능한 범위 내에서 개선을 위한 노력에 애를 쓴다고 해도 과언이 아니다. 반면 한국 사람들은 대세에 지장 없다면 상황과 여건을 무시해 버리거나 건너뛰면서 새로운 것으로 대체하는 일이 일상화, 습관화되어 있고 어찌 보면 그것을 즐기기도 한다. 예로부터 전해 내려오는 '모로 가도 서울만 가면 된다.'는 식의 사고방식 때문이 아닐까 하는 생각이 들 정도이다. 물론 이러한 특성이 오늘날 한국의 몇몇 기업이 일본 기업에 비해 약진할 수 있었던 이유 중 하나이기도 하다. 근대화, 산업화의 후발국가, 후발기업으로서는 중간 단계를 건너뛰지 않고 따라잡기가 쉽지 않기 때문이다.

### 개선의 관점과 개혁의 관점

지금까지의 산업 사회는 수많은 사람들의 개선과 개혁의 노력에 의해 발전해 왔다. 개선의 관점은 개혁의 관점과 사뭇 다르다. 다음의 그림에서 볼 수 있듯이 예를 들어 어떤 일을 수행하는 데 다섯 가지의 프로세스가 필요하다고 하면, 다섯 가지의 프로세스를 전제 조건으로 보고 각각의 프로세스를 어떻게 하면 신속하고 효율성 있게 만들지 고민하는 것이 개선의 관점이며, 프로세스 자체도 바꿀 수 있다고 보고 몇 개의 프로세스를 아예 없애거나 건너뛰는 것을 고민하는 방식이 개혁의 관점이다.

문제는 개선의 관점과 개혁의 관점 중 어느 한쪽만 가지고는 진정한 의미의 제품과 서비스 선진화를 이루기가 어렵다는 것이다. 삼성전자 윤종용 전 CEO가 지적했던 것처럼, 산업의 패러다임이 아날로그 시대에서 디지털의 시대로 이동하면서 한국의 건너뛰기식 개혁이 효과를 보았다고 할 수 있지만 아무리 디지털이 중시되는 세상이라 하더라도 아날로그의 세계가 없어지는 것은 아니다. 실물경제의 뒷받침 없이 화폐경제만으로 살아갈 수 없는 것과 마찬가지로, 아날로그의 뒷받침이 없는 디지털의 세계는 허상에 불과할 뿐이다. 초기의 아이팟은 스텐레스를 정밀하게 가공할 수 있는 일본의 아날로그 금형기술 없이는 탄생하기 어려운 제품이었다. 확신하건대 앞으로는 아날로그적인 감성이 더욱 중시될 것이다. 많은 사람들이 갖고 싶어 하는 고급 브랜드일수록 제품이나 서비스의 아주 세심한 부분까지 고객을 위한 배려가 중요할 수 있기 때문이다. '신들이 보고 있으므로 사람의 눈에 보이지 않는 부분까지 다듬었다.'는 피디아스(파르테논 신전 지붕 위에 있는 작품을 조각한 조각가)의 말처럼 작은 것

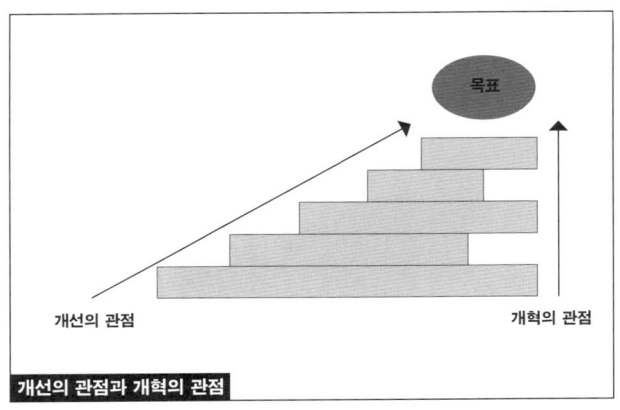

개선의 관점과 개혁의 관점

까지 놓치지 않고 배려하는 자세야말로 세련된 제품, 세련된 문화를 만드는 바탕이다.

### 개혁의 관점 이면에 있는 조직의 병, 귀태

'귀태(鬼胎, きたい)'라는 말이 있다. 포상기태, 임신성 융모 상피질환을 뜻하는 말로, 임신 중에 수정이 잘못되어 생기는 병을 지칭하는데, 나중에 암으로 발전하는 경우도 있다. 현대 의학으로도 아직 정확한 발병 과정을 밝혀 내지 못 했으며, 매우 다양한 패턴을 가지고 있어서 암도 아닌데 암처럼 행동하기도 한다. 귀태라는 병이 가진 이러한 속성을 역사상의 사실을 해석하는 데 활용한 사례가 있다.

『언덕 위의 구름』이라는 장편소설로 우리나라에도 많이 알려진 일본의 국민작가 시바 료타로(司馬遼太郎)는, 러일전쟁부터 1945년 제2차 세계대전 패전까지 약 40년의 시간을 근대 일본이 낳은 역사의 '귀태'라고 지적한 바 있다. 그가 왜 그런 지적을 했는지는 명확하지 않지만, 메이지 유신을 통해 동양권에서는 가장 먼저 근대 국가로서의 힘을 축적한 일본이 그것을 잘못 휘둘러서 결국 자국민뿐만 아니라 다른 국가의 국민들까지 고통스럽게 만들고 역사의 귀태를 만들게 되었다는 이야기라고 해석할 수 있다. 우리나라의 현대사와 관련해서도 도쿄대학의 강상중 교수가 비슷한 지적을 한 바 있다. 강 교수는 '귀태'라고 불리는 일탈의 시대야말로 식민지 조선시대부터 해방 후까지 계속된 심각한 '뒤틀림'을 드러낸 시대라며, 일본과 인연이 있는 박정희 정권, 그리고 자신을 포함해 일본에 살고 있는 60여만 명의 재일교포들까지도 '귀태의 후예'로 보았다. 즉, 역사적인 변혁기에 일어난 뒤틀림이 귀태와 같은 조직의 병을 잉태하게 된다는 이야기다.

2003년의 어느 강연회에서 당시 소니의 이데이 노부유키 회장이 '일본은 제도 측면에서 한국에 졌다.'라는 이야기를 했다. 제도와 제도가 부딪칠 경우에 싸우든 어찌하든 어떻게든 해결을 보는 한국과는 달리, 일본은 제도의 모순이 생기더라도 해결하지 않고 평행선을 유지하기 때문이라는 것이었다. 한국이 훨씬 효율적인 것 같지만 잘못 만들어진 제도가 주는 폐해를 생각하면 꼭 그렇지만도 않다. 갈등이 생긴다는 것은 양자 간의 이해가 충돌한다는 뜻인데, 속성으로 해결을 볼 경우 힘의 논리에 의해 승패가 갈리기 쉽다. 만에 하나 잘못된 제도의 개선으로 어느 한쪽만 계속 이익을 보게 될 경우, 그것은 마치 귀태를 만드는 것과 같아 손해를 보는 쪽이 언제 암적인 존재로 바뀔지 모를 일이다. 뿐만 아니라 충분히 검토되지 않은 미숙한 제도를 성급하게 바꾼다면 제도의 피로 현상이 쉽게 발생할 것이고 그 제도를 또 다시 바꾸는 비용도 만만치 않을 것이다. 요즘 같은 스피드 시대에 장고에 장고를 거듭하자는 것은 아니지만, 무엇이든 '빨리빨리', '대충대충' 하는 습관은 경우에 따라 어느 정도 제동을 걸지 않으면 세련되고 성숙된 사회로 진입하는 데 장애물로 작용할 가능성이 크다. 즉, 앞으로는 지금까지 우리가 장기로 삼아온 개혁의 관점에 일본이 장기로 하는 개선의 관점을 함께 고려해야 한다.

### 제도에 내재된 귀태의 가능성

1997년 말의 아시아 경제위기 이후, 회사의 업적이나 개인의 성과에 따라 급여의 비중을 달리하는 등 소위 성과주의 인사제도를 도입하는 기업이 늘었다. 그러나 적절한 수준의 기본급여 보장, 개인의 필요에 따라 다양한 삶의 목적을 추구할 수 있는 기회 제공, 일반 직원도 노력을 통해 우수 인재와 경쟁해 볼 수 있거나 다른 개인적 목표를 추구할 수 있도록 하는 환경 정비 등 세심한 제도적 배려를 하지 않고 유행에 따라 성급하게 성과주의 일변도의 제도를 도입하여 조직의 논리만을 일방적으로 강요할 경우, 직원들은 처음에는 어쩔 수 없이 따라가다가도 언젠가는 귀태로 발전할 위험이 높다. 글로벌 경쟁에서 살아남기 위한 전략의 하나로, 어느 정도 사내 경쟁을 유도하는 제도를 정비하는 것이 불가피하다고 해도 상생의 경쟁이 아닌 어느 한 쪽을 귀태로 만들어 버리는 소모적인 경쟁을 유발하는 제도가 되어서는 안 될 것이다.

후지츠(富士通)라는 일본의 대기업은 성과주의 인사제도를 잘못 도입하여 실패한 경우로 꼽힌다. 1990년대 이후 불기 시작한 구미식의 성과주의 인사제도 도입의 분위기에 편승하여 연봉제를 도입한 후유증으로 사내의 조직문화가 엉망이 되었기 때문이다. 결국 인사부에 근무하다 퇴직한 사원이 왜 후지츠에서는 성과주의 인사가 실패할 수밖에 없는가를 적나라하게 공개한 책까지 출판이 되었으며, 사장이 공식적으로 성과주의 인사의 병폐를 인정하면서 연봉제를 폐지하고 옛날로 되돌아가겠다고 선언하기도 했다.

### 사람을 귀태화하지 않는 창조적 조직문화의 조성

오늘날과 같이 경쟁이 심한 사회에서 보통 사람이 아닌, 천재나 우수한 기술자, 뛰어난 CEO의 능력이 필요한 것은 자명한 사실이다. 문제는 그런 사람들이 조직 내에 매몰되지 않고 자신의 능력을 제대로 발휘할 수 있도록 뒤틀린 곳 없이 건전한 상식이 통하는 조직문화를 정비하려고 노력하는 곳이 많지 않다는 사실이다. 이것은 조직문화라는 것이 눈에 보이지 않는 무형의 존재이기 때문이기도 하다. 외부에서 아무리 훌륭한 인재를 영입해 온다고 해도 최고 경영자가 이를 방치하거나 대다수의 보통 사원들이 이 사람들의 의견을 받아들이고 지원하는 태도를 갖지 않는다면 모처럼 확보된 인재도 그 능력을 제대로 발휘하기 어렵다. 이런 상태가 오래 되면 영입된 인재들이 조직의 귀태로 변하지 말라는 법도 없다. 창조적인 조직문화를 가진 조직에서는 상호신뢰의 기반 위에서 창조적인 아이디어를 가진 사람의 의견이 아무런 장애가 없이 상하좌우로 소통이 이루어지고 거기에 집단으로서의 지성이 더해져 창조적인 아웃풋인 제품과 서비스로 결실이 맺어지게 된다.

메이지시대의 군인인 니노미야 주하치(二宮忠八)는 하늘을 날기 위해서는 날개 모양을 몸통에 붙이고 힘껏 움직이지 않으면 안 된다는 고정관념을 깨고, 날개로 공기를 받아들여 공기저항을 제어함으로써 공중으로 날아오르는 비행 원리를 발견했다. 그는 미국의 라이트 형제보다 9년 앞선 1894년에 자신이 고안한 비행기 설계도를 군 상층부에 보고했으나 기각되었고, 그 뒤에는 아무도 후원해 주는 사람이 없어 자비로 연구를 계속하다가 결국 최초 비행기 완성 기록을 1903년의 라이트 형제에게 빼앗기고 말았다고 한다. 이러한 사실은, 조직 내에 우수한 인재의 재능을 중요하게 생각하고, 집단 차원에서 지원하는 체제와 이를 튼튼하게 뒷받침 해 주는 신뢰와 소통의 창조적인 조직문화 구축이 얼마나 중요한가를 보여 주는 좋은 사례라고 하겠다.

한 가지 다행스러운 것은, 귀태라는 병은 치료가 불가능한 난치병이 아니라는 사실이다. 조기에 발견하면 손쉽게 치료할 수 있을 뿐만 아니라, 중병으로 발전하더라도 정확한 진단을 하고 수술을 하면 치료가 된다고 한다. 어쩌면 그렇게 조직의 생리와 유사한 병인지 모르겠다.

# 일본화와 탈 일본화

일본 IBM의 사례를 통해 본 위기 극복 전략

## 일본에서 살아남기 어려운 외자계 기업

실생활에서 뿐만 아니라 비즈니스의 세계에서도 일본은 대단히 배타적이라는 생각이 들게 만드는 많은 요소들이 있다. 비관세 장벽이라고 할 수도 있고, 문화적 장벽이라고 할 수도 있으며, 상관습의 차이라고 볼 수도 있는 문제들이다. 《주간 동양경제》라는 잡지사의 2007년판 '외자계 기업 조사 보고서'를 보면 재미있는 사실을 찾을 수 있다. 당연한 결과일지는 모르나 매출액 상위 100개 회사 가운데 미국과 유럽계 기업이 94개이고, 매출액 1천억 엔 이상인 상위 50개 기업 가운데에는 한국 기업 두 곳을 제외한 나머지 48개사가 모두 서양의 기업이라는 사실이다. 또 한 가지는, 일본에서 성공한 외자계 기업들은 거의 예외 없이 진출 당시에 일본에 없는 것을 가지고 들어간 기업들이라는 것이다. 물론 일본에 없는 것을 가지고 들어간다고 해서 모두 성공할 수 있는 것은 아니며, 또한 일본삼성의 경우처럼 일본이 장기로 삼고 있었던 반도체와 LCD 제품으로 일본 시장을 평정한 사례도 있다.

선진국의 기업들도 마찬가지겠지만, 특히 우리나라를 비롯하여 일본보다 경제력이 뒤처지는 나라의 기업이 일본에서 성공적인 비즈니스를 이루어 나가기는 대단히 어렵다. 여기에는 여러 가지 이유가 있겠지만, 우선은 일본 기업끼리의 경쟁에 끼는 일이 어렵다는 것을 들 수 있다. 일본에서 생활하면서 자주 듣게 되는 '닛뽄이치(일본에서 1등)'라는 말이 상징하듯이 일본의 기업들은 세계 시장에서 성공을 하는 것보다는 일본 내에서 제일이 되는 것을 중요시하는 측면이 있기 때문이다. 또한 일본에 정착되어 있는 양판점형 유통구조와 높은 광고선전비 등의 인프라 활용비용이 장애가 되는 경우도 있다. 일본의 가전 양판점에 30~40퍼센트 이상의 마진을 주고도 이익을 올릴 수 있는 외자계 기업은 많지 않을 것이며, 일간지 한 면 전체에 광고 한 번 싣는 데 2500만에서 3000만 엔을 호가하는 높은 마케팅 비용을 감당하기도 어렵기 때문이다. 한편 신규로 진출하는 경우에는 인맥을 활용하지 않고 그들만의 네트워크에 진입하기 어렵다는 것도 장애 요인이기는 하지만 오히려 그것은 사람의 노력에 의해 극복 가능하다고 할 수 있다.

### 일본 IBM의 일본화

일본의 어느 우익잡지에 실린 한국 기업의 일본인 기술자 스카우트에 관한 비판적인 기사를 보면서, 일본에서 성공한 외자계 기업 중 평판이 높은 일본 IBM을 떠올렸다. 현재 많은 일본의 기술자, 젊은이들이 가장 입사하고 싶어 하는 기업의 하나가 된 일본 IBM에 대해서는 어느 누구도 일본인 기술자를 빼간다느니, 기술 유출이라느니 하는 이야기를 하지 않기 때문이다. 일본 IBM은 일본에서 성공한 다른 많은 외자계 기업들과 마찬가지로 일본에 없는 것을 들여와 영업을 하는 세계적인 초우량 기업이라는 의미에서, 일본에 있는 것, 그것도 일본이 가장 강점으로 삼고 있는 전자제품, 자동차 등을 가지고 영업을 하는 한국 기업들과는 여건이 상당히 다르다고 할 수 있다. 그러나 일본 IBM이 일본에 처음 진출한 시기가 1937년임을 생각하면, 현재보다는 훨씬 더 외자계 기업에 대해 폐쇄적이고 배타적이었을 당시 일본의 시장 환경에서 정부의 지원을 받는 후발 일본 기업과 경쟁해 나가면서 나름대로 인내와 노력을 계속해 왔다는 점을 무시하기 어렵다.

수년 전 어느 강연회에서, 당시 재일 미국상공회의소 의장으로 있던 글렌 후쿠시마가 일본 시장에 존재하는 외자계 기업에 대한 장벽으로, 첫째 정부관계, 둘째 구조적, 조직적, 제도적인 것, 셋째 심정적, 태도적인 것 이렇게 세 가지를 지적했다고 한다. 이 가운데에서 아직 상당부분 남아 있기도 하고 외자계 기업에게 꽤 곤란한 것이, 일본의 특이한 상관습, 혹은 일본 사회가 가진 독특한 '이질적인 것에 대한 폐쇄성'이다. 일본 IBM의 경우에도 초기에는 대륙간탄도탄(I CBM)을 만드는 회사로 알려질 정도로 일반인들의 인지도가 낮았고, 심지어는 적대감을 가진 사람들한테까지 영업을 해야 했으며, 어느 정도 일본의 컴퓨터 관련 회사들이 성장을 한 다음에는 일본 IBM 제품을 구입한 회사들에 대해 일본 정부가 '왜 일본 IBM의 제품이 아니면 안 되는지에 대한 소명하라.'고 주문

할 정도였다고 한다. 일본 IBM에서 전무까지 지낸 다케나카(竹中)의 회고에 따르면, 이러한 환경에서 일본 IBM이 성장하는 데에 결정적인 역할을 한 것은 일본 사회에 정착하여 일본 사회와 함께 걸어 나가야 한다는 신념을 가지고 노력을 계속해 온 'IBM의 경영자'라고 한다.

일본 IBM은 일본 사회로부터 신뢰를 얻기 위해 첫째, 사회적인 니즈에 맞고 산업계에서 자금을 모으기 어려운 분야를 선택하여 자금, 기구, 교육, 서비스 등을 지원하고 둘째, 침묵은 금이라는 일본의 전통문화 개혁과 적극적인 의견교환 문화 창조를 지원한다는 두 가지 원칙을 기조로 적극적인 사회공헌 활동을 펼쳤다고 한다. 이 중 재미있는 것은 적극적인 의견교환 문화를 확립한다는 것인데, 이는 창조와 관련된 방안으로 시이나 다케오(椎名武雄) 사장의 아이디어라고 한다. 즉, 국제화가 진행되는 시대에 맞춰 일본 및 일본인이 세계 속에서 보다 잘 받아들여지기 위해서는, 일본인 개개인이 공공의 장소에서 적극적인 의견 교환을 하는 새로운 문화의 창조는 필수라고 생각했다는 것이다. 그 결과 만들어진 모임 중 대표로 꼽을 수 있는 것이 1970년에 발족한 '아마기 카이기(天城會議)'인데, 지금까지 매년 1회 정도 일본 IBM의 아마기 연수소에 일본 각계의 리더들이 모여 일본이 안고 있는 제반 문제들에 대해 활발한 지적 교류를 해 오고 있다고 한다. 이러한 모임을 통해 친밀해진 일본의 오피니언 리더들이 여러 곳에서 일본 IBM에 대해 좋은 이야기를 해 주는 등 든든한 후원자가 된 것이다.

그러나 일본 IBM에도 위기는 있었다. 그중 가장 심각했던 것이 1980년대 초반의 산업 스파이 사건이었다. H사, M사 등 일본회사 사원이 미국

IBM에서 소프트웨어 기술을 훔치려다가 발각되었는데, 당시 일본 TV에 덩치 크고 험악한 인상의 미국인 경찰이 왜소하고 순해 보이는 일본인을 연행해 가는 모습이 반복해 방영되면서 많은 일본 국민들이 쇼크를 받았다고 한다. IBM 본사 앞에 연일 시위대가 몰려와 '고 홈'을 외쳐대고, 시이나 사장도 테러 위협에 시달리는 등 굉장히 어려운 상황에 처하게 되었다. 이때 일본 IBM은 그동안 사회공헌, 인맥관리 활동 등을 통해 쌓아올린, 일본 사회에 공헌하는 외자계 기업으로서의 긍정적인 이미지가 한순간에 무너지는 것을 보면서 이래서는 안 되겠다는 생각에 회사 이미지의 획기적 개선을 위한 프로젝트를 결성하고 다양한 활동을 추진했는데 그 주요 내용은 대략 다음과 같다.

첫째, 일본 사회의 이해를 얻기 위해 적극적으로 정보를 발신한다. 최소한 합법적인 수준의 대응만 하던 태도를 180도 바꿔서, 최소한의 회사 기밀 관련 사항을 제외하고는 모두 오픈하는 전략으로 전환한다.

둘째, '사회와 함께'를 슬로건으로 테크놀로지 리더십을 가진 회사, 국제화의 선구자, 좋은 기업시민 등의 이미지를 내세운다.

셋째, 사원, 고객, 오피니언 리더, 지역사회에 대해 경영이념, 활동실적 등에 대한 구체적인 정보를 적시에 제공한다.

넷째, 사회의 강력한 오피니언 리더인 신문, 잡지, 텔레비전 등의 매스미디어에 적시에 적절한 정보를 제공한다.

다섯째, 홍보, 사내홍보, 고객 대상 발간물 등을 기본으로, 매스미디어, 옥외광고 등의 각종 미디어를 활용한 광고 선전 활동을 병행한다.

이러한 노력의 가장 핵심은, 우선 사장의 얼굴을 통해 일본인들에게

다가갔다는 것이다. 자신들이 잘 모르는 대상에 대해서 배타적이고 두려워하는 마음을 갖고 있는 일본인의 성향을 감안해 10년 후에는 일본 IBM의 사장이 일본경제단체연합회 부회장이 되는 것을 목표로, 회사의 얼굴인 CEO를 전면에 내세워, 1980년대 중반에는 연간 90회 정도의 기자회견을 할 정도로 적극적인 활동을 했다고 한다. 그 때문이었을까. 일본 IBM 전 회장인 기타시로 가쿠타로(北城恪太郎)가 일본경제단체연합회는 아니지만 일본의 유력한 재계 인사들의 모임 중 하나인 경제동우회 회장(대표간사)으로 활동을 하기도 했다. 또 한 가지는, 잠깐 와서 돈만 벌고 가는 기업이 아니라 일본 사회에 완전히 뿌리내린 기업이라는 이미지를 심어 주기 위해 본사 사옥을 구입하고 연수소를 세우고 휴양소를 마련하는 등의 조치를 했다는 것이다. 일본삼성이 일본 IBM 바로 옆에 사옥을 건설한 것과 일맥상통하는 이야기라 할 수 있다.

### 드럼콜, 드럼마치에 의한 탈 일본화

외자계 기업들의 일본화 과정이 대단히 어려운 일이었듯이 일본이 서구 근대문명을 쫓아가기 위해 필수적이었던 탈 일본화도 매우 힘든 과정이었다. 많은 이야기가 있지만 지금은 필자가 취미로 삼고 있는 드럼에 관한 이야기를 들려 주고자 한다. 오쿠나가 야스토에 따르면, 에도시대는 200여 년간 평화가 지속된 시기이기 때문에 군대의 편제나 장비, 전술 등에 거의 진보가 없었다고 한다. 무사 역시 본연의 직업인 군인으로서의 역할은 이념으로만 남고 실제로는 행정 관료와 같은 역할로 변질되었다. 반면 유럽은 전란이 계속되면서 군사과학이 급속도로 발전했는데,

19세기가 되어 그들이 압도적인 군사력을 배경으로 개항을 요구해 오자 막부에서도 비로소 서양의 식민지가 될지도 모른다는 위기감을 느껴 서양식 군대를 창설할 필요성을 통감하고 군제의 개혁에 착수하게 되었다. 일본에게 있어 근대적인 군사제도를 도입한다는 것은, 우선 외국의 함선에 대항할 수 있는 해군의 창설이나 최신식의 대포, 소총을 보유한다고 하는 하드웨어적인 것을 의미했다. 그러나 이러한 최신식 총이 대량 생산됨에 따라 이를 효과적으로 사용하기 위한 전술 등 소프트웨어 측면의 혁신이 필요함을 깨닫고, 통일된 지휘 계통으로 총진을 구성하여 명령에 따라 신속하게 전개하는 다양한 전술이 고안되었다. 그런데 총을 가진 보병들을 명령에 의해 일사불란하게 움직여 작전을 착실하게 수행하도록 하는 것, 또는 반대로 개개의 소총부대들을 상관의 명령의 의미를 확실히 이해하도록 해 올바른 동작으로 바꿔 실행하게끔 만드는 것이 그리 간단하지 않았다. 즉, 근대적인 군대를 만들어 유효하게 기능시키기 위해서는 서양으로부터 총이라는 하드웨어만을 도입한다고 끝나는 문제가 아니었으며, 소총부대 집단이 명령에 따라 조직적으로 움직일 수 있도록 사전에 트레이닝을 시켜 놓는 등의 대응이 필요했던 것이다.

당시 소위 군사훈련이라는 것은, 발을 맞춰서 행진하는 것이나 총을 사용하기 위한 기초적인 동작에서 시작하여 대열이나 진형의 전개 등 실전에 직접 관련되는 훈련 뿐이었다. 이때 한 사람 한 사람의 보폭이나 보조가 정해지지 않고 모두 제각각이라면 대열을 지어서 행군을 하거나 면밀한 전술을 전개하는 것이 불가능하다. 그때까지의 일본의 병학 사상에는 극히 일부 예외를 제외하고는 집단으로 싸운다는 관념이 없었다. 즉,

군사훈련을 통한 신체동작이 상당히 새로운 것으로 받아들여졌다는 이야기인데, 이를 효율적으로 실시하기 위해 활용된 것이 '드럼'이었다. 일본에서 서양식 드럼이 최초로 연주된 것은 1855년 네덜란드로부터 증정받은 함선의 조종법을 배우기 위해 나가사키에 해군 훈련소를 개설했을 때였다. 당시의 군용 드럼에는 크게 두 가지 역할이 있었다. 하나는 사령관의 명령이나 지시를 리듬으로 변환하여 보병들에게 전하는 역할(드럼콜), 또 하나는 행진을 할 때 연주하는 역할(드럼마치)이었다. 드럼콜은 비교적 짧고 단편적인 리듬, 드럼마치는 상당히 길고 악곡으로서 정리된 구성이었지만 둘 다 사람을 움직이는 신호라는 점에서는 역할이 같았다.

### 근대화와 전략의 창

패거리 문화로부터의 탈피가 진정한 근대화라는 말이 있다. 그러나 아이러니컬하게도 일본의 근대는 드럼콜과 드럼마치라는, 도구를 활용한 획일적인 집단행동의 훈련으로부터 시작되었다. 하지만 역사적으로 볼 때 근대화라는 변화가 기계화 및 집단노동에 의한 산업화를 통해 이루어졌다고 생각하면, 집단 군사훈련을 통해 일본이 근대화라는 것을 의식하게 되었다는 방식도 그리 이상하진 않다. 어쨌거나 근대화가 군대 조직과 같은 집단의 파워를 통해 이루어졌다면, 개인의 창의성이 강조되는 앞으로의 시대는 어떻게 해야 할까. 과거의 역사를 부정할 수 없듯이, 아무리 개인의 창의성이 중요하다고 해도 조직의 뒷받침이 있어야 함은 당연한 사실이므로 조직력을 높이는 것과 개인의 창의성을 이끌어 내는 것이 상호조화가 가능하다는 것을 입증해 나가는 것이 과제라 하겠다. 경경영학에 '전략의 창'이라는 개념이 있다. 시장에서 열쇠가 되는 성공요인과 시장에서 경쟁하는 기업의 특정 능력과의 적합성이 최적의 상태가 되는 때는 순간에 지나지 않는다는 이론이다. 따라서 전략의 창이 열려 있을 때야말로 기회의 순간이며, 전략의 창이 닫히게 되면 적합도를 상실하게 되어 천재일우의 기회를 잃게 된다는 말이다. 결과론적인 이야기지만 일본 IBM의 경우에도 위기가 오히려 기회로 작용하여 전략의 창으로 기능한 측면이 있으며, 메이지시대에 일반 백성들에게 근대적인 운명공동체로 국가라는 의식을 심어 주기 위해 노력한 것도 시대에 맞춰 열렸던 전략의 창이라고 할 수 있다. 조직만이 아니라 개인에게도 기회의 창은 열리는 법이지만 본인이 느끼지 못하고 지나가 버리거나 모처럼 찾아온 큰 기회를 작게 활용해 버리고 마는 경우는 얼마든지 있을 수 있다. 준비하고 기다리는 것 외에는 답이 없다.

# 베토벤과 일본

'1만 명의 합창'이 상징하는 일본인들의 특성

### 베토벤의 음악을 사랑하는 일본인들

일본 사람들은 베토벤의 음악을 참 좋아한다. 특히 제9번 교향곡인 '합창'은 일본 전국에서 연간 200회 이상 연주되고 12월에만 100회 이상 연주된다. 또한 오사카에서는 1만 명 이상이 제9번 교향곡 공연 합창단원으로 참가하는 큰 이벤트가 1983년 이후 지금까지 매년 열리고 있다. 전 세계에서 유례를 찾아보기 어려울 정도의 베토벤 열기라 할 수 있다. 따라서 소위 일본의 유식자라 하는 사람들 치고 연말에 베토벤의 9번 교향곡을 듣지 않고서 해를 넘기는 경우는 거의 없다. 2004년의 어느 날, 일본의 유명 작곡가인 사에구사 시게아키(三枝成彰)와 인사를 나누면서 더욱 충격적인 이야기를 들었다. 1번에서 9번까지 베토벤의 교향곡 전체를 하룻밤에 연주하는 프로그램을 기획하고 있다는 이야기였다. 필자가 현장 확인 차 가 본 2004년의 행사는 1961년에 개관된 2300석 규모의 도쿄분화회관에서 열렸는데, NHK 교향악단과 이와키 히로유키(岩城宏之)라는 일흔두 살의 지휘자가 멤버 교체 없이 전곡을 모두 연주하는 것이었다. 12월 31일 오후 3시 30분에 시작되어 신년 12시 45분에 끝난 마라톤 연주회로, 중간 중간에 저녁식사 시간을 포함한 약 두 시간 사십 분 정도의 휴식시간을 빼면 실 공연시간이 거의 일곱 시간에 이르는 빅 이벤트인 셈이다. 같이 갔던 가족들이 6번까지 듣고는 더 이상은 도저히 못 앉아 있겠다며 귀가해 버릴 정도로 관중에게도 대단한 인내심을 요구하는 연주회였다. 표만 지니고 있으면 휴식 시간을 이용한 출입이 자유로워, 중간에 다른 사람과 교체를 할 수도 있었던 탓인지는 모르겠으나, 마지막 시간까지 빈자리는 거의 없었으며, 제9번 합창이 끝난 순간에는 전원이 기립박수를 보낼 정도로 성공적인 연주회였다. 공연 중간에 사에구사의 베토벤에 관한 깜짝 토크쇼와 지휘자 이와키와의 짧은 인터뷰도 있었는데, 그들의 이야기를 듣고 나니 일본인들이 왜 그토록 베토벤의 음악을 좋아하는지 이유를 알 수 있었다.

사에구사에 따르면, 무릇 음악에는 말을 동반한 것과 말을 동반하지 않는 것이 있는데 베토벤은 말을 필요로 하지 않는 기악의 완성자라고 한다. 기악은 매우 논리적인 것으로 제시(제1테마, 제2테마), 전개, 재현 등의 형식이 필요한데, 베토벤의 5번 운명 교향곡의 경우에는 '따다다 단'이라는 단순한 패턴이 무려 245번이나 사용되고 있다고 한다. 서른 살까지 연주가로 살다가 난청이 원인이 되어 작곡으로 방향을 전환한 늦깎이 작곡가지만 5번 교향곡을 완성한 서른여덟 살에 이미 음악적 조형미의 완성을 보였다는 것이다. 또한 베토벤은 음악을 '예술'이라고 말한 최초의 음악가이다. 칸트의 철학이 유행하던 당시에 베토벤은, '문학이나 철학과 같이 인간의 삶에 커다란 영향을 끼치는 것이야말로 훌륭한 예술이며, 음악은 인간의 영양소가 되지 못하는 그때그때의 기호품이나 쾌락에 불과한 천한 것'이라는 칸트의 말에 정면으로 대항하여 사상이나 철학을 주장할 수 있는 도구로서의 음악을 만들었고, 음악을 통해 인간이 어떻게 살아야 하는가를 보여 주려 했다. 동시대의 모차르트가 상업 음악의 최고봉이었다면 베토벤은 후세에 남길 것을 전제로 작곡을 한 예술 음악의 기점이 되었다는 이야기도 있다. 이는 바흐나 모차르트 등의 작품이 후인들에 의해 작품 번호가 붙여진 것에 비해, 베토벤은 자신이 후세에 남길 만하다고 생각한 작품에만 스스로 번호를 붙인 행동에서 추측해 볼 수 있다. 모차르트의 팬이라면 모차르트를 상업 음악 작곡가로 매도하는 것에 동의하지 않을 수도 있다. 그렇지만 베토벤과 달리 연말에 모차르트의 음악을 들으며 새해의 의지를 다지는 일은 거의 없다는 말에도 일리는 있다.

**1만 명이 부르는 베토벤의 제9번 합창 교향곡**

아무리 일본 사람들이 베토벤의 제9번 교향곡을 좋아한다고 해도 1만 명이나 되는 사람들이 모여서 매년 공연을 계속하고 있다는 것은 분명히 세계적으로 유례가 없는 진기한 현상이다. 오사카 성 홀에서 매년 12월 첫 번째 일요일에 펼쳐지는 '1만 명의 합창단'이라는 이 공연을 대체 누가 어떤 의도로 시작한 것일까. 자료에 따르면 일본에서는 제2차 세계대전 이후 경제 성장과 더불어 문화, 정보 면에서도 수도인 도쿄로의 집중 현상이 심화되었고 특히 1980년대에 들어서면서 도쿄와 지방의 격차가 현격히 드러나게 된다. 이에 위기감을 느낀 관서지방 대도시 오사카에서는 1982년에 '오사카 21세기 협회'를 설립하고, 1983년에 '오사카 21세기 계획'이라는 법안을 입안, 추진했다. 1983년은 오사카 성 축성 400년에 해당되는 해로, 마침 오사카 성 공원 내에 건설 중이던 '오사카 성 홀'도 완공이 되었기 때문에 이를 활용하는 대대적인 기념 축제가 기획되었는데, 그 메인이벤트가 바로 '1만 명의 합창단'이었다. 처음에는 단 한 번만 개최할 예정이었으나, 스폰서로 나섰던 산토리라는 회사가 행사의 성공에 고무되어 계속 지원을 약속하면서 매년 열리게 되었으며, 이제는 연말에 볼 수 있는 오사카의 대표적인 풍물로 자리를 잡게 되었다.

실제로 '1만 명의 합창단'이 실현되기까지는 넘어야 할 벽도 만만치 않았다. 우선 아리나 식의 체육관을 사용한다는, 그때까지의 클래식 음악 콘서트의 상식으로서는 생각하기 어려운 거대 공간에서의 연주회였기 때문에 음향, 특히 잔향 문제가 심각했다. 이 문제는 스피커에서 나오는 소리가 사람의 귀에 영향을 미칠 때의 '하스효과(두개의 스피커 정면에서 소리를 들을 때에 한쪽의 스피커에서 나오는 소리를 조금 지연시키면 음상이 다른 한쪽으로 이동되어 들린다는 효과)'라는 것을 응용하는 전기적 음향 기술을 구사하여 해결했다고 한다. 무엇보다 1만 명의 합창단을 구성하는 것이 가장 큰 문제였다. 첫 회에는 7000여 명의 응모자가 있어서 석 달간 수준별로 레슨을 실시한 결과 중도 탈락자를 제외한 약 6000여 명이 12월 4일 실제 공연장에 설 수 있었다. 합창단원의 모집은 선착순이었으며, 17회 공연부터 사도 유타카(佐渡裕)가 지휘자로 나서면서 상당수에 이르는 그의 팬들이 쇄도했고 접수 시작 후 며칠이 지나지 않아 만원사례가 빚어지는 바람에 21회 이후에는 일정한 응모 기간을 두어 접수를 받은 다음 추첨을 하는 형식으로 바뀌었다. '1만 명의 합창단'의 성공은 당시 베토벤의 제9번 교향곡 공연이 일본의 대표적인 연말 풍경으로 자리를 잡게 된 것과도 무관하지 않다. 이는 1940년부터 NHK 라디오가 매년 송년 특집으로 베토벤의 제 9번 교향곡을 방송하기 시작한 것이 그 계기가 되었으며, 1960년대에 이르러 지방의 오케스트라 활동이 활기를 띠게 되면서 지역 합창단의 협력으로 연말에 앞을 다투어 이 곡을 공연하기 시작하면서 전국으로 번져 나갔다.

  도쿄음악대학 교수인 니시무라 아키라(西村朗)에 따르면, '합창'은 아마추어라도 가능하기 때문에 아마와 프로의 협력이 가능하고 합창단원의 가족이나 친구들도 모이게 되어 자연스레 관객이 동원되는 경제적 효과도 있다고 한다. 프로의 입장에서도 노래하는 시간은 짧지만 프로의 힘을 충분히 발휘할 수 있는 장면이 보장되므로 곡 편성의 기회가 늘어나 결과적으로 누구라도 참여할 수 있는 '축제'가 된 것이다. 베토벤의 제9번 교향곡 공연에 참여하는 일본인의 마음은 실제 참가자의 이야기를 통해 엿볼 수 있다. "제9번 교향곡은 연말을 향해 고조되어 가는 일본인 특유의 기분과 비슷하다. 어렵기는 하지만 모두가 함께 노래를 하고 있으면 기분이 좋아진다. 무엇보다도 과감하게 감정을 표현할 수 있는 자리라 훌륭하다고 생각한다. 보통 우리는 직설적으로 감정을 표현하는 경우가 없으므로 대단히 귀중한 기회이다."

## 베토벤으로 본 일본인의 특성

이 정도의 설명으로는 일본 사람들이 도대체 왜 그렇게 베토벤의 음악을 좋아하는지 그 의문이 다 풀리지 않아서 자료를 좀 찾아 보니, 그 뿌리가 상당히 깊은 것을 알 수 있었다. 우리나라에서도 베토벤은 '악성'이라는 이미지가 있는데, 후쿠모토 야스유키(福本康之)의 연구 결과에 따르면, 일본 사람들에게 베토벤은 악성이라는 이미지가 굳어지게 된 때는 대략 1927년경이라고 한다. 메이지 후반 이후 다이쇼시대에 걸쳐 당시 유일한 연주가 양성기관이었던 도쿄음악학교에서 베토벤의 교재가 가장 중요시되고, 베토벤의 작품이 공연되는 횟수가 늘어나면서 일부 음악 애호가 사이에 인지도가 높아졌는데 그래도 그 무렵까지 베토벤은 다른 많은 서양음악가 중 한 사람에 불과했다. 그런데 베토벤 몰후 100주년이 되는 1927년을 전후하여 음악잡지 등의 매스미디어가 작품보다는 인물을 중심으로 베토벤을 보도했고, 100주년 기념 강연회, 연주회가 음악 공연을 넘어서 하나의 사회적인 이벤트로 전국 각지에서 열리게 되면서 그때부터 베토벤이 단순한 작곡가가 아닌 악성으로 알려지게 된 것이다.

후쿠모토 야스유키의 지적 중에 재미있는 것은 베토벤이 음악을 통해 일본인들에게 받아들여진 것이 아니라, 먼저 인물로서 받아들여졌다는 것이다. 베토벤의 인물상이 강조된 것은 다이쇼 시대 '수양주의'의 인간상을 이상적인 인간상으로 생각했던 시대적 상황과 무관하지 않다. 다이쇼 시대의 수양주의는 에도시대에 민중들 사이에 형성되어 있던 통속도덕이었던 '수양'과 연결이 된다고 볼 수 있다. 다케우치 요(竹内洋) 교수는 제2차 세계대전 이후 교양주의의 근원도 이 '수양'에 있음을 지적하며, '수양'이라는 것은 수신양심, 즉 몸을 수하고 마음을 양한다는 것을 말한다고 설명한다. 극기나 공부를 통한 인격의 완성을 도덕의 중심으로 삼는, '정신과 신체주의적 인격주의'의 설명을 하고 있는 것이다. 1927년 경 일본인들은, 난청을 극복하고 인류에 위대한 문화유산을 남긴 베토벤의 일대기를 통해 당시 자신들이 이상형으로 생각했던 인물상을 찾은 것이라 할 수 있다.

일본인은 일상적인 일을 할 때에는 대단히 성실하지만 일단 나사가 풀리면 거의 정신을 놓아 버릴 정도인데, 그 거대한 에너지가 애니메이션과 같은 현실도피성의 판타지를 창출해 내는 원천이라는 이야기를 들은 적이 있다. 일본인들이 베토벤을 좋아하는 이유가 닮고 싶은 이상적인 인간상을 발견했기 때문이기도 한데, 어떤 의미에서는 베토벤이 많은 일본인에게 닮아야 한다는 압박으로 작용함으로써 그들의 판타지 창출에 기여하고 있다고도 할 수 있다. 이와 같은 이야기는, 말레이시아 사람들이 가끔 집단 '발작'을 일으키는 이유가 종교, 사회적인 규제로 억눌려 있던 감정의 분출 때문이라는 설명과 일맥상통한다. 조직이든 개인이든, 세상의 일반적인 것과는 차원이 다른 독창적인 무언가를 창출해 내기 위해서는 어떤 욕구가 극도로 억제되어 있을 필요가 있을지도 모르겠다. 스스로 자신의 어떤 욕구를 억제할 수 있는 주위 환경을 만들어 보고, 다만 그 억제된 욕구가 '발작'이 아닌 세계적으로 통용되고 있는 일본의 '판타지'와 같은 창조적인 것으로 분출될 수 있기를 기대해 보는 것은 어떨까.

# 격차와 빈곤을 넘어서

성숙한 사회와 비전 경영

**격차와 빈곤의 구분**

통칭 불우한 이웃이라고 표현되는, 비교적 열악한 사회경제적 환경에서 살아가고 있는 사람들에 대한 관심의 정도는 그 사회의 수준을 말해준다고 할 수 있다. 일본에서도 최근 수년간 격차의 문제와 더불어 '빈곤'에 관한 관심이 높아지고 있는데, 일본 내 '빈곤 연구'의 일인자라고 일컬어지는 이와타 마사미(岩田正美)에 따르면, 일본에서는 격차론의 연장선상에서 빈곤에 관한 관심이 높아지고 있다고 한다. 일본 사람들은 격차의 확대에 의한 것으로써 빈곤을 생각하는 경향이 강하며, 이는 극히 최근까지 일본은 풍요로운 나라이고 빈곤이란 없다는 인식이 있었기 때문이라고 한다. 즉 고도경제성장기 이래 많은 사람들이 '빈곤은 이미 해결되었다.'라고 생각하게 되면서 빈곤이라는 말 자체도 사용하지 않게 되었고, 빈곤의 실태에 관한 조사도 이루어지지 않았다는 것이다.

이와타 마사미는 격차와 빈곤의 개념을 구분하면서, 격차는 기본적으로 거기에 '존재한다'는 것을 나타낼 뿐 경우에 따라서는 격차가 있다고 해서 딱히 나쁘다고 할 수 없다는 논리가 가능하지만, 빈곤이란 '발견'되는 것이라 한다. 즉, 사람들의 어떤 생활 상태를 사회가 '있어서는 안 되는 것'이라고 가치판단을 하는 것으로, '발견'되는 것이며 그 해결을 사회에 묻는 것이라고 한다. 여기서 '발견'이라는 용어에 주목한다면, '있어서는 안 되는 것'에 대한 판단은 시대와 상황에 따라 달라진다고 볼 수 있으며, 성숙한 사회라면 그때마다 그러한 상황을 새롭게 발견 또는 재발견해 나가며 해결을 위해 노력해야 한다. '그 사회에 있어서는 안 되는 것'이라는 이와타 마사미의 빈곤에 대한 정의가 옳다고 하더라도, 최소한의 기초 체력 유지에 필요한 먹을 것을 기준으로 하는 절대적 빈곤론과 인간은 사회적 동물이므로 최소한의 인간관계를 유지할 수 있는 수준의 사회적 생계비를 고려해야 한다는 상대적 빈곤론이 대립하고 있는 등 어떤 상태를 빈곤이라 판단할지 그 기준조차 아직 정리되지 않은 상황에서 해결책을 고민하는 것은 대단히 어려운 일이다. 이와타 마사미의 빈곤론 가운데 관심이 가는 두 가지의 이론을 빌려 기업 내 격차와 빈곤 문제를 생각해 보자.

### '있어서는 안 될 상태'와 보더라인

먼저 '있어서는 안 될 상태'에 관한 것으로 성숙된 사회와 빈곤에 관한 이야기다. 타인에 대한 배려나 공정성에 관한 끊임없는 이의 제기가 이루어지는 사회, 또는 사회를 구성하는 구성원들의 연대나 통합에 초점이 맞춰지는 사회에서는 '있어서는 안 되는 상태'의 범위가 넓어지며, 그렇지 않은 사회에서는 거꾸로 축소된다는 것이다. 이는 빈곤 문제를 사회의 책무로 받아들이려고 하는 사회의 성숙도에 따라 다르다고도 할 수 있으며, '있어서는 안 되는 상태'의 크기나 범위는 사회 그 자체의 경제적인 풍요로움과는 관계가 없고 오히려 빈곤을 재발견해 나가는 눈과 목소리의 크기에 달려 있다는 것이다.

사회에서 '있어서는 안 될 상태'를 끊임없이 재정의해 나가면서 사회적인 관심을 지속적으로 유발시켜 나가는 것이야말로 성숙된 사회라는 아와타 마사미의 견해를 되새겨 보면 마이클 무어 감독의 「식코」라는 영화가 떠오른다. 이 영화는 병원이 치료비를 내지 못하는 늙은 병자를 자선단체 앞에 내다 버리는 장면, 다친 손가락을 놓고 치료비가 없어서 어느 손가락을 살릴지를 두고 의사와 흥정을 하는 장면, 9·11사태 때 구호대원으로 활동하다가 병을 얻었는데도 이렇다 할 치료도 받지 못하는 사람들이 좋은 의료 서비스를 받으며 갇혀 있는 테러범들의 형무소에 찾아가 시위하는 장면, 결국 쿠바까지 가서 환대를 받고 치료도 받게 되는 장면 등 미국 의료시스템의 이면을 충격적으로 고발하고 있다. 미국과 달리 영국, 프랑스, 캐나다의 의료시스템을 비롯한 복지제도가 충실한 것은 더불어 살기 위해서 상대적으로 더 많이 내야 하는 세금을 감내하는 국민이 있기 때문일 수도 있지만, 제2차 세계대전 후 영국의 의료시스템 형성과 마찬가지로 무엇인가의 계기를 통한 사회적인 합의가 이루어졌기 때문이기도 하다. 따라서 미국의 경우 현재와 같은 의료시스템이 된 과정도 그러한 사회적인 합의에 의해서이며, 오늘날 그것이 마이클 무어 감독의 카메라를 통해 비판을 받고 있는 상황 또한 또 다른 사회적 합의의 형성 과정이라고 생각한다.

　상황은 다르지만 기업 사회도 마찬가지다. 상대적인 빈곤감, 소외감이라는 측면에서 보면 평사원은 임원이나 간부 계층에 대해, 파견사원은 정사원에 대해, 고객접점의 현장 제일선에 있는 사원은 본사에서 관리 감독을 주 업무로 하는 사원들에 대해, 생산 현장에 있는 사원은 사무직 사원들에 대해 그렇게 생각할 소지가 크다. 한 방향으로 벡터를 통일해 나가야 하는 기업 입장에서 사원들이 어느 계층에서든 소외감을 느끼는 상황을 '있어서는 안 될 상태' 또는 '바람직하지 않은 상태'라고 본다면, 그것을 개인의 판단이나 생각에 맡길 것이 아니라 회사 차원에서 풀고 나가야 할 과제라고 생각해야 한다. 더욱이 집단에서 개인으로 시대정신이 이동하고 있음을 감안한다면, 어쩌면 계층이 아니라 개인별로 상대적인 박탈감, 소외감을 느낄 수 있다는 점을 전제로 모든 것을 다시 생각해 보아야 한다. 누가 보더라도 상대적으로 훌륭한 처우와 인정을 받고 있으므로 누구보다 열심히 일해 주리라고 판단되는 핵심인재조차도, 나름대로는 또 다른 누군가와 비교하면서 상대적인 박탈감을 느끼고 있을지 모르는 일이기 때문이다. 그런 개인적인 생각까지 어떻게 관리하겠느냐고 반문한다면 어쩔 수 없겠지만 결국 개인이 불만을 갖는 것은 그 조직 내의 사회적인 합의에 비추어 불공평을 느껴서이기 때문이므로 조직 내 합의에 해당되는 제반 이념과 가치를 새롭게 하고 제도들을 바꾸어 나갈 필요가 있다.

　다음은, '보더 라인Border Line', 즉 빈곤과의 경계선에 있는 저소득층에 대한 정의에 관한 것이다. 예를 들어, 어떤 기준으로든 그 사회에서 빈곤계층이라고 정의된 사람들의 소득수준을 1.0 이하라고 한다면, 1.2~1.4 정도의 소득 수준에 해당하는 사람들이 여기에 속한다고 볼 수 있다. 이는 빈곤계층의 1.2~1.4배 정도의 소득수준으로는 각종 보험이나 서비스 이용 시의 자기부담 부분을 기준대로 지불하게 될 경우 빈곤 상태가 되어버리는 계층이라는 점에서 보더 라인이라고 부른다. 본인이 받고 있는 연봉의 30퍼센트 이상이 달라지지 않으면 생활패턴까지 바뀌지는 않는다는 이야기가 있다. 이것은 보더 라인을 넘어서지 않을 경우 '있어서는 안 되는 상태'가 개선되었다고 보기 어렵다는 판단도 가능하다는 말과 통한다. 따라서 '있어서는 안 되는 상태'를 생각할 때에는 반드시 그 주변의 상황까지도 체크하지 않으면 안 되며, 어떤 정책이나 제도를 설계할 때에는 '있어서는 안 되는 상태', 다시 말하자면 '바람직하지 않는 상태'만을 상정하여 그것을 없애기 위한 노력만 해서는 부족하고, 적용 대상을 보다 폭넓게 생각해야 한다. 이 역시 빈곤의 재발견과 같은 내용이라고 본다면, 보더 라인도 시대와 상황에 따라 달라지는 것은 물론이다.

　이와타 마사미는 격차론에서 빈곤론으로 사회적인 논점이 옮겨져야 한다고 주장하고 있으나, 상대적인 빈곤론의 관점에서 보면, 기업 내의 격차론은 '있어서는 안 되는 상태'에 관한 논의인 빈곤론과 연계해 생각해야 한다. 기업 내에서는 격차가 생기는 이유와 배경에 대한 조직 내 합의가 있어야 하고, 그것이 '바람직하지 않는 상태' 또는 '있어서는 안 되는 상태'가 아니라는 것이 인정되어야 성과주의 인사나 조직 내 각종 계층에 따른 처우의 차별화가 받아들여질 것이다. 인사제도를 놓고 생각해 본다면, 왜 직급별로 또는 같은 직급 간에도 연봉에 차이가 나는가, 왜 같은 회사라고 하면서 사업부별로 성과급에 차이가 나는가, 왜 성과주의 인사라고 하면서 일부 복리후생 제도는 사장이나 평사원이나 아직도 똑같이 적용받는가 등에 대해 조직 내 합의가 이루어지고 있다면 그것은 이미 '있어서는 안 되는 상태'는 아니라고 생각할 수 있다.

### 의욕상실의 하류사회

몇 년 전, 도쿄의 관리직(간부) 임용시험 대상자 중, 실제로 시험에 응모하는 사람이 매년 줄어들어 인사위원회에서 제도운영 자체를 걱정해야 될 형편이라는 이야기가 화제가 된 적이 있다. 도쿄의 관리직 임용시험은 1973년에 도입되었는데, 학력 불문이며 시험에 합격한 직원이라면 누구나 출세 경쟁의 시작점에 설 수 있기 때문에 고졸로 들어와서 부지사까지 승진한 경우도 있었다. 1979년에는 464명의 응시자가 있었으며 2000년에는 2000명이 넘는 등 절정을 이루다가 그 후로 매년 줄어 2005년에는 1404명이 응시했는데 이는 유자격자 중 실제 응시자의 비율이 17퍼센트에 불과한 수치라고 한다.

문제는, 잔업도 불사하면서 열심히 일하고 상사로부터 우수하다고 인정을 받는 사람들이 시험을 경원시하고 있다는 사실이다. 조사에 따르면, 다섯 단계의 업적 평가를 통해 상위 두 개 등급의 평가를 받은 사람들 가운데 약 80퍼센트가 시험에 응하지 않는다고 한다. 이어 시험에 응시를 하지 않는 이유를 묻는 설문조사를 했는데, 다음과 같은 재미있는 결과가 나왔다.

- 관리직에 매력을 느끼지 않는다. (40퍼센트)
- 자신이 없다. (40퍼센트)
- 업무와 가정을 양립시키고 싶다. (30퍼센트)

왜 이런 결과가 나온 것일까. 물론 다양한 해석이 있겠으나, 미우라 아츠시(三浦展)가 말하는 '하류사회'의 개념을 생각해 볼 만하다. 하류사회라는 말은, 당장 먹을 것을 걱정해야 하는 빈곤한 하층사회와는 달리 최소한 먹고 사는 것에는 문제가 없는 사람들로 DVD나 컴퓨터도 가지고 있지만, 과거에 중류라고 불리던 사람들에 비해서는 뭔가 부족한 사람들의 사회를 가리킨다. 도대체 무엇이 부족한 것일까. 미우라 아츠시는 중류에 비해 의욕이 없는 사람, 중류에서 내려오거나 추락하는 사람이라고 단언한다. 즉, 하류에 속한다는 것은 단순히 소득이 낮다는 말이 아니라, 커뮤니케이션 능력, 생활 능력, 일하려는 의욕, 배우려는 의욕, 소비 의욕 등 모든 면에서 인생에 대한 의욕이 없는 사람들이며, 그 결과 소득이 올라가지 않고 미혼인 상태로 있을 확률이 높다는 것이다. 왜 이렇게 되었는지에 대한 그의 해석도 새겨둘 만하다. 일본 사회가 중류사회가 되고 나서 처음으로 태어난 세대가 '단괴(團塊) 주니어(1971~1974년 사이 출생자)'이다. 이 단괴 주니어 이후의 세대는 현저한 빈부의 격차를 경험하지 못한 채 성장해 왔다. 교외의 신흥 주택지에서 비슷한 연령대의 비슷한 수입을 가진 사람들이, 비슷한 집에서 살면서 비슷한 차를 굴리는 등 모두가 대강은 풍족한 생활을 하고 있는 것이 당연하기 때문에 하에서 중, 또는 중상으로의 상승지향도 낮고 중에서 하로 떨어진다는 생각도 애초에 하지 않으면서 자란 세대라는 것이다. 이러한 상황 인식을 통해 미우라 아츠시는 다음과 같은 비유를 들고 있다.

> 산 위에 오르려고 하는 것은 산 위에 무엇인가 멋진 것이 있다고 기대하기 때문이다. 이미 7부 능선 정도 올라와 있는 상태에서 산 위에 기대할 만한 것이 없고, 7부 능선 주변에도 많은 것들이 풍요롭게 넘치고 있다면, 누구라도 고생하면서 산에 오르려고 하지 않는 것이 자연스러운 일이다. 디스카운트 상점에는 눈이 의심스러울 정도로 낮은 가격의 제품들이 팔리고 있다. 클래식의 역사적인 명반도 100엔 CD로 팔린다. 이런 시대에는 노력해서 어떤 일을 하려고 하는 것이 오히려 이상하다고 할 만하다. 그저 대충 해도 살아 갈 수 있기 때문이다.

이와 같은 이야기는, 앞서의 신문기사에서 나이가 많은 고참 직원들이 했다는 '이전에는 과장에게 좀 더 재량권이 있어서 되고 싶다는 매력이 있었다.'는 이야기와도 닮아 있다. 그러나 미우라 아츠시는 앞으로 다가오는 사회는 지금까지와는 다를 것이라고 경고한다. 사회 전체가 상승 기류에 있을 때는 상승 의욕이 없는 개인도 자신이 알지 못하는 사이에 동반 상승해 갈 수 있으나, 사회 전체가 상승을 그만두게 되면 상승하고자 하는 의욕이 있는 사람만 올라가게 되고 상승하려는 의욕이 없는 사람은 내려가게 됨으로써 점차 하류 사회화가 진행된다는 것이다.

## 「드래곤자쿠라」와 격차의 극복

상승 의욕이 없는 사람들에게 어떤 방법으로 의욕을 불어넣을 수 있을까. 이와 관련해서는 만화로 나와서 히트를 친 다음, TBS에서 열한 편의 드라마로 제작해 2005년 10월에 방송된 「드래곤자쿠라」 내용을 살펴볼 필요가 있다. 이 드라마는, 폭주족 출신의 젊은 변호사인 사쿠라기가 전국에서 가장 성적이 좋지 않고 학생 수가 줄어 재정적으로도 도산 직전에 있는 사립고등학교인 용산고에 간 뒤 특별진학반을 만들고 담당 교사가 되어, 1년 뒤 도쿄대학 다섯 명 합격자 배출을 목표로 좌우충돌 수험작전을 추진함으로써 결국 1년 뒤에 세 명의 합격자를 낸다는 줄거리이다. 용산고에 부임한 사쿠라기 변호사가 학생들을 모아 놓고 일갈한 내용을 옮겨 보면 다음과 같다.

"사회의 룰은 모두 머리 좋은 놈들이 만들어 놓은 것이다. 따라서 그 룰은 머리 좋은 놈들에게 좋게 되어 있다. 거꾸로 자기들에게 좋지 않다고 생각되는 것은 감춰져 있다. 즉, 너희처럼 머리를 쓰지 않고 귀찮아하는 녀석들은 평생 속아서 살게 되고, 이리저리 돈만 뜯기게 될 것이다. 속고 싶지 않으면, 손해를 보기 싫으면 공부를 해서 룰을 만드는 쪽에 서라."

모두가 불가능하다고 생각하는 도쿄대학 진학이라는 목표와, 룰을 만드는 자가 되라는 비전을 내걸고 우여곡절 끝에 다섯 명의 특별반 학생을 확보하면서 본격적으로 진행되는 드라마는, 그동안 공부와는 담을 쌓고 살았던 수험생들이 재미를 느낄 수 있는 새로운 교육방법의 도입과 끊임없이 창피를 줌으로써 분발을 촉구하는 내용이 전부이다. 예를 들어 모의시험에서 동료 간 경쟁을 시켜 가장 낮은 점수를 받은 자는 '바보'라고 쓰인 머리띠를 다음 시험 때의 꼴찌에게 넘길 때까지 착용하고 있어야 하며, 도중에 고비를 이기지 못하는 중도탈락자는 본인을 쓰레기, 바보 취급하는 부모, 친지, 동네사람, 이방인 등을 상기시켜 있는 대로 자존심을 긁는 쇼크요법을 보여 준다. 초등학교 산수문제도 제대로 풀지 못하는 아이들 다섯 명을 훈련시켜 단 1년 만에 세 명의 도쿄대학 합격자를 내는 일은 말 그대로 만화 같은 이야기지만, 내용을 따라가다 보면 꼭 불가능한 일은 아니라는 생각을 하게 된다.

사쿠라기 선생은 다른 것을 모두 버리고 정확한 정보를 근거로 시험에만 집중하게 하면서, 과거의 상식을 타파하고 인간의 기억력을 향상시킬 수 있는 과학적인 트레이닝을 매일 실시한다. 뿐만 아니라 수험생을 선발할 때 뭔가에 집중해 본 경험이 있는 학생을 꾀어 특별진학반에 들어오도록 한다. 공부에는 관심이 없어도 운동이라거나 음악밴드 등의 활동에 열중해 온 학생들은 머리가 그쪽으로 맞춰 있기 때문에 공부에 관해서는 백지 상태이므로 그만큼 흡수력도 빨라 1년간의 트레이닝으로 합격선에 올라갈 가능성이 가장 높기 때문이라는 것이다.

### 꿈은 이루어진다, 비전 경영

전에 「베토벤 바이러스」라는 음악 관련 드라마가 인기를 끌었다고 하기에 찾아서 본 적이 있다. 가슴에 와 닿는 명대사 중 가장 마음에 드는 부분을 하나 옮겨 보면 다음과 같다. 극중에 나오는 '석란시향'의 지휘자로 부임한 강마에가 제자에게 하는 말이다.

"꿈? 그게 어떻게 니 꿈이야. 움직이질 않는데. 그건 별이지. 하늘에 떠 있는, 가질 수도 없는, 시도조차 못 하는, 쳐다만 봐야 하는 별. 누가 지금 황당무계 별나라 얘기하재? 니가 뭔가 해야 될 거 아냐? 조금이라도 부딪치고, 애를 쓰고, 하다못해 계획이라도 세워 봐야 거기에 니 냄새든, 색깔이든 발라지는 거 아냐. 그래야 니 꿈이다 말할 수 있는 거지. 아무거나 갖다 붙이면 다 니 꿈이야? 그렇게 쉬운 거면 의사, 박사, 변호사, 판사 몽땅 다 갖다 니 꿈 하지 왜? 꿈을 이루라는 소리가 아냐. 꾸기라도 해보라는 거야……."

어린 아이들에게 커서 무엇이 되고 싶으냐고 물어 보면 대다수가 '대통령'이라고 대답했던 시절을 경험한 많은 한국 사람들에게, 상승 욕구가 없어서 하류사회가 될지도 모른다는 우려는 쉽게 납득하기 어려울지도 모른다. 그러나 성장이 둔화되고 장기간 조직이 정체되는 상황을 가정한다면 남의 이야기로 치부할 수는 없다.「드래곤자쿠라」의 스토리는, 경영의 관점에서도 결코 새로운 내용이 아니다. '타도 00회사'와 같은 명확한 비전과 목표를 설정하고, 다른 회사와 차별화되는 구체적인 실행 계획을 세워 조직원들을 끊임없이 자극하고 채찍질로 재촉하는 오늘날의 많은 기업들의 성공 스토리와 무엇이 다를까. 중요한 것은 사람들은 저마다 자라온 환경이나 처한 입장에 따라 자존심에 상처를 받거나 분발하게 되는 요소가 다르다는 사실이다. 물론 경우에 따라서는 기업 현장에서도「드래곤자쿠라」에서와 같은 특공대훈련식 대증요법이 통할 수 있다. 삼성전자 반도체연구소에서는 전자기기 메모리인 '64M DRAM' 개발 당시 연구원들을 64킬로미터 야간 행군을 시킨 사례도 있다. 어떤 방법이든 다른 회사와는 차별화된 수단을 통해 조직원들의 의욕을 불러일으키려는 노력은 어느 시대, 어느 조직이나 필요한 일이다.

닫는 글

꿈을 꾸는 자에게는 슬픔이 있다. 그 꿈을 이루기 위해 무엇인가를 버리지 않으면 안 되기 때문이다. 이는 '기회비용Opportunity Cost'이라는 경제학 용어와 일맥상통한다. '기회비용'은 어떤 재화를 구하기 위해 직접적으로 지불한 비용뿐만 아니라 그 재화를 선택함으로써 포기하게 된 모든 것들의 가치를 포함한다. 필자는 1998년 초 회사를 그만두고 일본 도쿄대학으로 꿈에 그리던 유학을 떠났다. 필자가 다닌 학교는 다행히 학비 면제 프로그램을 비롯한 사비유학생에게 주는 장학 혜택이 많았기 때문에 유학 생활을 위해 실제로 지불한 비용은 그다지 크지 않았다. 그러나 이를 기회비용의 개념으로 풀어 보면 다르다. 유학을 위해 포기한, 회사로부터 받았을 연봉은 그리 만만한 금액이 아니다. 뿐만 아니라 가족을 두고 혼자서 떠난 유학길이니 그로 인해 생겨난 유무형의 직간접 비용 또한 무시할 수 없다. 그렇지만 만약 그 당시로 다시 돌아간다 해도 아무

망설임 없이 같은 선택을 할 생각이므로 결코 후회스럽지 않다. 꿈을 이룬다는 생각이 모든 희생을 정당화시켜 주기 때문이다.

일본은 1868년 메이지유신 이후 1990년대 초까지, 서구로부터 당도한 '근대화'라는 꿈을 향해 아시아권에서는 가장 일찍 출발해 쉬지 않고 달려왔다. 문제는 그 이후의 일본이다. 1980년대에 이미 서구인들로부터 "재팬 애즈 넘버 원Japan as No.1"이라는 말을 듣기 시작해 탈아입구(脫亞入歐)의 꿈을 이루게 된 것이 독(毒)으로 작용한 것이다. 꿈을 이루고 나면 정신적으로 허탈해지면서 그 꿈을 위해 지불한 기회비용이 생각날 수 있다. 필자도 마찬가지였다. 선택에 후회는 없다고 생각했지만, 2010년 10월 도쿄대학으로부터 박사학위를 받게 되자 학위를 얻기 위해 13여 년에 이르는 세월 동안 포기했던 많은 것들이 떠오르면서 허탈감을 넘어 일종의 허망함마저 느끼게 되었다. 무엇 때문에 그토록 박사학위에 목숨을 걸었을까 하는 의문이 들기도 했다. 아마도 어느 순간부터 학위 취득이 수단이 아닌 목적으로 변해 버렸기 때문일지도 모른다. 그렇게 박사학위를 받고 나서 한동안 아무 생각 없이 무기력하게 지내던 상황에서 탈출할 수 있었던 계기는 또 다른 꿈을 꾸면서였다.

이러한 필자 개인의 경험을 국가에 감히 빗대어 이야기하자면, 일본은 서구식 근대화라는 자신들의 꿈을 이룬 후 또 다른 꿈을 찾지 못해 지금과 같은 상황에 빠진 게 아닌가 싶다. 근대화가 수단이 아닌 목적으로 변질되었기 때문이라고도 볼 수 있다. 한때 일본 정부도 '생활대국'이라는 슬로건을 내걸면서 국민들에게 또 다른 꿈을 심어 주려고 노력한 적이 있으나, 결과적으로 국가와 국민의 비전으로 승화하지 못하고 공허한 구호에 그치고 말았다. 우리나라도 '잘 살아보세'라는 꿈을 일반 국민들에게 심어준 결과 다른 나라에서 '한강의 기적'이라며 부러워하는 엄청난 경제 성장의 꿈을 이뤘지만, 또 다른 꿈을 찾지 못하고 일본과 같은 길을 걷고 있지는 않은지 염려스러운 생각이 들곤 한다. 그렇게 되는 이유가 무엇일까?

이와 관련해서는 '거래비용Transaction Cost'이라는 경제학의 개념이 시사하는 바가 많다. '거래비용'이란 말 그대로 어떤 거래에 수반되는 비용을 의미하는데, 거래 전에 수집하는 정보비용이나 협상비용은 물론, 계약의 이행을 감시하는 비용, 재계약비용 등 여러 문제가 얽혀 있기 때문에, 현재 거래하고 있는 가격보다 싼 가격을 제시하는 새로운 거래처가 나타난다고 해도 과거의 거래처와 계속 거래하게 되는 상황을 뜻한다. 아무것도 가지지 못한 시절에는 꿈을 꾸기도 쉽고 꿈을 이루기도 쉬운 법. 그러나 가진 것이 많아질수록 공감할 수 있는 새로운 꿈을 찾기도 어렵고, 또 새로운 꿈을 위해 포기해야 하는 것들도 많아진다. 위로 올라가면 올라갈수록, 규모가 커지고 복잡해질수록 그만큼 거래비용도 커지기 마련이다. 개인이든 조직이든 새로운 꿈을 위해 포기해야 하는 것이 많아지면 이해관계자 간의 합의를 이루는 일도 당연히 어렵다. 그렇다면 뒷다리를 잡고 있는 거래비용이라는 것을 내팽개치려면 어떻게 해야 할까. 필자는 구성원의 의지가 충분하다면, 또 조직의 전략적 의도Strategic Intent와 같은 리더십이 충분히 발휘된다면 가능하다고 생각한다.

'붉은 여왕 효과Red Queen Effect'라는 말이 있다. 급격히 변화하는 경쟁 환경을 『이상한 나라의 앨리스』에 나오는 붉은 여왕 이야기에 빗대어, 죽어라고 달리지 않으면 현재의 자리도 지키기 어렵다는 의미를 지닌 말로, 글로벌 경쟁에 노출되어 있는 우리의 삶을 풍자하고 있기도 하다. 물론 우리는 그러한 경쟁 환경에서 벗어나 산사나 심산유곡에서 유유자적하는 삶을 꿈꿀 수도 있다. 슬로우 라이프, 슬로우 푸드와 같은 용어가 보여 주듯 극심하게 변화하는 경쟁 환경에서 벗어나 여유를 찾고자 하는 욕구가 다양한 형태로 표출되기도 한다. 우리는 과연 어떤 삶을 지향하며 살아가야 하는가.

경제학에 '교차탄력성'이라는 개념이 있다. 교차탄력성이란 어떤 재화의 가격 변화가 다른 재화의 수요에 미치는 영향을 나타내는 지표로, 개인이나 조직의 지향점을 식별할 수 있게 해 주는 듯해 꽤 흥미롭다. 교차탄력성 지표로부터 나온 용어 중에 대체재와 보완재가 있는데, 교차탄력성이 플러스인 재화를 대체재라고 하며 어떤 재화의 가격이 등락하면 그것을 대체하여 수요가 증감하는 다른 재화를 일컫는다. 커피 가격이 오르면 녹차 등 다른 차에 대한 수요가 늘어나는 상황을 생각할 수 있다. 보완재란 교차탄력성이 마이너스인 재화로, 어떤 재화의 가격이 올라서 그 재화에 대한 수요가 줄면 그에 동반하여 같이 수요가 줄어든다. 커피 가격이 오르면 커피프림과 같은 재화의 수요가 줄어드는 현상을 생각하면 된다. 경쟁 환경에서 우리는 자신도 모르는 사이에 대체재나 보완재의 입장에 처하게 되는 경우가 많다.

재미있는 것은 독립재라는 개념이다. 다른 재화의 가격에 아무런 영향을 받지 않는 재화를 뜻하는 독립재에는 색다른 의미가 숨어 있다. 독립재가 될 수 있는 것은 언뜻 생각하면 경쟁 관계가 없는 전혀 다른 종류의 재화일 가능성이 많지만, 압도적인 브랜드 이미지의 구축으로 다른 경쟁재의 가격등락과 아무런 상관이 없는 지위를 확보한 재화라고 볼 수도 있기 때문이다. 물론 이 경우에도 그 자리를 유지하기 위해서는 '붉은 여왕 효과'가 작용하는 세계임에는 다름이 없다. 재미있는 사실은 '융복합Convergence'이라는 말이 화두가 되면서 종전에는 전혀 다른 종류의 독립재라고 여겨졌던 재화나 서비스를 끌어들여 경쟁재를 압도하는 상태를 만들고 있는 것이다. 이종교배를 이용해 인위적인 돌연변이를 창출한다고나 할까.

이처럼 경제학에서 개발된 여러 개념들이 반드시 경제 현장에만 적용된다고 생각할 필요는 없으며, 우리 삶의 현장에 다각도로 투영시켜 볼 수 있다. 여기까지 읽으신 분들은 대강 감을 잡았겠지만, 이 책 역시 그런 식으로 쓰였다. 일본에 살면서 보고 들은 다양한 분야의 소재들을 가지고, 필자가 평생의 연구 테마로 생각하고 있는 '사람'과 '조직', 그리고 '조직력'이라는 화두에 대해 그때그때 생각해 본 것들을 종합한 것이기 때문이다. 물론 이와 같은 접근에는 허점도 많다. 예를 들어 '교차탄력성'이라는 개념은 소비자의 기호나 화폐가치, 다른 재화의 가격이 불변이라는 가정 하에 성립되기 때문에 경제의 현장에 적용하는 데 한계가 있듯이, 전혀 다른 분야에서 개발된 개념들을 이런저런 현상에 함부로 적용시키는 일은 위험할 수 있다. 그러나 그러한 한계를 명확히 인식하고, 주로 자기분야에서의 인사이트를 얻는 목적으로 활용한다면 서로 다른 분야 간 지식의 융복합화는 대단히 유용한 도구가 되어 줄 수 있다. 아전인수나 견강부회가 때로는 알 수 없는 힘을 가져다주기도 하는 것처럼 다른 분야에 대한 관심으로 인해 많은 것이 바뀔 수도 있다. 개인의 삶이나 조직인으로서의 삶 또한 예측불가능한 상호작용의 세계이므로 재미있고 또 살아 볼만한 가치가 있는 것이 아닐까. 하나의 분야에만 몰두함으로써 자기만의 세계에 빠져 있는 분들에게 이 책이 조금이라도 자극제가 되어 주기를 기대한다.

참고문헌

## 제1부

森川喜一郎, 『趣都の誕生』, (幻冬舎, 2003 )
森村泰昌, 『美術の解剖学講義』, (単行本, 1996)
正高信男, 『ケータイを持ったサル』, (中央公論新社, 2003 )
後藤雅洋, 『ジャズ喫茶リアル・ヒストリー』, (河出書房新社, 2008)
菅原正二, 『ジャズ喫茶「ベイシー」の選択—ぼくとジムランの酒とバラの日々』, (講談社, 2001)
菅原正二, 『聴く鏡——九九四-二〇〇六』, (ステレオサウンド, 2006)
加藤良平, 『遺伝子工学が日本的経営を変える！』, (講談社, 2005)
Richard Nisbett & 村本由紀子訳, 『木を見る西洋人 森を見る東洋人, 思考の違いはいかにして生まれるか』, (ダイヤモンド社, 2004)
齊藤貴男, 『機会不平等』, (文藝春秋, 2004)
児玉光雄, 『イチローにみる勝者の発想』, (二見書房, 2006)
仲正昌樹, 『分かりやすさの罠』, (筑摩書房, 2006)
中野雄, 『丸山眞男 - 音楽の対話』, (文藝春秋, 1999 )
苅部直, 『丸山眞男』, (岩波書店, 2006)
小田亮, 『レヴィ=ストロース入門』, (筑摩書房, 2000 )

淺利慶太,『時の光の中で―劇団四季主宰者の戦後史』,(文藝春秋, 2009)
小沼純一編,『武満徹対談選』,(筑摩書房, 2008 )
東京国立博物館,『北斎展』,(日本経済新聞社, 2005)


## 제2부

Henry Mintzberg,『Managing』,(Berrett-Koehler Publishers, 2009)
金子勝 & 児玉龍彦,『逆システム学』,(岩波書店, 2004 )
金子勝,『セーフティーネットの政治経済学』,(筑摩書房, 1999 )
佐和隆光,『市場主義の終焉』,(岩波書店, 2000)
伊藤正直 外,『現代日本經濟史 (新版)』,(有斐閣, 2002)
Amartya Sen 著, 池本幸生 外 訳,『不平等の再檢討』,(岩波書店, 1992),
佐高信 & 姜尚中,『日本論』,(角川書店, 2007 )
Max Weber 著, 脇圭平 訳,『職業としての政治』,(岩波書店, 1980 )
司馬遼太郎,『司馬遼太郎全集60, 街道をゆく』,(文芸春秋社, 1999 )
NHK 放送文化研究所,『現代日本人の意識構造』,(日本放送出版協会; 第六版, 2004)
大木裕子,『オーケストラの経営学』,(東洋経済新報社, 2008)
飯森範親監修,『マエストロ'それは無理ですよ…』,(ヤマハミュージックメディア, 2009)
山平重樹,『ヤクザに学ぶ組織論』,(筑摩書房, 2006)
野村克也,『巨人軍論』,(角川書店, 2006)
「Mostly Classic」,(2004. 3)
荒井一博,『文化の經濟學』,(文藝春秋社, 2000)
Steven D.Levitt & Stephen J. Dubner ,『Freacknomics』,(Ediciones B, 2005)
仁田道夫,『変化のなかの雇用システム』,(東京大学出版会, 2003 )
Trevor Leggett,『紳士道와 武士道』,(麗沢大學出版會, 2003)
竹内洋,『교양주의의 몰락』,(中央公論新社, 2003)


## 제3부

Linsu Kim,『Imitation to Innovation』,(HBS Press, 1997)
福本康之,「日本におけるヴェートーヴェンの受容」, 国立音楽大学『音楽研究所年報』第15

集(2000)

竹内洋,『教養主義の没落』, (中央公論新社, 2003)

岡部昌幸,『名画美術館Ⅰ』, (JTBパブリッシング, 2008)

文藝春秋編,『日本の論点 2006』, (文藝春秋社, 2005)

「Mostly Classic」, (2008. 3)

藤本隆宏,『もの造りの哲学』, (日本經濟新聞社, 2004)

藤本隆宏,『能力構築競争-日本の自動車産業はなぜ強いのか』, (中央公論新社, 2003)

小池和男, 中馬宏之, 太田聰一,『もの造りの技能―自動車産業の職場で』, (東洋経済新報社, 2001)

「주간 다이아몬드」, (2004. 6)

「Wedge」, (2004. 6)

「주간 동양경제」, (2004. 6)

「중앙공론」, (2004. 4)

伊丹敬之 外,『企業戰略白書 4』, (東洋經濟新報社, 2005)

日本BP社,『日本情報 Strategy』, (2005. 12, No.164)

高原基彰,『不安型ナショナリズムの時代』, (洋泉社, 2006)

藤原正彦,『国家の品格』, (新潮社, 2005)

司馬遼太郎,『この国のかたち』, (文藝春秋, 1993)

Ulrich & Smallwood, Capitalizing on Capabilities『Harbard Business Review』, (2004, Vol.82, No.6)

Teece & D.J.,「Explicating dynamic capabilityes: the nature and microfoundations of (sustainable) enterprise performance」,『Strategic management Journal』, (2007)

Leonard-Barton, D.,「Core Capability and Core Rigidities: A paradox in managing new product development」,『Strategic management journal』, (Vol.13, Special issue, summer, 1992)

Kogut, B., U. Zander,「Knowledge of the firm, combinative capabilities, and the republican of technology」,『Organization Science』, (Vol.3, No.3, 1992)

Wernerfelt, B.,「A resource-based view of the firm」,『Strategic Management Journal』, (p.171-180, 1984)

Porter, M. E.,『Competitive Strategy』, (Free Press New York, 1980)

Barney, Jay.B.,『Gaining and Sustaining Competitive Advantage (3rd ed.) Prentice hall College Div』, (2006)

Stalk,G., P. Evans, and L. E. Shulman,「Competing on Capabilities: the new rules of corporate strategy」,『Harvard Business Review』, (Vol.70, No.2, 1992)

**지은이** | 이병하

1962년 전라북도 진안에서 태어나, 전북대학교 경제학과를 졸업하고 1986년 삼성그룹에 입사했다. 삼성전자, 일본삼성, 삼성경제연구소 상무를 거쳐, 2012년 2월 인사총무전문 BPOBusiness Process Outsourcing 기업인 '이트너스'의 부사장으로 취임했다. 1998년 4월부터 2008년 3월까지 일본 도쿄대학대학원 경제학연구과에 학적을 두고 인사노무관리와 경쟁전략론을 공부했으며, 2010년 10월, 「인적자원관리에 의한 기업경쟁력 향상에 관한 연구」로 경제학 박사 학위를 받았다. 사람과 조직의 힘을 믿으며, 좋아하는 음악과 책 속에 파묻혀 노후를 보내고 싶다는 소박한 꿈을 가지고 있다.


# 일본 조직문화에서 경영을 생각하다

1판 1쇄 찍음 2012년 3월 28일
1판 1쇄 펴냄 2012년 4월 2일

**지은이** | 이병하
**발행인** | 김세희
**편집인** | 이현정
**책임편집** | 주소림
**펴낸곳** | ㈜민음인

**출판등록** | 2009. 10. 8 (제2009-000273호)
**주소** | 135-887 서울 강남구 신사동 506 강남출판문화센터 5층
**전화** | 영업부 515-2000 편집부 3446-8774 팩시밀리 515-2007
**홈페이지** | www.minumin.com

© 이병하, 2012. Printed in Seoul, Korea

ISBN 978-89-6017-317-0 03320

㈜민음인은 민음사 출판 그룹의 자회사입니다.